中国科学院规划教材·现代社会学与公共管理系列

广东省社会工作省级综合改革试点专业配套教材

广东省社会工作省级特色专业配套教材

社区管理

（第二版）

主 编 张兴杰 叶涯剑

科学出版社

北 京

内 容 简 介

本书从理论和实践两个层面对社区管理的各主要方面进行了阐述，全面展示了社区管理发生、发展及成熟的过程，并结合中国国情阐明了社区管理在转型期的中国社会所呈现出的特殊性，有助于读者了解中国社区管理的历史背景、社会条件和将来可能的演化方向。

本书可作为社会学、社会工作、公共管理、城乡规划、城市管理和社区管理等专业的本科生教材，也可作为相关社科研究的入门书籍。

图书在版编目(CIP)数据

社区管理 / 张兴杰，叶涯剑主编. --2版. --北京：科学出版社，2015

中国科学院规划教材·现代社会学与公共管理系列

ISBN 978-7-03-045404-1

Ⅰ.①社… Ⅱ.①张…②叶… Ⅲ.①社区管理—中国—高等教学—教材 Ⅳ.①D669.3

中国版本图书馆 CIP 数据核字(2015)第 191515 号

责任编辑：王京苏 / 责任校对：冯 磊
责任印制：徐晓晨 / 封面设计：蓝正设计

科学出版社出版
北京东黄城根北街 16 号
邮政编码：100717
http://www.sciencep.com
北京九州迅驰传媒文化有限公司 印刷
科学出版社发行 各地新华书店经销

*

2016年1月第 二 版 开本：787×1092 1/16
2019年1月第四次印刷 印张：16 1/4
字数：376 000

定价：42.00 元

本书编委会

主　编　张兴杰　叶涯剑

副主编　曾永辉　王志中　欧书阳

参　编　（按姓氏笔画排序）

马美霞　王宇丰　王宇雄　刘晋生

许文兴　李文彬　李健龙　李薛嘉

杨　慧　杨学军　余励斯　宋文祥

张沁洁　周玉萍　袁定明　郭　涵

黄大乾　黄剑飞

第二版前言

《社区管理》2007年在华南理工大学出版社出版之后，被全国许多大学采纳为“社区管理”课程的教材或参考教材，出版社加印了数次，直到目前仍有多所大学在使用。由于该教材出版已近8年，随着社会的发展，很多情况发生了变化，所以我们决定修订该教材，并改由科学出版社出版。

作为修订版教材，本书在保持原版基本框架不变的前提下，按照以下原则进行修订。

(1) 本科生教材的核心在于向学生传递学科的基本知识和普遍性观点，因此对原版中某些章节偏向于编写者主观认识的表述进行了必要的删减和改写，突出内容的客观性和中立性。

(2) 原版中某些关于中西对比的观点由于时代的变化已经难以契合现实，对这些内容也按照最新的观点进行了改写。

(3) 对原版中某些学术上存在争议的命题和概念进行了重写，突出最新的学术争论对这些观念的改造，使学生明了学术的演进。

(4) 对原版中某些章节较为烦琐冗长的表述进行了删减，力求句式简洁明了，便于学生学习。

(5) 原版某些参考资料来自互联网，但其原始链接由于时间较长已经失效，对这类资料则更换为较新的链接，便于学生查找。

(6) 为了保证时效性，对原版某些章节中作为论据的统计数据进行了部分更换，尽量采用最近三四年的数据，内容上也做出相应调整。

(7) 原版涉及的政策表述也根据国家政策的最新变化进行了相应的更新。

(8) 对原版的大部分图片都进行了替换，尽量突出与内容的相互对应并体现最近几年的新变化。

按以上原则进行修订后，本版的篇幅比原版更为精简，删去了较为烦琐、主观、过时的内容，增补了较新、较客观的内容，更适合本科生阅读和学习。

本版修订工作具体由华南农业大学公共管理学院社会学系博士、讲师叶涯剑承担。

华南农业大学公共管理学院社会工作系讲师、广州市北斗星社会工作服务中心总干事曾永辉，华南农业大学公共管理学院 2015 级 MSW 研究生李健龙协助张兴杰完成了相关再版工作。

本版全书各章节的撰写者与第一版一致。

张兴杰　叶涯剑

2015 年 10 月 30 日

第一版前言

2006年，经笔者申请和专家评审，《社区管理》被立项为全国农林高校“十一五”规划教材。在这一喜讯的激励下，经笔者多方联系，省内外十余家高校及相关单位的老师和同志欣然同意参加本书的编写。经过全体作者三百多个日日夜夜的辛勤撰写，本书终于完稿。

作为主编，笔者不论是在设计立项申请时，还是在拟定编写大纲和编写注意事项时，或者主持编务会议时，拟或审改定稿时，都力图促成本教材的四个特点：

（1）体系结构区别于现有的同类教材。全书十五章，分上、中、下三编：上编为“社区和社区建设概论”，中编为“社区管理概论”，下编为“社区管理实例”。

（2）全书贯穿“两个紧密结合”：一是把社区管理同社区建设紧密结合起来（因为如果没有社区建设也就没有社区管理），二是把社区管理理论同社区管理实践紧密结合起来。

（3）现有的其他同类教材实际上只论述了城市社区管理，几乎未涉及农村。而本书并重城市社区管理和农村社区管理，上、中编十三章中有十二章都设有专节论述农村。这是本书最突出的特点，就这一点而言，可以说本教材具有填补空白的意义。

（4）为了增强可读性，本书插入适当数量的图、表及附录，尽可能追求图文并茂、表文并茂。同时，本书尽量避免纯粹的、枯燥的理论阐述，特别注意融进一些相关实例。

本书是集体智慧的结晶。主要编写人员如下：

张兴杰：华南农业大学社会学教授、公共管理学院院长、广东农村社区建设与公共管理研究中心主任（申请立项、拟定编写大纲和编写注意事项、组织编写人员、审改定稿——包括搜寻增加了多数章节的相关图片）；

杨　慧：华南农业大学公共管理学院社会学系副主任、南京大学社会学系在职博士研究生（第二章第二作者）；

王志中：山西医科大学人文社会科学学院教授、副院长（第九章）；

欧书阳：西南大学政治与公共管理学院副教授（第四章）；

宋文祥：广州市越秀区梅花村街道党工委书记（第十四章第一作者）；

周玉萍：太原科技大学人文社会科学系教授、副主任（第十章、第十一章）；

李文彬：华南理工大学政治与公共管理学院讲师、中山大学在职博士研究生（第六章）；

黄大乾：华南农业大学继续教育学院教授、院长（第一章第二作者）；

刘晋生：原广州市天河区长兴街党工委书记、现海珠区区委常委、宣传部长（第十五章第一作者）；

许文兴：福建农林大学人文社会科学学院教授、院长、博士生导师（第十二章第二作者）；

袁定明：重庆三峡职业学院院长助理兼教务处处长、副教授（第七章）；

杨学军：西北农林科技大学经济管理学院副教授（第三章）；

王宇雄：山西农业大学公共管理学院副教授（第五章）；

马美霞：广州市越秀区总工会副主席（第十四章第二作者）；

郭　涵：福建农林大学人文社会科学学院讲师（第十二章第一作者）；

李薛嘉：山西医科大学人文社会科学学院助教（第八章）；

黄剑飞：华南农业大学公共管理学院行政管理系讲师（第十三章）；

王宇丰：华南农业大学公共管理学院社会工作系讲师（第十五章第二作者）；

张沁洁：华南农业大学公共管理学院社会学系博士（第一章第一作者）；

余励斯：广东省职业技能鉴定中心员工、暨南大学管理学院硕士研究生（第二章第一作者）；

曾永辉：华南农业大学人文学院硕士研究生（第二章第三作者）。

在编写本书过程中，我们参考和吸收了众多理论工作者和实际工作者的相关研究成果（已在文中注明或在章末列为参考文献）。谨向各位原作者深致谢忱！当然，本书文责由各章编写者本人承担。

本书系笔者和华南农业大学公共管理学院党委书记易钢教授联合主编的“21 世纪高等学校社会学与公共管理系列教材”之一。华南农业大学副校长、博士生导师、广东农村政策研究中心常务副主任李大胜教授欣然应邀担任本套系列教材编委会主任，并对编写工作给予了大力支持和指导。谨向李大胜教授表示由衷的谢意和敬意！

副主编杨慧、王志中、宋文祥，参编李文彬、张沁洁以及华南农业大学公共管理学院吕惠琴老师分别审改了本书若干章、节的初稿。也向他们付出的辛勤劳动表示衷心感谢！

本书可能还存在这样那样的不足，热诚希望读者批评指正！

张兴杰

2007 年 10 月 1 日

目　录

第一章

社　区

要了解社区建设和社区管理，首先需要了解什么是社区。

人类的社会生活，不但在一定的社会关系和社会结构的框架内进行，而且也离不开必需的地域空间条件。社区就构成了人们生存活动的特定而具体的空间区域。

第一节　社区概况

一、社区的内涵

(一)德国社会学家滕尼斯最早使用“社区”概念

最早在社会学的研究上使用“社区”这个概念的是德国社会学家 F. 滕尼斯(图 1-1)。1887 年，滕尼斯出版社会学名著 *Gemeinschaft und Gesellschaft*，此书被译成英文时名为 *Community and Society*，20 世纪 30 年代我国社会学家将其译为《社区与社会》。滕尼斯认为，Gemeinschaft (即社区)一词表示一种由具有共同习俗和价值观念的同质人口所组成的关系密切、守望相助、存在一种富有人情味的社会关系的社会团体；人们加入这一团体，并不是根据自己的意志所做的选择，而是因为他生长在这个团体。与此相应，他认为 Gesellschaft(即社会)一词则表示一种由具有不同价值观念的异质人口所组成的、由分工和契约决定的、重理性而不重人情的社会关系的团体；人们加入这一团体是根据自己的意志进行选择的结果。可见，滕尼斯在提出“社区”这一概念时，强调的是社会共同体、团体，并没有特别强调其地域性。

图 1-1　德国社会学家 F. 滕尼斯(1855～1936 年)

美国芝加哥大学社会学系教授 R. 帕克(图 1-2)和 E. 伯吉斯在 1925 年的《城市》一书中认为城市作为一种社区，是一种思想状态，是文化和传统的一种载体。在 1936 年发表的《人类生态学》一文中，帕克认为：“社区的基本特点可以概括为：一是按区域组织起来的人口；二是这些人口不同程度地与他们生存的土地有密切关系；三是生活在其中的每个人处于一种相互依赖的互动关系。”帕克强调了地域、一定数量的人口和互动性关系网络这三个方面。由此开始，地域成为社区概念中必不可少的要素，围绕社区的讨论都要以一定的空间区域为基础，这可以视为对社区概念最重要的一种完善。

图 1-2 罗伯特·帕克(1864～1944 年)

(二)代表性社区定义

自帕克后，有关社区的定义林林总总。杨庆堃 1981 年统计发现有 140 多种社区定义：有的从社会群体、过程的角度界定；有的从社会系统、社会功能的角度界定；有的从地理区划(自然的与人文的)的角度界定；有的从价值观、生活方式的角度界定；还有的从归属感、认同感及社区参与的角度界定。下面列举几种有代表性的观点。

1. 群体说

该观点主要强调社区是一种群体或组织，是在区分社区中的社会群体与其他社会群体异同的基础上形成的，主要代表人物是希勒和菲利普·塞尔兹尼克。后者认为社区是一群人，是一种变化着的群体经历，是一种具有相同信念和利益的人的组织，是一系列不同的群体和行动所借以依托的单位。所有的社区都是用契约联系在一起的，社区中的人具有共同的信念和命运，具有个人的同一性、归属感及支持其行为和关系的结构。其成员参与和相互利益接触的途径越多，社区的经验就越丰富。

希勒认为社区是一种社会群体，在进行社区分析时至少有四个要素必须确定：①一定的成员；②获得成员资格的准入标准；③成员间有区别的角色或功能；④调节成员行为的规则。他并不否定社区的区域性，认为所有的社会群体都分布在一定区域，某种程度上他们是由人们生活的限定空间所建构的，但区域并不意味着他们都是社区；事实上，既定的区域是成员居住的地方，并不就蕴涵着这个地方是群体建构的必要事实，也就是说，社区是一个在特定区域的人们建构的体系，给我们一种“社区—群体”(community-group)的印象。希勒通过区分所有的社会群体要素与社区群体要素，来说明社区与一般群体的不同，具体见图 1-3。

2. 场域说

场域说将地理空间与人的社会活动相结合形成社区空间的认识，从而探讨一定的社会空间中人与人的互动和行为关系，主要代表人物是戈夫曼。

戈夫曼最先将社区视为一种场域，他认为以前的社区定义至少有三个要素是一致的：①社区是空间整合部分的一个社会单位，是一个相对小的地方；②社区暗示了一种生活方式，如人们怎样做事和他们需要什么——他们的机构和他们的集体目标；③集体行为，人们不仅应当而且要经常从事共同关心的生活事务。然后提出社区是一种相互影响的场域，社区场域包含人们通过各种协会或群体所从事的组织行为，这种组织行为是社区场域的核心。有六种标准可以用来区分不同的社区场域：①利益追求和需要满足的综合程度；②与地区的一致程度；③相关的数量、地位和当地居民卷入的程度；④当地社团卷入的有关数量和重要度；⑤行为保持或改变当地社会的程度；⑥组织行为的广度。

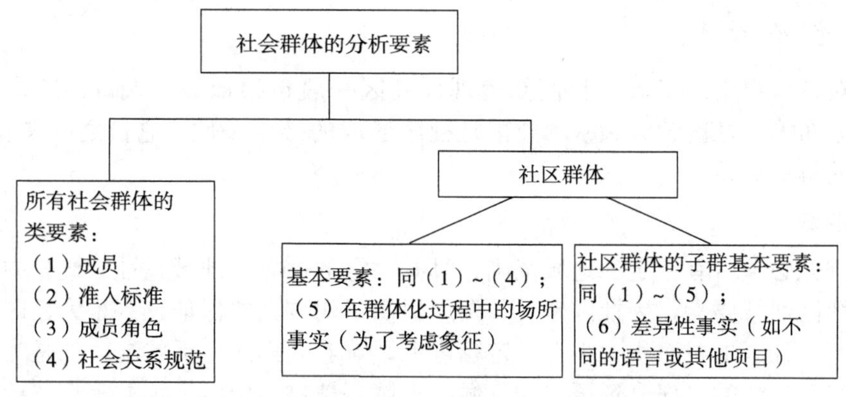

图 1-3 类属的和差异的群体要素间的关系

资料来源：Hiller E T. The community as a social group. American Sociological Review，1941，6(2)：189-202

3．系统说

社区系统说是理论体系在社区研究中的应用，主要表现在以下三个方面：①把社区视为交往(互动)的场地，实质上就是研究以社区为基础的交往体系。②将社区视为大社会的次体系。这一观点的主要代表人物美国学者罗兰·沃伦分析了社会宏观体系对地方社区的影响，提出了把地方性社区作为社会宏观体系的次体系的观点。他认为，社会的大变迁导致了宏观体系对社区次体系的支配现象。这使发达资本主义国家里的社区几乎完全依存于整个大社会，社区成了大社会的映射，所以人们在同一国家的所有社区里，可以看到相同的价值观和行为。③分析社区的格局对其功能的影响。沃伦由此分析了与地方性相关的五种功能，即经济(生产、分配、消费)、社会化、社会控制、社会参与及互相支持的功能。

4．综合说

综合说主要是用来概括中国学者的社区观。中国学者自 20 世纪 30 年代引入西方的社区概念以来，逐渐形成了自己的定义。费孝通、郑杭生、王康、袁方、何肇发和黎熙元、方明、吴铎等先后对社区进行了界定。尽管他们在为社区下定义时各有侧重，但总体上是在地域、人口、关系结构、心理认同、基本物质设施等要素框架下界定的，可以说是一种综合说。例如，费孝通认为，“社区是若干社会群体或社会组织聚集在某一地域里形成的一个在生活上相互关联的大集体”；郑杭生认为，“社区是进行一定社会活动、具有某种互动关系和共同文化维系力的人类生活群体及其活动区域”；王康认为，“社区是指一定地域内按一定社会制度和一定社会关系组织起来的、具有共同人口特征的地域生活共同体”；黎熙元和何肇发认为，“社区就是区域性社会，换言之，社区就是人们凭感官能感觉到的具体化了的社会”。

结合国内外学者的看法，本书有以下的社区定义，即社区是聚集在一定地域范围内的具有某种互动关系和共同文化维系力的人类群体，是一个地域性的社会生活共同体。

二、社区要素

通过对社区定义的了解，我们知道现代社区一般包括地域、人口、结构、文化心理、区位分布等。社区的五大基本要素是社区形成的必要条件，它们之间是相互依赖、有机统一的辩证关系。

(一)地域

社区首先必须占有一定的地域范围，具有一定的边界。地域是社区概念中头等重要的因素。社区地域要素，为社区建设与发展提供了两方面的保证：一是为社区成员提供了活动场所，社区地域面积大小在一定程度上影响着人们的生活状况。二是为社区成员提供了生产和生活的一部分资源，如气候、土壤、植物、山脉、水域等自然地理性生存环境。社区地理环境的好坏、自然条件的优劣对社区的发展水平和发展速度有重要的影响。所以几乎每个社区研究者都首先强调社区的地域特点，如帕克认为社区是由一群按地域组织起来的人口，这些人口不同程度地深深扎根于生息的土地上；哈利认为社区是指县市地方人民生活的一个区域；埃雷奥特认为社区就地理上来说是有共同社会制度的人们所居住的邻里地域；费孝通在《乡土中国：生育制度》一书中，也强调社区的地域空间性。

(二)人口

人口是各种人类组织构成的行动载体，是社区构成的基本条件之一。人口要素，可以说是在社区定义中观点最一致的一个要素。人口主要涉及数量、构成和分布三个静态特点。数量是指一个社区内人口的多少；构成是指社区内不同类型人口的特点；分布是指人口及他们在社区内的空间分布及人口密度等。人口数量的多少、分布等因素关系到社区的规模大小，人口构成关系到社区的同质程度。社区的大小与其居民的互动类型有密切关系，社区越大，个人熟知的人数比例就越小，而且匿名与非个人关系的倾向也就越大。再者，社区人口构成越多样，则社区内的各种人际关系也就越复杂。

人口变动是社区的脉搏。一个社区要存在下去，首先就必须补充新的居民，以维持社区正常生活的足够人数，因为没有一定数量的人口，任何社区的存在都是不可能的；没有一定质量的人口，社区建设与发展也将无从谈起。社区人口无论是通过自然增减还是移民，以及合并而造成的增减，都是社区变迁的原因之一。

(三)结构

结构指社区内的各种社会群体和组织之间的相互关系。社区组织间的关系形态，在一定程度上具有为社区提供生产和生活资料、传递文化和整合等作用。社区群体和组织主要包括家庭、邻里、商店、管理单位、学校、医院及各种社区服务中心等。

(四)文化心理

一定的文化心理是一个社区得以存在和发展的深层的内在力量，它是人们在社区这个特定的地域性社会生活共同体中长期从事物质与精神活动的结果。一个社区的风土人情、风俗习惯、管理制度，社区成员的心理特质、行为模式、价值观等都是社区的文化心理的体现。社区文化心理的一种典型体现是：社区居民在长期的共同生活中，在同一行为规范、文化传统和生活方式氛围里，形成了共同意识，在感情或心理上具有共同的地域观念、认同感和归属感。它构成了共同的文化维系力，是维系社区成员关系的强大精神凝聚力。

(五)区位分布

区位分布是人类生态学的主要关注点，包括社区中物质设施的空间分布及社区成员日常活动的空间分布。社区的物质设施，如居住、娱乐和休闲、消费和购物、工作等的场所基本上是分离的，这种空间的分离直接影响到社区成员日常活动的空间分布。例如，甲是一社区的成员，睡觉时多数在该社区的家中即居住空间度过；上班时可能到其他社区的写字楼工作；购物时可能在社区中的商店或超市购买日常用品，也可能去专门的商业区购买衣物和专用工具。

三、社区功能

社区主要有生存发展、社会整合、社会控制、民主建设等功能。

(一)生存发展功能

(1)生活功能。提供各种就业、消费、娱乐和休闲、居住场所。

(2)安全功能。提供人身和财产安全的保障。

(3)学习功能。通过托儿所、幼儿园、中小学校和其他各类学校，提供学习、教育机会。

(4)生命保障功能。通过各种医院、诊所、社区医疗保健机构和药房等，提供生命保障和安全健康保障。

(5)福利功能。通过社区内的福利机构和慈善组织，如残联、妇联等，为老、弱、病、残等弱势人群提供特殊照顾和帮助。

(二)社会整合功能

(1)社会化功能。社区并不单单是人们休养生息的地方，同时也是人们通过人际互动、教育学习以实现人的社会化的大学校。个人通过接受所居社区的文化与规范，通过社区成员间的相互接触，有助于形成共同的行为和生活方式及价值观念等，实现其从一个自然人逐渐演化为社会人。社区的社会化功能不仅促使个体更好地融入社区，还为社会规范管理提供一定的保障，也能逐步完善社会内在整合的机制。

(2)组织化整合功能。社区将不同数量、构成和分布的人口在一定空间上聚集起来，将社会个体以不同方式进行不同程度的组织化，使社会与个体之间的衔接更加紧凑和连续。

(3)区际整合功能。一个社区不能满足其成员所有的需求，社区成员必然会与社区外的相关人员进行交往，通过成员之间不同的互动方式和互动程度，一个社区与其他社区间的关系得到建立，子社区间的基础设施可以资源共享，实现资源整合。

(三)社会控制功能

(1)符号控制功能。一个社区的构成在某一向度上，如收入、职业、教育程度等方面具有一定同质性，从而在此向度上为社区赋予了某种符号象征。这种符号象征，在结构位置上使人们对社区中的不同身份群体寄予不同的行为方式、生活态度等角色期待，从而无形中制约社区成员按照这种符号要求来行动和生活。但是这种符号控制功能有正与负之分。这多多少少与阶层意识和阶层行为具有相似性。

(2)管制纽带功能。以社区作为单位，为国家、政府治理社会提供了更为系统的对应主体，弥补了类似于传统中国家族性质的组织治理中的层级替代的不足，使社区成为衔接家庭与国家之间的社会管制纽带，让个体与社会的联系更为紧密与连续。

(3)安全阀功能。在社区的系统管理下，通过社区，个人与国家之间的沟通得到保障，公民的意愿能够较大程度地得到反映，从而有利于消除矛盾或矛盾产生的温床，在时间和空间上，都对激进思想的产生起到了一定的抑制作用，最终有利于社区的发展和社会的稳定。

(四)民主建设功能

(1)参与感培育功能。社区与其成员的生活密切相关，成员为了保障自身的权益，会自发自愿地组成维护自身利益的组织，如城市居民社区中的业主委员会，来表达诉求和确保权益不受破坏。通过参与到自身权益的事务治理中，逐步培育出公民参与公共事务治理的意识。

(2)公共参与功能。通过在一定公共空间举办一些公共集会等形式的活动，调动居民的参与感，不仅能培育居民"超自我"的集体意识，打破狭隘的"自我"观念，还能打破公共事务决策过程中的单一权力化倾向，从而使公民素质和民主平等观念都得到提升。

第二节 城市社区

滕尼斯、沃思、雷德菲尔德等依据社区的结构、功能、人口状况、组织程度等综合因素，把社区分为城市社区和农村社区两大基本类型，这也是广为学术界接受的分类。本节介绍城市社区。

城市社区一般按照社区所提供的功能服务类别、存在时间长短、聚集居民的收入水平等标准来划分。例如，按功能可分为商业社区、工业社区和文化社区；按与行政的关系可分为法定社区与自发形成的社区。

本书所说的城市社区是指街道办事处管辖范围的社区。

一、城市社区研究状况

(一)城市空间和结构研究

1. 传统城市结构理论

芝加哥学派的代表学者伯吉斯吸收了生态演替理论与地理经济学的成果，提出城市同心圆增长理论，兼顾了区域功能与社会阶级分析两个维度，对分析城市的结构形态起到了开创性作用。同心圆理论认为城市空间的扩展是竞争的结果，城市的发展呈放射状，由中心到边缘发展。这一现代都市区域分布的图形阐释力强、应用性高，对大众理解城市扩展的方式有重要意义。受此影响，1936 年，霍伊特(H. Hoyt)在研究美国 64 个中小城市房租资料和若干大城市资料后提出了扇形理论，又加以发展。他们根据城市发展由市中心沿主要交通干线或其他较通畅的道路向外扩展的事实，认为同心圆理论中城市由市中心向外均匀发展的观念不能成立。高租金地域是沿放射形道路呈楔形向外延伸，低收入住宅区的扇形位于高租金扇形之旁，城市是由富裕阶层决定住宅区布局形态。该理论模式具有动态性，使城市社会结构变化易于调整，能够将新增的居民活动附加于城市周边，而不像同心圆模式，需要有地域上的重新发展。在此之后，哈里斯和乌尔曼在 1945 年提出了城市由一个以上的多中心构成的多中心说，认为中心区往往不是一个圆圈形；不但一个都市的商业核心是多个的，而且其功能也是多个核心的。这种都市空间结构多核心的形成有以下四种因素：①有些活动需要特殊的设施或资源；②同样的活动往往聚集在同一地方；③引起相互冲突的不同性质的活动不宜聚集在同一地方；④有些活动在金钱上无力与某些活动于同一地方争地盘，只能选择都市边际处进行活动。这几种因素相互作用的结果，促使相互协调的职能机构向不同的中心点集结，不相协调的职能机构在空间上彼此隔离，由此出现了同一都市的商业多核心、工业多核心、住宅多核心等现象(图 1-4)。

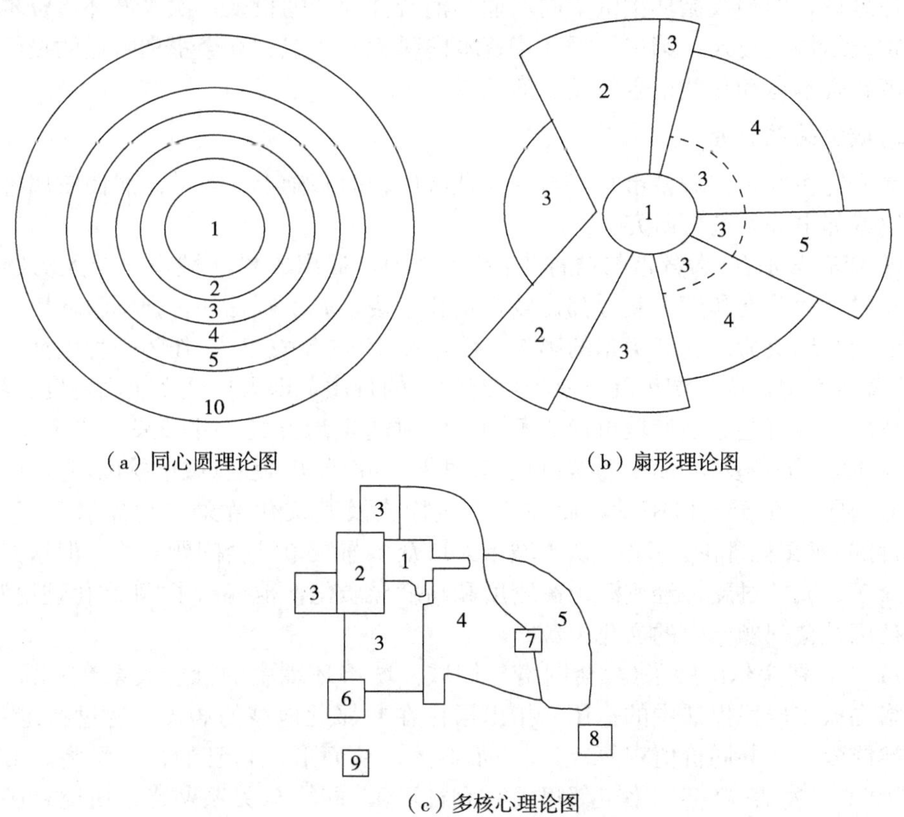

(a) 同心圆理论图　　(b) 扇形理论图

(c) 多核心理论图

1. 中心商业区　2. 轻工业区　3. 下层社会住宅区　4. 中层社会住宅区　5. 上层社会住宅区
6. 重工业区　7. 公共设施　8. 郊外住宅区　9. 郊外工业区　10. 往返地区

图 1-4　传统的城市结构理论图

资料来源：何肇发，黎熙元．社区概论．广州：中山大学出版社，1991；赖恩 L，邓 F. 社区社会学．徐琦译．北京：中国社会出版社，2004；帕克 R E，伯吉斯 E N，麦肯齐 R D. 城市社会学：芝加哥学派城市研究．宋俊岭，郑也夫译．北京：商务印书馆，2012

2. 新城市社会学理论

20 世纪 70 年代以来出现的新城市社会学认为传统城市社会学提出的城市通过竞争与演变可以自动达到和谐、平衡的观点无法解释城市危机，城市现象不只是城市空间所能决定的，城市空间受财富和权力的支配，受国家政治制度和国家经济秩序的支配。戈特迪纳与哈奇森提出社会空间模型，以便结合城市社会生态和政治经济秩序，来解释多核心大都市的发展；帕尔与雷克斯在合著的《种族、社区与冲突》(1967 年)一书中认为，城市资源的分配不平等是造成社会冲突的根本原因。他们提出“城市管理者”理论：城市资源的分配并不是由生态过程或经济结构所决定的，而是由拥有权力的科层制官僚所决定的，城市是一种社会和空间体系，城市空间资源的拥有中不平等现象的存在使城市社会冲突不可避免。戴维·哈维在《资本的城市化》(1985 年)中关注资本集中与循环在城市变迁中的作用，根据马克思关于资本主义生产与再生产的周期性原理，提出资本运动三级循环理论，即初级循环指资本向产业和消费性生产的投入；次级循环指资本向城市基础和物质结构的投入；第三级循环指资本向科教、文卫、社会福利事业的投入。哈维以此来解释资本运动和城市空间发展的关系。

(二)成员关系研究

这类研究主要是在对城市社区与农村社区比较的基础上，对社区居民归属感、成员共同情感或邻里关系进行研究。

1903 年齐美尔在《大都市与精神生活》一文中，提出农村与城市给予人的影响是不同的，农村生活节奏和感官刺激都比较稳定和平缓，城市则是一种强刺激环境，给居民带来过度的心理负荷。受齐美尔的影响，沃思在 1938 年发表了《作为一种生活方式的城市性》的著名论文，认为城市具有三种生态学上的特质，即人口众多、高密度、异质性。这三种特质，不可避免地使城市形成不同于农村的生活方式，并带来了许多社会问题。刘易斯在 1952 年发表《未崩溃的城市化》和甘斯 1962 年出版的《城市村民》先后提出城市社区社会问题不在于人口密度，而在于人口构成及其文化背景。费舍尔 1975 年发表了《城市性的亚文化理论》一文，认为城市人口众多与城市社会问题有关，但这并不是由于人口众多造成的过度神经刺激、高密度和高度异质化，他提出了“亚文化理论”，探讨了城市社区社会问题产生的文化根源。

1977 年，费舍尔出版了《社会网络与场域：城市环境中的社会关系》一书，阐述了社会网络在城市居民生活中的作用，指出居住在非邻近地域的居民，通过特定关系(如共同兴趣或爱好、共同价值观等)组成一个群体，从而形成自己的社会网络。韦尔曼和雷顿于 1979 年发表《社会网络、邻里关系和社区》，同样从关系网络来研究社区。2001 年，普特南的《使民主运转起来》从社会资本理论出发，寻找意大利南北地区经济差别的原因，发现公民社区团体数量的多少是一重要因素。他的分析逻辑是社区成员间不断的交往参与，有助于产生一种促进人与人之间互信的平等交换规范，而社区团体扮演了促进人际间的网络、互信和平等交换规范的角色，通过在社区团体或多或少制度化的持久接触中，个人获得更多资源，整体经济和社会得到发展。

(三)社区权力结构研究

从 1953 年开始，社区权力结构问题成为社区研究的中心，其研究从声望、职位、决策方面指向权力的支配者，主要有精英论和多元主义论。

精英论认为，社区政治权力掌握在少数社会名流手中，地方重大的政治方案通常是由这些精英起决定作用，而地方各级官员则予以配合来实现少数人的意志。F. 亨特是精英论的代表人物，他于1953年出版了《社区权力结构：决策者研究》一书，采用"声望法"分析亚特兰大市的决策层级和权力运用的过程。亨特发现亚特兰大市的权力结构由两部分组成，即政策制定者和政策执行者。前者处于权力顶层，多为实业界领袖；后者处于权力结构的第二层，多为政府官员和民间领导人，是政策的推行者；而公众仅仅是政策的接受者。他由此认为，掌握社区权力的是一小部分身居幕后、不为大众所知的大资产者，而政治家不过是有产者的代言人，人民则处于被支配的地位。

多元主义论认为，社区政治权力分散在多个团体或个人的集合体中，各个群体都有自己的权力中心，地方官员也有自己的独立地位：官员要向选民负责，所以选民也有权力，他们以投票来控制政治家。多元主义论的代表人物是罗伯特·达尔，1961年他出版了《谁统治：美国城市中的民主和权力》，该书运用"决策法"来分析谁参与到了纽黑文市的重大城市政策的实际决策中。他选择了地方政府的三个最主要领域的决策，即城市重建、政治任命、公共教育政策进行分析，发现政治权力很分散，每个团体都有一定的权力，其在特定专属的领域具有发言权。

有关社区权力研究，C. 邦金和D. 奥尔森在1964年概括为两种模式，即隐蔽精英模式和合法多元模式(表1-1)。

表1-1　社区权力结构

权利项目	隐蔽精英模式	合法多元模式
合法性	不任公职、不属于任何协会	有公职或属于某一协会
可见性	不为公众所熟悉	多为社区居民所熟悉
决策范围	广泛参与觉得事宜	仅参加社会公共决策
团体关系	形成一个团体而非独立行动	代表社区各种不同团体利益

社区权力的研究与社区参与、社区组织等密切相关，社区权力结构研究是当前中国学者从事社区研究的重要领域之一。中国学者在此基础上还开辟出社区治理的研究，主要在国家与社会关系分析框架下，运用公民社会理论和治理理论来探讨政府、业主、物业管理等多方力量的权力—利益平衡，以及政府如何更好地管理社区、实现社会稳定。

二、城市社区的特点

沃思在1938年发表的《作为一种生活方式的城市性》一文中认为，人口众多、居住密集和异质性高是城市社区的三个基本特征，城市居民的其他社会心理特征及生活方式的特点均是由此决定的。他从人口规模、人口密度、异质性三个变量分析城市社区的其他特点。

(1)从人口规模，居民众多变量，他提出众多的居民必然产生文化和职业上的分化，必然导致分工很细的职业结构和以特殊利益为基础的、复杂的社会关系的出现，而这将会导致道德的沦丧与社会解体，因而需要在城市生活中建立正式的控制结构。

(2)从人口密度，居住密集变量，他提出居民居住密集使人与人的关系更加复杂化，人们之间的接触带有表面性、短暂性、局部性和匿名性，使城市居民形成功利的价值取向，以及对差异的容忍；高密集居住使城市社会问题增多，导致反社会行为增多。

(3)从人口差异，异质性高变量，他提出高异质性的城市居民会使社会流动性增加，阶级、阶层更加复杂；空间流动性增加，使邻里关系较为淡漠；复杂的社会分工使得大家互相依赖，交换成为日常生活的必需，货币在人们心目中地位更高，容易使居民产生拜金主义；异质性会使社会的传统控制削弱，滋生许多城市生活问题。

概括沃思及后来学者的研究，城市社区的主要特点有：①高密度的人口集聚；②可供选择的生活方式多样；③复杂的社会分工和职业结构；④有高度的社会流动性；⑤城市居民在功能上有显著的依赖性；⑥人际接触有较强的匿名性，社会关系复杂；⑦城市社会问题依赖正式的社会控制方式；⑧城市居民的道德观念和道德行为呈现较大的差异，居民容忍意识较强。

龙冠海将城市社区与农村社区相比较，详细地列举了其各自的特点(表 1-2)。

表 1-2 城市社区与农村社区的特点比较

项目	城市社区	农村社区
社区规模	相当大	相当小
人口密度	比较高	比较低
人口构成	异质性强(比较复杂)	同质性强(比较单一)
工作环境	室内	室外
职业	非农职业、差异很大	农业、差异较小
技能	高度专业化	普遍但差异明显
家庭人口	较少	较多
家庭与工作场所	较远	相对较近
社会接触	机会较多且以间接为主	机会较少且以直接为主
社会阶层	多	少
社会地位	不稳定且多为赢得	稳定且多为规定的
社会流动性	高	低
生活水平	高	低
机构团体	多且庞大复杂	少而简单
教育娱乐机会	多	少
社会心理	思想较自由、易变化	富于迷信、保守
社会病态	多	少
社会控制	多	少

资料来源：龙冠海．社会学．台北：台湾三民书局股份有限公司，1986：252

三、新中国城市社区的发展历程

新中国城市社区发展经历了以下三个阶段。

(一)1949～1978 年阶段

这一时期单位制力量日益强大，在此基础上国家对社会的行政控制力度也日益强化。行政力量从区一级延伸到街道一级，控制力大大加强，使社区居民委员会成为基层政权组织及其派出机构的“附属物”，社区组织的行政化倾向也越来越严重，自治性、群众性和民主机制都受到了一定程度的抑制；单位制度从党政军机关扩展到所有国营和集体性质的基层企事业法人，尤其是单位大院，成为这一时期社区的主要表现形式，形成了高度自给自足的社区结构。

(二)1978～1992 年阶段

这一时期主要在政府的推动和引导下，单位逐渐退出社区事务的参与，社区组织作用日益凸现，社区居民初步参与社区事务。城市中单位制开始弱化，单位体制内外从业人员发生变化，单位承担的社会职能向社区转移；政府与社会的关系开始发生变化，大量的社会组织开始产生并发挥着越来越重要的作用，政府组织与社区组织的关系由领导、控制向指导、协调与合作的方向发展。

(三)1992 年以后阶段

这一时期政府日益重视培育自治型社区，逐步形成以社区居民为主体，社区组织为手段的政府支持型的新型、和谐社区。其标志性事件是 1992 年 7 月，《中共中央、国务院关于加快发展第三产业的决定》要求，社区服务要向产业化、行业化方向发展；1992 年 10 月，中国基层政权建设研究会在杭州市下城区召开了“全国城市社区建设理论研讨会”；国务院从 1992 年起把社区服务业列入国家计划委员会的年度计划，在资金上通过两种方式扶植和引导社区服务业，一是各级财政给予一定支持，二是开办社会福利有奖募捐；1999 年民政部基层政权建设司改名为民政部基层政权和社区建设司；2000 年《民政部关于在全国推进城市社区建设的意见》，提倡全面推动城市社区建设，遵循的原则之一是扩大民主和居民自治。

第三节 农村社区

农村社区也称乡村社区，指的是主要以农业活动为基础聚集起来的人们生活的共同体，它可以是一个小的村落，也可以是由几个毗邻的村落组成的社会区域。总括学者们的研究，农村社区基本要素有三，即职业是农民、居住密度低、共同的生活方式和价值观念。

一、农村社区的类型

杨开道提出了农村社区的四个分类标准，即住宅聚散标准、历史久远标准、家族派别标准、地理位置标准。何肇发认为可以从三个角度划分农村社区，分别是按照经济活动性质分为农村社区与非农村社区(主要指集镇社区、工业村和矿业村、旅游社区和宗教社区);按形态与规模分为大村、中村、小村;按发展水平分为初级社区与次级社区。中国乡村社会学者主要采用居民聚集程度这一标准,将农村社区分为三种,即散村社区、集村社区、集镇社区。

(一)散村社区

散村社区(图 1-5)是指因特殊地理环境形成的零散的小村落。该社区的特征是一般聚居程度不高;居民从事的经济活动单一;居民往来频繁,相知甚深,彼此间关系密切;一般由于交通不便而与外界较隔绝,向外流动的机会很少;社区本身发展较慢,变迁不大;随着外界对这类社区的开发,一般会逐渐向集村社区转变。

(二)集村社区

集村社区的居民居住较为集中,人数较多,规模较大,一般是几十户甚至几百户聚居在一起;常以一个或数个大姓宗族共同聚居;有一个或多个商铺中心,方便居民在非赶集时期购买日常生活品(图 1-6)。

图 1-5　典型的散村社区

图 1-6　集村社区的典型——福建围屋

(三)集镇社区

集镇社区的形成一般有三种类型,一是从地点适中、交通便利的农村发展起来,二是从定期赶集的自然集市发展起来,三是在已经成为行政区划的基层政治中心基础上发展起来。集镇的英文为 rurban,是乡村和都市两词的缩写,突出体现了该类社区为农村服务但同时具有城市特点的性质(图 1-7)。

图 1-7　集镇

集镇社区的特征是构成社区的人口是长期居住在集镇但不从事农业生产的居民、流动参加集市售卖的行商,以及其他闲时来集镇务工的周边农村居民;集镇中工商、服务、建筑、运输、医疗卫生、教育、乡镇企业等行业性分工机构初步形成,其服务对象主要是集镇周边的农村和集镇中的居民;集镇作为扎根于农村、服务于农村的社区,由于其并不从事农业生产,而具有不同于农村的城市特性,因此它的社区文化具有城乡二重性。

我国有关集镇的社会学研究主要有20世纪30年代黄迪的《清河：一个乡镇村落社区》和费孝通的《小城镇大问题》(1984年)、《小城镇新开拓》(1985年)、《论小城镇及其他》(1986年)、《乡土重建与乡镇发展》(1994年)。费孝通在1981年四访江村时，特别看到了农村的发展与小城镇建设的密切关系，所以他1982年就决定从农村上升一级，去调查研究作为农村政治、经济、文化中心的集镇。他发现集镇是以不从事农业生产的人口为主，具有与农村不同的特点，但与周边农村又保持不可或缺的联系。因此，集镇的城乡归属问题在学者之间存有争议。我们从集镇与周边乡村居民的赶集距离远近将其纳入农村社区范畴，可分为区级镇、乡级镇和村级镇。

二、农村社区的特点

农村社区在整体上表现出对自然依赖性强、人口素质较低、人际关系较简单、生活方式单一、经济水平不高、乡土观念重的特点。

(一)生存受自然环境影响大

农村社区居民的谋生手段主要是从事农业生产，而土地是农业生产最重要的物质基础，土地的自然肥沃程度和所处的地理位置直接影响居民的粮食收入。农作物的生长具有明显的季节性，受到气温、降雨、干旱、风力等影响。农业生产的规模化、技术化受到地势的限制，在成都平原、新疆农场、汉中平原等地势平坦的地方，土地面积较大；而在山地、盆地、丘陵等地带的土地要么在狭长的谷地，要么在山腰呈梯田状分布，土地面积相对较少。

(二)人口素质相对较低

农村所据地域较广，人口密度相对于城市稀疏，居民受教育程度低，人口整体文化水平不高。据《中国农村统计年鉴》，2002年我国农村劳动力文盲、半文盲占7.59%，小学文化程度的占30.63%，初中程度的占49.33%，高中程度的占9.81%，中专程度的占2.09%，大专以上的仅占0.56%。而且地区之间的差异较大，西部地区以小学以下文化程度为主，其中小学文化程度占33.10%，文盲、半文盲率超过16%。

(三)社会关系相对简单

相对于城市社区，农村社区由于是一个或几个姓氏的人们聚集在一定的区域内，居民社会关系相对简单，主要是血缘、地缘关系。传统居民之间关系融洽、团结和睦、乐于互助。但是我国农村社区的社会关系随着封闭性逐渐被打破，乡村资源的开发力度加大，居民外出的机会和获得外界信息的渠道增加，人际关系变得比以前复杂，居民关系尤其是邻里关系相对疏远。农村邻里关系的恶化使生产和生活互助、生命安全保障、社会化等功能丧失①。

(四)生活方式比较单一

广义的农村生活方式是指农村居民的全部生活方式，包括劳动、消费、闲暇和政治

---

① 《故乡人不亲，农村人际关系淡化不可忽视》，《四川农村日报》，2001年2月2日，第二版。

等。狭义的专指消费与闲暇。无论是狭义还是广义，农村社区的生活方式整体上与城市社区相比，比较单一。其生活方式在时间结构上具有季节性差异，有农忙与农闲之分；活动空间主要是家里、农田、邻里庭院、距离较近的集镇等地方；活动方式除了种植农田、饲养家禽和看电视、打麻将等之外，供学习和发展的活动比较少。整体来讲可供选择的活动方式和空间都较少。

(五)经济发展水平不高，居民收入较低

农村社区由于农村土地的分散性阻碍了农业规模化、产业化经营；公路等基础设施建设跟不上，阻碍了对外拓展的空间；单一的农业经济形式阻碍了多元化产品市场的形成，这些使农村社区的经济整体发展水平落后，居民人均收入普遍较低。2006 年的《农村经济绿皮书》指出，我国 2005 年城乡人均收入差距比例高达 3.22∶1，农民人均纯收入 3 255 元，直到 2009 年，城乡收入差距才开始下降，从 2009 年的 3.33∶1 下降到 2013 年的 3.03∶1，但城乡收入差距仍有 3 倍之多。

三、中国农村社区的发展阶段

自秦汉以后，我国一直沿袭乡政村治的体制，村为官民混合的组织。新中国建立前后的乡村社区发展史是一个日益变迁的过程史，随着市场化程度的不同，乡村的生活方式、观念习俗得以延续和改变的程度会不同。总体来讲，其大致可以分成四个阶段。

(1)1949 年以前，是自然经济时期的传统农村社区。这一阶段，农村社区处于超稳定状态。虽然晚清时期的洋务运动带来了冲击，但我国农村依然持续着传统的乡土性及宗法秩序。由于交通的限制，国家无暇顾及乡村，而村庄为了抵御外族的侵犯，借助宗法力量形成的宗族系统和乡绅阶层活动于乡镇、县之间，成为衔接乡村与国家之间的中坚力量，乡村社区成为一个封闭、稳定、连续的共同体。

(2)1949～1978 年，是乡村的乡土性延续期。1949 年以后，经过人民公社时期，国家明令取缔乡绅阶层和宗法制度，对人口流动实行严格的控制，从而使国家权力全面深入乡村，农民牢固地扎根于土地。但因为农民的生存来源和生活方式并没有多大改变，其血缘、宗族和乡土观念依旧浓厚。

(3)1978～1992 年，是乡村的重组时期。由于人民公社撤销，政府机构设至乡镇一级，农村权力控制出现松动乃至空隙。联产承包责任制的实施，乡镇企业的出现，使农村原有的社会权力结构面临解体的同时，传统的民间礼俗活动和村庙组织重新复活，民间组织的协调管理机制再次被提倡，如 1982 年宪法规定村民委员会是村民的自治组织，1987 年通过了《中华人民共和国村民委员会组织法(试行)》。

(4)1992 年至今，是村民自治管理乡村的培育时期。这一时期由于市场体系的引入、信息传播技术的提高和交通的日益发达，农村剩余劳动力大规模向城市流动，乡村社区的边界日渐开放，市场力量渗入农村社区，农村社区的认同正在减弱，农村社区进一步发生分化。为了实现农村社会的有效整合，中央、省、市县等各级政府大力支持村民自治制度的建立和开展相关的自治示范活动，并取得了显著成效，到 2012 年全国共建立村民委员会 58.8 万个，村民小组 469.4 万个，村民委员会成员 232.3 万人，全年共有 10.9 万个村(居)民委员会完成选举，参与选举的村民登记数为 1.6 亿人，参与投票人数为 1.1 亿人[①]。

➤复习思考题

1. 对社区定义做简单归纳。
2. 简要阐释社区的基本要素。
3. 结合实际分析社区的功能。
4. 分别说明城市社区和农村社区的特点。
5. 在查阅相关文献的基础上，描述当代我国社区发展的实际情况。

参考文献

包红霏，李南芳，何敏 . 2014. 社区发展与管理 . 北京：中国建筑工业出版社 .

蔡禾 . 2011. 城市社会学讲义 . 北京：人民出版社 .

何肇发，黎熙元 . 1991. 社区概论 . 广州：中山大学出版社 .

赖恩 L，邓 F. 2004. 社区社会学 . 徐琦译 . 北京：中国社会出版社 .

李守经 . 2000. 农村社会学 . 北京：高等教育出版社 .

帕克 R E，伯吉斯 E N，麦肯齐 R D. 2012. 城市社会学：芝加哥学派城市研究 . 宋俊岭，郑也夫译 . 北京：商务印书馆 .

桑德斯 . 1982. 社区论 . 徐震译 . 台北：黎明文化事业股份有限公司 .

奚从清 . 1995. 社区研究：社区建设与社区发展 . 北京：华夏出版社 .

徐永祥，张乐天 . 2000. 社区发展论 . 上海：华东理工大学出版社 .

许英 . 2002. 城市社会学 . 济南：齐鲁书社出版社 .

袁亚愚 . 1990. 乡村社会学 . 成都：四川大学出版社 .

张钟汝 . 2001. 城市社会学 . 上海：上海大学出版社 .

Bates F L，Bacon L. 1972. The community as a social system. Social Forces，50(3)：371-379.

Hollingshead A B. 1948. Community research：development and present condition. American Sociological Review，13(2)：136-156.

Kaufman H F. 1959. Toward an interactional conception of community. Social Forces，38(1)：8-17 .

Wilkinson K P. 1970. The community as a social field. Social Forces，48(3)：311-322.

---

① 民政部：《2012 年社会服务发展统计公报》，http://cws.mca.gov.cn/article/tjbg/201306/20130600474746.shtml，2013-06-19。

第二章

社区建设

随着我国社会经济成分、组织形式、利益关系和分配方式日益多样化，越来越多的人从“单位人”转为“社会人”。单位之外的替代性社会资源增多，单位的社会整合能力下降，它将其承担的社会职能不断分化出来，导致社会事务大量涌现、重新分解并逐渐回归社会。而在社会中，社区是落实和承接社会职能最基本的载体与新型公共空间，承担着重要的社会整合功能。社区建设正是顺应我国社会结构转型这一现实需要而产生的。

第一节　社区建设概述

一、什么是社区建设

（一）社区建设的定义

19 世纪的工业化和城市化改变了传统社区里人与人的关系，社区的社会功能弱化，随之带来贫困、犯罪、基础设施破败等社会问题。从 19 世纪末开始，英、法、美等国相继开展了“睦邻运动”“社区组织运动”“回归社区运动”，希望重建具有共同价值取向的、关系亲密的、富有人情味的社会关系或社会团体。回归或重建社区成为当时的一股社会热潮。到了第二次世界大战以后，由于西方发达国家出现失业严重、贫困和社会秩序混乱等局面，一些国家便提出用社区建设的理念和思路去解决以上种种社会问题。20 世纪 80 代以来，美国等一些发达国家再次掀起社区建设的思潮，以此来加强社区居民之间的交往，实现互相关怀的目的。应该说，西方社会把社区建设理解为一种强化社区要素、发展社区组织、增强社区活力、提高社区居民生活水平的活动。

我国改革开放以后，民政部门在城市广泛开展社区服务，1991 年 5 月民政部首次提出社区建设这一概念。随着我国改革的进一步深入发展，社会问题日益突出，这对政府管理机制、管理能力和服务水平提出了更高的要求。在这种情况下，中央将城市社区建设提上议事日程。1998 年国务院明确赋予民政部“指导社区服务管理工作，推动社区建设”的职能，并在原基层政权建设司的基础上设立基层政权和社区建设司，进一步推动社区建设在全国的开展。2000 年 11 月 3 日，《民政部关于在全国推进城市社区建设的意见》中给社区建设的含义做了界定："社区建设是指在党和政府的领导下，依靠社区力量，利用社区资源，强化社区功能，解决社区问题，促进社区政治、经济、文化、环境协调和健康发展，不断提高社区成员生活水平和生活质量的过程。"2006 年 10 月 11 日，党的十六届六中全会通过的《中共中央关于构建社会主义和谐社会若干重大问题的决定》提出："全面开展城市社区建设，积极推进农村社区建设，健全新型社区管理和服务体制，把社区建设成为管理有序、服务完善、文明祥和的社会生活共同体。"这就意味着社区建设已经成为新时期我国经济和社会全面发展的重要内容。党的十七大以来国家又提出和谐社区建设概念，力争把全国 80%以上的城乡社区建设成为管理有序、服务完善、文明祥和的社会生活共同体；到建党 100 周年时，把所有城乡社区全面建设成为管理有序、服务完善、文明祥和的社会生活共同体。

(二)社区建设的内容

(1)社区组织建设。社区组织主要是指以兴办、管理一定社区的经济、政治和文化事业为目的建立起来的地域性社会组织，它是社会组织的类型之一，包括社区党组织、社区自治组织和社区中介组织等。

(2)社区服务建设。社区服务是社区建设的出发点和落脚点，是体现政府为百姓谋福利的直接环节。目前我国的社区服务主要是为社区居民和社区单位提供便民利民的措施、设备，为老年人、儿童、残疾人、低收入群体提供社会救助和优惠，为下岗职工提供再就业和社会保障等。

(3)社区治安建设。社区治安是指社区政府部门及其职能部门，依靠社区力量，强化社区控制手段，促进社区秩序安定的有序状态。良好的社区治安是人们安居乐业的保障，是社会稳定发展的前提，是社区建设的一项基本任务。

(4)社区环境建设。由于社区建设是在一定的环境中进行的，社区环境在社区建设中占有重要的地位，是社区建设中不可缺少的内容。因此，必须建立一个适合社区居民工作、学习和生活的环境，完善配套设施，为社区的整体规划建设提供硬件保障。

(5)社区卫生建设。社区卫生是指基层卫生部门在党和政府的领导下，依靠社区各种力量，充分利用社区的卫生资源和优势，为社区居民和组织提供便利和高质量的卫生医疗保健服务。社区卫生建设是社区居民健康快乐生活的一个前提条件，具有十分重要的意义。

(6)社区文化建设。社区文化是社会文化的一个重要组成部分，指社区居民在特定区域内长期活动过程中所创造和形成的，具有群体特点的意识形态、价值观念、行为模式、生活习惯等文化现象的总和，包括社区教育、社区体育等方面。社区文化在增强社区凝聚力、提升居民综合素质方面起着重要作用。

(三)社区建设的基本原则

社区建设的基本原则指在社区建设的过程中所应当遵循的指导思想、根本宗旨及基本理念。根据目前我国社区建设的实际情况，我们认为社区建设应遵循以下几个基本原则。

(1)以人为本原则。关注社区居民的实际需要，包括物质层面和精神层面的需要，以提高社区居民的生活水平和综合素质为目标，重视和加强社区服务工作。

(2)大众参与原则。社区内所有的居民群众及各类组织机构，包括机关、企事业单位、非政府组织、民间团体等，都应该积极参与社区建设事务，这是实现居民自治和社区民主建设的重要条件。

(3)党和政府主导原则。在社区建设工作开展过程中，必须坚持党和政府的领导地位，充分发挥党和政府的指导、组织、协调、监督和控制作用，这是中国特色社会主义社区建设的重要特征。

(4)因地制宜原则。坚持实事求是，一切从实际出发，具体问题具体分析的工作方法，根据社区的特点，结合资源优势，开展具有自身特色和利于自身发展的社区建设。

(5)协调有序发展原则。一方面，社区建设的内部要素之间、内部和外部要素之间要相互协调，互相促进，以求共同发展；另一方面，社区建设要有计划有步骤地进行，不同时期区分其重点和关键。

(四)社区建设的主要特征

(1)社会性。社区建设既不是一种单纯的政府行为，也不是纯粹的民间活动，而是各类社区主体、各种社会力量共同参与、共同发挥作用的过程。其中，党和政府发挥着主导性作用，处于领导地位；居民委员会及村民委员会和各种社会团体起着骨干和中介作用，是党和政府联系居民的桥梁和纽带；社区企事业单位对社区建设发挥强有力的支持作用；居民群众则是社区建设的基础力量和参与主体。

(2)群众性。社区建设必须立足于居民的积极参与，居民对社区建设参与热情越高、对社区的归属感和认同感越强，社区的发展就会越快，社区建设工作的开展就会越顺利。另外，社区建设必须坚持以居民的根本利益和实际需要作为出发点和立足点，坚持以人为本原则，这是社区发展的根本。

(3)综合性。社区建设无论是内容、方法还是评估标准上，都体现出很强的综合性。需要采用多种方法和多样评估标准。

(4)计划性。社区建设实际上是在遵循社会发展规律的基础上，制订社区建设计划，对社区未来的发展目标及达到这个目标的措施做出决策，以增强自觉性，推动社区整体发展。应根据社区的实际情况，制订科学、全面的发展规划和工作计划，分为长期、中期和短期不同阶段推进，并以此指导实际行动。

二、社区建设的目标

(一)众多理论和实践工作者所主张的社区建设目标

20世纪90年代后期，伴随着社区建设的普及和提高，越来越多的理论和实践工作者对社区建设进行了思考和探索，对社区建设目标的确定提出了不同理论解释。主要有以下几种代表观点。

一是将社区发展目标区分为长远目标和现实目标。长远目标指的是无形的人文发展，如社区生活质量、社区文化、社区凝聚力、社区秩序、社区社会参与、社区服务等的全面提高；现实目标主要是有形的社区组织建设与制度建设、社区政治经济文化事业的发达等。

二是从社会变迁角度出发，把社区建设看做城市化的继续，既是城市发展的继续，同时也是市民现代化的继续。

三是从城市社区权力结构变迁角度，探讨政府与社会、政府与社区之间的关系，认为社区和社会发展趋势应该是建设强国家与强社会的双重目标模式。

四是从基层管理面临的基本矛盾与现代社区管理体制建设角度，提出社区建设的目标是加强基层政权和基层民主建设。

五是从基层民主政治建设和社区参与的角度，提出社区建设的目标是实现社区居民自治，并以建构市民社会为核心目标。

六是从社会问题大量涌现、社会矛盾恶化及社会秩序混乱的角度，提出城市社区建设的社会化目标，即为政府分忧、为企业减负、为社会解难，通过社区自身建设有效化解社会矛盾、缓解社会紧张、营造良好的社会氛围。

(二)民政部所确定的社区建设目标

2000 年《民政部关于在全国推进城市社区建设的意见》中指出："今后五到十年城市社区建设的主要目标是：(1)适应城市现代化的要求，加强社区党的组织和社区居民自治组织建设，建立起以地域性为特征、以认同感为纽带的新型社区，构建新的社区组织体系。(2)以拓展社区服务为龙头，不断丰富社区建设的内容，增加服务的发展项目，促进社区服务网络化和产业化，努力提高居民生活质量，不断满足人民群众日益增长的物质文化需求。(3)加强社区管理，理顺社区关系，完善社区功能，改革城市基层管理体制，建立与社会主义市场经济体制相适应的社区管理体制和运行机制。(4)坚持政府指导和社会共同参与相结合，充分发挥社区力量，合理配置社区资源，大力发展社区事业，不断提高居民的素质和整个社区的文明程度，努力建设管理有序、服务完善、环境优美、治安良好、生活便利、人际关系和谐的新型现代化社区。"

三、社区建设与社区发展的关系

我国的社区建设是一项具有明显中国特色的社会事业，与国外盛行的社区发展既有相似性，同时也有明显的区别。

"社区发展"一词是由美国社会学家 F. 法林顿于 1915 年在《社区发展：将小城镇建设成更加适合生活和经营的地方》一书里最早提出，由此把社区研究的视角从农村转向了城镇。20 世纪 50 年代初期，许多国家纷纷出现失业、贫困、社会秩序混乱等一系列社会问题。为了缓解社会矛盾，加强政府与人民的沟通联系，动员广大居民共同解决社会问题。60 年代联合国发起了一场旨在促进各国社会进步和经济发展的运动，据联合国 1960 年出版的《社区和有关服务》一书的陈述，该运动旨在促进社区参与社会发展，把这些社区与整个国家结合为一体，使社区能够为国家的进步做出充分的贡献，主要提倡两种精神：一是各国人民本着主动自觉的精神，参与到改善自身生活水平的运动之中；二是各国政府发扬主动、自助、互助的精神，制订各种目标不同的社区改进方案，提供技术和其他各种服务，为社区和国家的发展做出努力。这场运动大都从乡村开始实施，随后逐步扩展到城市。我国的社区建设与国外社区发展在含义、内容和基本原则上都具有相似性，应该说我国社区建设的理论和方法在很大程度上借鉴了国外社区发展的经验和理念。但是，两者之间还是存在很大的差异性。

第一，我国的社区建设产生并发展于社会主义制度下，与社区发展在历史背景和制度约束条件方面存在很大差异。

第二，我国的社区建设产生并发展于社会主义初级阶段，与社区发展有不一样的时代特征，因此，两者的内容并不完全相同。

第三，我国的社区建设是在党和政府的领导或主导下开展的，受国家的方针、政策和相关规定的影响，是建设中国特色社会主义战略目标的重要组成部分，与社区发展具有本质上的区别。

第四，我国的社区建设有街道办事处、居民委员会等基层政权组织及一系列群众自治组织作为社区建设的组织架构依托，与社区发展相比具有明显的组织上的保障优势。

第二节　城市社区建设

一、城市社区建设的发展历程

我国城市社区建设开始于20世纪80年代中后期，至今大致经历了准备阶段、起步阶段和全面发展阶段三个时期。

(一)准备阶段：20世纪80年代中后期

20世纪80年代中期，在改革开放浪潮的影响下，为了适应时代发展的需要，在把我国国情和国外社区发展先进经验相结合的基础上，民政部在全国城市范围内开展社区服务工作。当时民政部把“社区服务”定义为“社区的福利和服务”，主要包括对老人、儿童、残疾人士等弱势群体的照顾及开展便民利民等工作。到1989年年底，全国共有3 267个街道纷纷开展了社区服务工作，占当时城市街道总数的66.9%[①]。

(二)起步阶段：20世纪90年代初期

随着我国社会的不断发展和改革开放的进一步深入，城市中出现了社会秩序混乱、下岗失业问题突出、贫富分化严重等一系列社会问题，这对现存的管理体制和运行机制提出了重大挑战。与此同时，社会服务的概念已经远远不能包含社区作为城市基层组织所应承担的责任与发挥的职能作用。在此情况下，民政部于1991年首次提出社区建设的概念，并明确提出除社区服务外，社区建设还包括社区文化、社区卫生、社区教育等内容，社区建设需要全社区各个组织机构和居民个体积极参与共同合作。在民政部的号召下，上海、天津、大连等城市率先开展社区建设工作，纷纷选取部分社区作为全国社区建设的实验基地，并及时把经验教训进行总结进而向全国推广。

---

① 单菁菁：《社区情感与社区建设》，社会科学文献出版社，2005年，第276页。

(三)全面发展阶段：20世纪90年代中后期至今

党的十四届五中全会以后，中央将如何开展适应社会主义市场经济体制的城市基层政权和基层组织建设提上了议事日程。在党和政府的高度重视下，北京、上海、天津、山东、重庆、广东、江苏等地纷纷出台政策，将社区建设纳入政府的工作日程，创造出一系列各具特点的社区发展模式，如上海模式、沈阳模式、青岛模式等，为在全国全面开展社区建设提供了宝贵的经验。

2000年11月，中共中央办公厅、国务院办公厅批转了《民政部关于在全国推进城市社区建设的意见》，对城市社区建设的意义、指导思想、基本原则、主要目标、工作内容等都做了详细介绍，为城市社区建设的实践提供了指导和规范。社区建设进入了新的发展时期。

二、城市社区建设存在的问题

在党和政府的高度重视下，经过十几年的努力，我国的社区建设取得了一定的成绩。城市基层政权和群众自治组织建设得到加强，社区服务设施大为改善，社区管理水平有了提高，居民的自主参与意识在不断强化。但是，在取得成绩的同时，社区建设过程中也暴露出许多问题，主要表现在以下几个方面。

(一)社区建设行政色彩浓厚，民主性较弱

(1)建设主体单一。社区建设作为我国社会基础结构重组和社会资源整合过程中的重要环节，其建设主体可以区分为宏观决策主体和微观实施主体两部分。宏观决策主体由政府担任，主要负责社区的整体规划、政策制定和组织管理；微观实施主体由社会各方面的组织和居民组成，主要是参与具体的工作和活动。社区建设是一个由政府、社会和居民互动配合的过程，只有全社会积极广泛参与才能顺利完成。长期以来，我国社区建设均是由党和政府领导决策，社区内大部分事务均是由政府包办，群众参与往往只是执行性参与，这就严重影响了群众参与社区建设的积极性。

(2)管理体制行政性因素过多。目前我国社区建设和社区管理以街道办事处和居民委员会为基础，政府行政职能过度强化。街道办事处作为政府的派出机构，承担了大量政府职能。从居民委员会管理人员的产生过程来看，他们实际上也是由政府组织的机构来确定，即使是选举产生，由于采取的是居民代表选举的方式，而居民代表可以由组织选举者任意确定，所以，选举并非严格意义上的选举。同时，《中华人民共和国城市居民委员会组织法》(简称《居委会组织法》)还规定，居民委员会有协助政府有关部门做好管理工作的职责。这实际上是把居民委员会当成城市管理的一个层面，社区建设也成了基层政权建设，成为城市管理工作的一个工具。由于社区建设管理体制中行政性因素过多，居民缺乏参与社区建设的热情，社区建设的民主性、自治性不强。

(二)社会和居民缺乏参与社区建设的积极性

社会和居民是社区参与的主体力量，引导社会和居民积极参与社区建设是社区建设顺利开展的关键。但目前总体而言，社会和居民缺乏参与社区建设的积极性，社区建设缺乏持久动力。由于我国对社区中的企事业单位实行的是纵向的垂直管理，而单位和社

区之间的横向联系很缺乏，企事业单位参与社区建设的积极性不高。社区中的非政府组织由于其所处地位的局限性，使其在参与社区建设过程中受到多方面的限制。而社区居民对于政府主导社区建设的行为缺乏认同感，对社区缺少归属感，使他们往往对社区事务漠不关心。

中国青少年研究中心、共青团中央权益部课题组对全国 10 个大城市 50 个社区进行调查的结果显示，实际参与过社区建设与发展有关决策的居民只占 35.3%。从广州市东山区党校课题组对东山区 10 条街居民参与社区活动情况的调查来看，有 50%以上的居民希望参与，而实际参与某项活动的居民多在 5%～10%[①]。在我国的社区建设和管理过程中，社区内的事务仍由街道办事处和居民委员会以行政化的方式自上而下地协调解决，居民的社区参与主要集中在目标层级较低的非政治性参与，如文体娱乐活动、卫生绿化、治安保卫等，在社区事务的决策、管理和监督过程中则很少见到社区居民的身影。即使遇到与自身利益相关的事情，居民也很少通过社区参与来解决。有调查显示，59.7%的居民认为，在有关社区事务管理中，街道办事处和居民委员会从来没有邀请自己参加，仅有 10.5%的居民认为“受到过一些邀请”[②]。

(三)居民委员会干部整体素质低，角色冲突严重

通过换届选举、组织选派和面向社会公开招聘等措施，居民委员会干部队伍结构得到了进一步优化，但整体素质仍然偏低，存在年龄偏大、学历不高、效率偏低、缺乏群众威信等问题。居民委员会干部整体素质不高，加上缺乏工作培训，使其在社区建设过程中，工作方法和方式过于传统守旧，工作思路狭窄，不能有效沟通社区群众，解决社区内部问题，更不能为社区居民提供实质性的服务。因此，他们无法获得居民的信赖，严重影响了社区建设的有效开展。

另外，居民委员会干部存在着角色严重冲突的问题。本来作为居民委员会主任，他们是由居民大会选举出来的居民领袖，要代表居民利益、反映居民问题、做好居民管理和教育工作、为居民服务。但同时，他们工作上必须对街道办事处负责，执行街道办事处下派的任务，实际上居民委员会成了街道办事处的派出机关。这就使居民委员会干部不能专心致力于社区建设，往往只停留于执行上级命令的层面。

(四)社区功能定位不科学

目前社区功能定位不够科学，社区的各项工作实质上是各主管部门业务工作的简单合并归类，并没有形成一套系统的社区建设和管理机制，因而不能有效整合社区的人力、物力、财力资源。社区功能定位应该体现以服务为主、以服务带管理，而目前社区建设往往强调贯彻执行上级部门的命令、加强对居民的管理，社区服务功能不明显，并没有真正从居民实际需求的角度出发来开展工作。

三、加强城市社区建设的可行途径

随着我国城市化水平不断提升，城市社区工作面临新挑战，如流动人口增加、老龄

① 刘朱红：《我国社区参与的现实分析》，《 岭南学刊》，2002 年第 4 期，第 43-45 页

② 张莉：《社区参与：社会稳定的基础》，吉林大学博士学位论文，2011 年，第 28 页。

化、贫富分化等问题都给社区建设提出了更高的要求。以下是加强城市社区建设的一些可行途径。

(一)转变政府职能，实现居民自治

目前社区建设有三大主体，即政府、经济组织和非政府、非营利组织，其中政府起着主导作用，是社区建设的领导者。过去社区建设的行政色彩过浓，但并不意味着否定政府在社区建设中的主导作用，而是要求政府要正确发挥作用，实现职能的转变。要实现社区居民自治，就必须使自治制度化，主要包括两方面的工作：一是完善法制建设，用法律来保障和规范居民的参与活动；二是规范参与程序，明确居民在社区建设中所享有的权利和应承担的义务，以及有效行使权利、真正实现居民自治的途径。

(二)调动居民参与社区建设的积极性

国内外社区发展的经验表明，社区居民参与程度是社区发展程度的标志，社区归属感和社区参与意识是社区发展的原动力。因此，充分调动居民参与社区建设的热情和积极性，是社区建设顺利开展的关键。要改变目前居民参与不足的局面，应从以下两方面着手。

(1)培育居民参与意识。政府应当引导居民从与其切身利益关系最密切的、最关注的事务入手，围绕这些事务开展自治参与。另外，目前居民参与意识高低不同，政府应提供必要的政策和物质支持，鼓励居民根据自身的特点和兴趣爱好，选择不同的社区参与形式和内容。

(2)大力发展社会非营利组织。当前，社会非营利组织正日益成为社区建设的主体力量之一，越来越多的社会非营利组织开始管理原来由政府直接经营的社区福利机构，或者直接兴办、经营新的社区福利机构，其地位和作用越来越突出。因此，培育和发展社会非营利组织，是大力推进社区建设的重要环节。一方面，要逐步实现部分政府机构和企事业单位向社会非营利组织的转制；另一方面，培育和发展现有的社会团体，特别是专门从事社区建设的非营利组织，使他们能制度化、专业化地开展社区建设活动，发挥其在社区建设中的作用。

(三)加强社区工作者队伍建设

社区工作者主要由社区居民委员会干部和志愿者组成，其中社区居民委员会干部是社区建设的基本力量。因此，首先要改革社区居民委员会干部制度。一方面，采取面向社会公开招聘、民主选举、竞争上岗等办法，选聘年轻化、知识化、专业化的优秀人才。特别是经过法定的民主程序，从下岗职工、大中专毕业生和转业、退伍军人中选聘政治素质好、文化程度高、工作能力强、热心社区工作的优秀人才，把他们充实到社区居民委员会。另一方面，对现有的居民委员会干部，要加大培训力度，采取各种有效措施不断提高他们的综合素质和工作能力，使他们适应时代发展的要求，适应社区建设的需要。

同时，充实社区志愿者队伍，社区志愿者的多少往往是衡量社区文明程度高低的重要标志之一。另外，还应加速培育社区中介组织和专业的社区工作者，大力开展职业社工队伍的建设，使社区建设朝着专业性更强、职业化程度更高的方向发展。

(四)加强社区服务建设

社区服务是社区建设的龙头和基础，社区建设应努力拓宽社区服务领域，建设社区服务体系。最大限度地利用社区资源，开展全方位、多层次的社区服务。这些都要求转变社区服务的运行机制，坚持社区服务的对象社会化、投资渠道多元化和经营管理市场化，使其逐步走上产业化的发展道路。

(五)建立新的资金筹措机制

目前，我国社区建设资金来源极不规范，很多是通过在政府政策扶持下自办经济项目来实现的，缺乏政府资助和社会赞助。社区建设资金筹措渠道单一、资金匮乏是制约社区发展的重要因素。因此，必须建立由政府资助、社会捐助及有关服务性收费为主要来源的新的资金筹措机制。

第三节　农村社区建设

2015 年 5 月 31 日，中共中央办公厅、国务院办公厅印发了《关于深入推进农村社区建设试点工作的指导意见》(见本章附录)，对我国农村社区建设做出全面部署。

一、农村社区建设存在的问题

新中国有关农村社区建设的思想和实践，最早可以追溯到 20 世纪 50 年代末，当时全国农村都在建设“人民公社”。但是真正开展农村社区建设的时间，却是在 20 世纪 90 年代中后期。此后国家对农村社区建设投入了一定资金，农村基础生活设施(水、电、路、邮)有所改善。

但是农村与城市相比较，差距依然存在，如基础设施方面，从乡来看，乡级道路桥梁的实物存量呈现下降态势。从村庄来看，村庄公用设施的资金投入呈现增加的态势，但是村庄道路桥梁的实物存量变化不大。1990～2008 年，村庄年建设投入平均增速为 12.13%，村庄公用设施投入平均增速为 24.70%，但是村庄道路长度平均增速却为 −0.73%①，从人均收入来看，2009 年之前，农村居民收入增幅一直低于城市，虽然从 2010 年开始，农村居民可支配收入增速开始追上城市，2013 年，农民人均纯收入 8 896 元，比 2012 年增加 979 元，实际增长 9.3% ，中国社会科学院农村发展研究所 2014 年 4 月 11 日发布的《农村绿皮书：中国农村经济形势分析与预测(2013—2014)》指出，2013 年，农民人均纯收入增速继续快于城镇居民人均可支配收入增速，城乡居民收入差距进一步缩小②。尽管如此，农村居民和城市居民之间的收入仍有 3 倍左右的差距，要真正实现农村社区向城市社区转变，还有许多问题需要解决。

(一)“广地域、低密度”的人口分布，增加了农村社区建设的经济、人力甚至制度成本

农村社区由于自然地理位置、地理环境的原因，人口密度低，如国家贫困县、山区

---

① 项英辉、刘亚臣：《我国城乡基础设施建设投资情况对比分析》，《建筑经济》，2012 年第 1 期，第 83 页。

② 陈郁：《农村绿皮书显示我国城乡居民收入差距进一步缩小》，《经济日报》，2014 年 4 月 12 日，第三版。

县的人口密度在50～100人，牧区、半牧区县和陆地边境县的人口密度则不到10人。整体来讲，农村社区人口密度比城市社区低得多。这种“广地域、低密度”的分布特征，无形中增加了农村社区建设的经济、人力甚至制度成本。

(二)城乡二元管理体制的制约

以城乡二元管理体制为基础而形成的城乡二元结构是农村社区发展不足、农村社区建设滞后的重要制度原因。

户籍管理制度是城乡二元结构形成的首要因素。国家自1958年实施《中华人民共和国户口登记条例》以来，以户籍制为基础形成的城乡分割的二元管理体制，使农村社区在资源配置、生产要素和发展机会等方面，与城市社区相比具有非常不同的待遇。在农与非农两种户籍制度下，不少政策都是在城乡分割、以城为主的基础上制定的，如社会保障、医疗保险和公共服务等。农村社区建设虽然也有开展，但在软硬公共服务设施供给等方面仍然远远落后于城市。

(三)建设资金不足

建设资金不足，一方面是由二元管理体制带来的国家对农村社区建设资金投入不足的问题；另一方面则是乡、镇、村领导支持社区建设的意识不强，没有将集体资金投入到农村社区建设中，造成农村社区的公共产品供给严重短缺。这是农村社区建设中遇到的重要难题。

以教育事业投入的资金为例，农村中小学的各项投入资金可以说是最少的。这与农村人口占我国总人口60%的比例不相协调，严重制约了农村人口通过教育渠道流入城市的机会，还造成农村居民与城市居民相比文化素质普遍偏低，农村社区建设和发展存在内部人才供给不足的现象。例如，第六次全国人口普查统计数据显示，文化程度在初中及以下的农村居民占调查总体的比例数高达90.1%(表2-1)。

表2-1 2010年城乡人口的受教育程度比较(单位:%)

受教育程度	城镇	农村
文盲	2.03	7.25
小学	15.55	38.05
初中	36.04	44.92
高中	24.37	7.73
大专及以上	22.01	2.05

资料来源：国家统计局信息网，http://www.stats.gov.cn，2010年第六次全国人口普查数据

除了正规教育投入不足之外，农村文化娱乐设施的投入几乎为零，农村社区几乎没有什么再学习途径。社会保障和医疗服务方面，2013年全国城市低保月人均补助水平264元，农村低保月人均补助水平116元，两者差距为2.28：1，据卫生部1998年进行的“第二次国家卫生服务调查”，87.32%的农村居民没有任何社会医疗保障，部分农村的村卫生室还处于瘫痪状态。尽管到2005年年底，全国共有1 534个县(市、区)建立了农村低保制度，比2004年增加328个县(市、区)，但是占全国总人口近60% 的农村

居民仅享用了20%左右的医疗卫生资源。

(四)农村居民的社区整体意识不强

随着农村经济的不断发展，农民主观上渴望过上高质量的生活愿望增强，但由于受到小农经济的“自给自足”意识的影响，“单家独户”“独门独院”的思想短时间难以根除。他们又不愿意参与到社区建设之中，对政府提倡的公共设施建设，如修公路、建学校等事务颇多微词，认为建设农村社区是政府的事，跟自己关系不大。这种“搭便车”的心理现象，是阻碍农村社区建设的内部因素之一。

二、新农村建设为农村社区建设提供制度保障

2005年12月31日中共中央、国务院制定，并于2006年2月21日公布了《中共中央、国务院关于推进社会主义新农村建设的若干意见》，全面阐述了当代新农村建设发展的一系列方针政策，对建设社会主义新农村做了战略部署，提出“统筹城乡经济社会发展”“加强农村基础设施建设”“加快发展农村社会事业”等，这反映了中央从发展理念上开始转变长期实行的“城市优先”发展模式。国家将自觉调整国民收入的分配格局，大幅度地增加对新农村建设的投入，国家公共财政将更多地惠及农村、农业与农民，这为农村社区建设提供了制度保障。

(一)新农村建设与农村社区建设的区别

新农村建设的内涵更为广泛，它包括农村社区建设，涉及经济、政治、文化和社会各个方面，是一项十分复杂的系统工程。它是在中央主动地进行政治和经济、社会制度建设的条件下，以实现城乡差距缩小化、农业生产现代化、乡村管理民主化、社区生活和谐化、农村基础设施配套化、农民生活小康化、农民素质文明化等中观和微观的建设和发展目标，即“生产发展、生活宽裕、乡风文明、村容整洁、管理民主”(图2-1)。

图2-1 河南省荥阳市的新农村建设

资料来源：荥阳在线，http://www.xingyang.ccoo.cn/forum/ztlist-13268-1-1.html

相对于新农村建设的宏观层次，农村社区建设则属于微观层次，以社区为单位，探讨社区建设的各个方面，包括社区组织建设、社区服务建设、社区治安建设、社区环境建设、社区卫生建设、社区文化建设等。农村社区建设主要立足于如何在社区建设的过程中，整合社区资源，遵循大众参与、社区共建等原则，改善社区环境，增强社区功能，培育社区居民的归属感与认同感，通过构建和谐、文明的社区，更好地满足居民的需求，促进社会的发展和进步。

(二)新农村建设与农村社区建设的密切关系

首先，新农村建设与农村社区建设内容上有交叉。例如，新农村建设中关于加强农村基础设施建设、农村民主政治建设、健全社会主义新农村建设的体制保障、加快发展农村社会事业等内容与社区建设中社区环境建设、社区组织建设、社区卫生建设、社区福利性服务等内容有交叉，只不过前者的覆盖面更广，着眼于整个农村社会，后者则专门针对社区，更为具体。

其次，新农村建设为社区建设提供了政策指导与制度保障。新农村建设的纲领中，涉及农村的经济政策、社会政策等各个方面，并确立了农村综合改革的方向，强调了农村地区的社会保障制度的建立与推广。这为社区各个方面的建设提供了政策与制度保证，并指明了社区建设的方向。

最后，新农村建设为开展农村社区建设提供了有利契机。新农村建设对我国长期以来城乡发展的不平衡、在保障制度等方面存在的城乡二元结构矛盾等问题加大了解决力度，中央财政增加了对农村地区的投入，千方百计地发展农村生产力，在经济、政治、文化各个层面都出台了有效措施，以促进农村社会的全面发展。这为农村社区建设创造了一个非常良好的外部环境，带动了农村社区建设的全面开展。

第四节　发达国家社区建设

一、发达国家社区建设的简要历程

18～19 世纪中后期，西方发达国家社区建设以社区福利和社区救助为目标。当时工业化发展在大大提高生产力的同时，也造成贫困人口的剧增，同时，传统社区中人与人之间亲密的关系被彻底打破，因此，建立新的社区扶助系统成为当时稳定社会的需要。早期的社区福利和社区救助主要出现在欧洲较早进行工业化的国家，典型代表有英国的慈善组织协会和 19 世纪 80 年代在英、法、美等国出现的社区睦邻组织运动。英国的慈善组织协会是在参考了德国汉堡福利制度后建立的，主要是在伦敦市成立一个慈善管理中心，把全市划分为不同的区域并在各区分别设置志愿委员会，负责对贫困个人及家庭的需要进行调查、登记和救济分配等工作。后来，这一形式被推广至美国，目前美国各地的家庭服务所就是当时这一形式的发展。社区睦邻组织运动是由教会及一些慈善组织、基金会发起的，主要通过社会工作者广泛、深入地参与社区生活，调动并利用社区内各种社会资源，组织和教育居民改善自己的环境，培养居民的自助与互助精神。这一运动在美国、英国、法国等国家广泛开展，后来东南亚及日本等国家与地区也竞相效仿。这些制度或组织都是为了解决工业化所带来的城市贫困问题而出现的，目的是尽可能在社区基础上，改善社区居民的生活条件。

20 世纪初期至 70 年代，社区建设主要围绕社区组织和社区发展进行。20 世纪二三十年代欧洲发达国家经历了大规模的城市改造过程，城市出现了环境污染、住房匮乏、交通拥挤等问题及潜在的社会不稳定因素。面对这些问题，社会学家把社区复兴和发展作为稳定社会的一个重要途径。20 世纪 30 年代美国开展了一系列社区发展计划，如芝加哥计划、阿林斯基的伍德雷尔社区组织、福特基金会的格雷地区计划等。50 年代美国一些城市成立了社会发展部，大力推行社区发展，内容包括社会福利、医疗卫生、治疗和预防犯罪、大众教育、廉价住宅建设等。60 年代美国的社区建设目标集中在社区的经济功能上，如办企业、创造就业机会、增加穷人收入等，这在一定程度上为改善穷困社区的生活环境等方面起到了积极的作用。由美国政府启动的“反贫困之战”项目就是当时的一个主要举措，它采取了一系列帮助穷人的具体措施，如为低收入家庭购买设备、提供各种服务，为穷人提供职业培训、建设经济住房、设置健康门诊等。

到了 20 世纪 80 年代后，西方发达国家才进入真正意义上的社区建设时期。80 年代，人们认识到调动社区居民参与社区建设的积极性对于培育有真正生命力的社区有着重要的意义。因此，当时美国推行了多个城市社区建设的重大项目，以提高社区居民的自我依赖、自我完善、自我发展能力为目标，如旨在促进广泛社区合作的凯西基金会，以反贫困为目的的由福特基金会组织的“家庭邻里改革”计划，在纽约开展的把社团、志愿者和社区居民联系在一起的社区全面复兴计划等。实践证明，强调社会和居民参与社区建设的思路是正确的，这些措施取得了明显的效果。最典型的一个成功例子是 1992 年纽约市在南布朗克斯 5 个社区实施的社区复兴项目①。这 5 个社区共有人口 15 万，20 世纪 50～70 年代，该区一直是美国贫困城市的典型代表。由于犯罪率高，1970～1980 年有 75%的居民逃离了该区。社区复兴项目在该区实施后，5 年内原来的医疗服务中心得到了极大的改善，学校增加了专门的管理人员，社区建立了工作培训中心和全日制的社区医院，还修建了草地和花园，社区有专门的社区治安人员日夜巡逻。该区目前已建设成一个环境干净优雅、治安良好、人民安居乐业的社区。

发达国家的农村社区建设虽然因国家不同而有所差别，但其都以缩小城乡差距为其基本出发点。例如，第二次世界大战后的联邦德国，城乡差距拉大，城乡差别明显，大量人口从农村流入城市谋生，赛德尔基金会提出“城乡等值化”概念，即不通过农村变城市的方式使农村和城市在生产和生活质量上消除差距，使在农村居住和当农民仅仅是职业选择。这一理念得到政府的支持，在巴伐利亚进行实验，巴伐利亚的城乡等值化实验包括片区规划、土地整合、农业机械化、农村公路和基础设施建设等，其经验和做法成为联邦德国农村社区发展的普遍模式，城乡差距仅有 0.1%，实现了城乡居民生活等值化的目标。日本在工业大发展时期也出现城市不堪重负和农村空心化的问题，为此进行了“市町村合并”运动，在鼓励大企业到农村投资的同时，加强农村的基础设施建设和协助农民转向非农产业，到 2007 年，市町村的总数减少了 40%以上。通过合并，消除了

① 胡伟：《美国解决内城贫困问题的新对策》，《城市问题》，2001 年第 1 期，第 51-54 页。

城乡之间的不平等，也使町成为农村和城市之间的桥梁，建成了很多城中有乡、乡中有城的田园城市①。

二、发达国家社区建设的主要特点

（一）基础设施完备

发达国家社区中的生活配套设备及各项基础设施都比较完备，社区的交通便利，医疗保健设施齐备先进，有不同类型的公共活动设备，社区中还设有幼儿园、教育中心及老年人活动场所等。例如，美国休斯敦市的伍德兰兹社区，经过近30年的建设，目前大约有6万人，全区拥有15所学校、2所医院、900余家公司及25个建筑公司，还有购物中心、休闲场所及娱乐场所等。社区自然环境十分怡人，是人们生活、学习、工作的好地方，被美国联邦政府誉为模范社区。澳大利亚的社区无论是穷人区还是富人区，都必定设有免费向公众开放的图书馆和供居民锻炼活动的运动场，是居民特别是老年人和儿童闲时学习和生活的好去处。

（二）社区组织独立

发达国家政府负责对社区建设进行总体规划和指导，制定相关的法规政策，而社区具体工作的实施和运作则由各国不同的社区委员会或社区中心、居民组织负责。例如，美国就是依靠社区居民自由组合、通过民主选举产生的社团组织来进行社区建设和管理，这些组织以为居民提供各种服务为宗旨、以实现社区需求为动力。日本在各市设有联合自治会，联合自治会由社区的联合自治体组成，而社区联合自治体由町自治会组成，社区活动以町为单位举行。町虽是社区实际工作的最小单位，但其人员配置完善，并设有老人会、妇女会、学生会等民间团体，这些组织负责开展形形色色的社区活动。在这种社区中生活基本感觉不到政府功能的存在，而自治会更多的则表现出一种服务功能。政府的宏观指导与自治会的实际操作相结合，既减少了政府的工作负担，又保证了居民的生活自由，从而使居民实现了真正意义上的自治。

（三）建设规划科学

发达国家在社区建设规划方面，制度措施科学完善。例如，日本东京对房屋、建筑有严格规定，不许私盖乱建，房子一经建成，一般不再扩建、改建，确实需要扩建的场合都是拆掉重建新房。房屋实行统一装修，全体居民经过严格的协议，确定装修的期限，都必须在期限内装修完毕。新西兰可持续发展示范村 Little River 规划的村庄居住区包括若干个住宅组团，每个组团有它公共开放空间，同时，每个住宅又有自己的开放空间；每个组团都有农产品生产用地；住宅是多样性的，以满足不同的需要；最大限度地扩大每个建筑物接受太阳光照的可能；从屋顶收集的雨水用于浇灌；全村的污水集中到村庄污水处理中心处理后用于种植和养殖；整个村庄布局紧凑，十分钟步行可以到达所有的公共设施，从而减少对汽车的依赖。美国的小城市吉布森市在土地规划上十分细

---

① 郭永奇：《国外新型农村社区建设的经验及借鉴——以德国、韩国、日本为例》，《世界农业》，2013年第3期，第42-43页。

致，将城市用地分别划分为独户住宅区域、普通住宅区域、普通商务和有限服务区域、普通服务和大规模销售区域、高速公路商业区域、限制制造业区域、普通制造业区域、公共使用区域、农业区。按照不同的区域进行产业和生活建设①。

(四)重视服务功能

发达国家非常重视社区的服务功能，其中社区志愿者组织是社区建设和发展的中坚力量。有很多热心公益的志愿者自愿组成各种综合性、专业性和自治性的服务团体，他们根据社区发展的需要，利用自己的知识、技能、体能和财产，为有困难的老年人、残疾人、贫困人员等社会弱势群体及个人提供服务。志愿者分别来自不同的阶层和行业，包括社区工作者、教师、学生、居民及各专业机构中的专业人员，数量庞大。例如，日本的志愿者活动开始于1945年，至今大约有50%的国民参加过社区志愿服务活动，学历越高，参加志愿服务活动的人员比例越高。另外，发达国家教会团体在社区服务中也常常扮演重要角色。例如，美国的宣明会，通过联络各地方社区协会，在各个社区开发和进行包括教育、就业、住房、儿童、老人等各类服务项目，如“城市连接项目”“儿童需求服务项目”“课余学生管理项目”等，深受居民欢迎。像澳大利亚则以社区服务中心为基础点，建立了一套完整的社区服务体系，为居民，特别是老人和儿童提供全方位的服务。

(五)居民积极参与

发达国家社区居民对于社区建设和管理的参与热情比较高，他们对自己的权利和义务都有较深的认识，具有较强的社区归属感。例如，日本的町自治会，在政府与居民沟通方面发挥着重要作用。他们会根据社区居民的需要，把意见及时向政府反馈，对于社区建设的问题也会充分尊重民意，向政府提出合理的建议。美国居民的民主意识强，对于政府的政策或重大决策，往往会积极关注并主动参与。例如，与社区建设息息相关的城市管理规划、土地的建设使用问题等，居民都会通过听证会反映意见，并通过传媒向公众公布。发达国家社区居民意识到积极参与社区事务的重要性，善于以合法合理的手段维护自身的权益。

(六)资金来源渠道多

发达国家社区活动的经费来源通常有以下三大类：一是政府拨款，社区内部的公共设施和日常经费基本由政府负责；二是社会捐赠，主要是宗教组织、慈善机构或私人公司的资助；三是自筹经费，由社区组织的成员通过非营利性活动筹集资金。以美国为例，其社区建设的资金来源渠道非常广，具体包括：①联邦政府和州或地方政府的支持。自上而下积极合作，各级政府共同重视社区建设。②基金会、教会的支持。美国的许多基金会都成为模范的社区行动机构和慈善事业的先驱，而教会由于其遍布全国各地而具有普遍的号召力和影响力。③企业和银行的支持。美国的许多企业和银行都纷纷成为社区发展公司的重要合作伙伴。

---

① 李静:《感受美国城市社区建设》,《农业发展与金融》，2015年第1期，第86页。

三、发达国家社区建设的启示

(一)完善社区基础设施建设

我国的社区建设经历了“向阳院—居委会—社区”三个发展阶段，与发达国家先进社区相比，基础设施方面存在较大差距。我国要搞好社区建设，就必须重视完善社区基础设施。把建设现代化社区作为城市整体规划的重要部分，努力建设能够满足居民一般生活、休闲、娱乐、工作、学习的现代化社区。积极争取政府财政支持和投入，同时广泛吸收社会资金，整合社会资源，积极吸引外资，建立政府与社会相结合的多元投资机制。

(二)健全社区组织管理体系

发达国家社区组织在政治上是中立的，它与政府没有必然的联系，主要表现为自然形成的独立居民组织，是一种在政府的行政服务之外的独立服务体系。我国的社区组织与发达国家有明显不同，是在政府领导下建立起来的居民组织，基本活动都围绕着政府来组织，因此，要建立和完善符合中国国情、具有中国特色的社区组织。加强社区党组织建设的同时，健全居民委员会组织和社区中介组织，协调处理好三者的关系，并进一步健全社区组织管理体系，向自主决定、自我教育、自我管理的自治方向努力。

(三)制定科学的社区建设规划

社区建设规划是社区发展的战略蓝图和指导方向，社区的各项工作都应该坚持“以人为本”的原则，在科学发展观的指导下有条不紊地具体开展。根据社区的具体情况，结合自身特点制定社区建设和发展的长期、中期、短期规划。规划的制定应体现绝大部分居民的利益，在制定过程中必须充分考虑广大群众的意见和建议，让居民最大限度地参与制定和实施，实现真正的居民自治。

(四)重视加强社区服务功能

借鉴发达国家社区服务的经验，大力开展志愿者活动，建设一支成熟的志愿者队伍(图 2-2)。同时，鼓励个体、私营、民营等企业积极参与社区服务，特别是建立多元化的社区服务设施投入机制，整合社区的一切资源力量。将社区服务的重点放在弱势群体方面，如为低收入的下岗人员、特困家庭提供住房、就业、医疗、子女入学等多方面的照顾，结合国家“星光计划”开展社区老年人服务等。

(五)大力发展社区非营利性组织

发达国家的社区建设经验表明，非营利性组织在协调政府与居民关系、调动居民积极参与社区建设方面发挥了重要的作用。在我国社区建设和发展过程中，应大力培育和发展社区非营利性组织，一方面让其承担大部分的社区管理与服务工作，减轻政府负担；另一方面创造大量的就业岗位，让居民有更多机会参与社区建设。

(六)整合社区资源

在人力资源整合方面，重点培育社区专职工作者队伍，提高居民委员会干部的素质和能力，同时建立健全社区居民参加社区志愿服务活动的制度和法规，引导、组织志愿

图 2-2 农村社区志愿者为农民服务

资料来源：跃龙农村社区党员志愿者服务农村．宁海新闻网．http://nh.cnnb.com.cn/gb/nhnews/2010/node3621/userobject1ai328481.html

者活动逐渐走向制度化和规范化；环境资源整合方面，充分利用自然和人文历史资源，创造出自然与人文历史和谐发展的现代社区；财力资源整合方面，鼓励社会各界捐赠，积极吸引外资，建立政府与社会相结合的社区建设多元投资机制，形成政府、企业和慈善机构、民间团体相互协调、共同建设社区的新局面。

➢复习思考题

1. 什么是社区建设？它的内容有哪些？
2. 结合实际，谈谈当前我国社区建设的目标是什么？
3. 如何理解社区建设与社区发展的关系？
4. 当前我国城市社区建设面临哪些主要问题？应该如何解决？
5. 发达国家社区建设经历了哪几个阶段？
6. 发达国家社区建设有哪些特点？对我国社区建设有何启示？

参考文献

多吉才让．2001. 城市社区建设读本．北京：中国社会出版社．

郭永奇．2013. 国外新型农村社区建设的经验及借鉴——以德国、韩国、日本为例．世界农业，(3)：42-43.

侯钧生．2004. 发达国家与地区社区发展经验．北京：机械工业出版社．

侯玉兰．2000. 城市社区发展国际比较．北京：北京出版社．

蓝宇蕴．2014. 政府主导型社区建设研究．城市观察，(1)：130.

李静．2015. 感受美国城市社区建设．农业发展与金融，(1)：86.

任远．2001. 农村村级社区发展研究．上海：百家出版社．

孙其昂，叶方兴，孙旭友．2013. 发达国家城市社区管理模式及其对我国的启示．南京工业大学学报(社会科学版)，(3)：105-106.

覃杏花．2014. 我国农村社区建设缺陷及其完善路径．江西社会科学，(4)：195-196.

汪大海，魏娜，郇建立．2005. 社区管理．北京：中国人民大学出版社．

王国华，李克强．2003. 农村公共产品供给与农民收入问题研究．财政研究，(1)：46-49.

张静波．2009. 日本社区的组织功能及与政府的关系．红旗文稿，(24)：29.
中共中央，国务院．2005-12-31. 关于推进社会主义新农村建设的若干意见．http://www.ek360.com/edu/XCA/0672808565584213_5.html.

附　　录

中共中央办公厅、国务院办公厅印发《关于深入推进农村社区建设试点工作的指导意见》①

为贯彻落实党的十八大和十八届三中、四中全会精神，创新农村基层社会治理，提升农村公共服务水平，促进城乡一体化建设，现就深入推进农村社区建设试点工作提出如下指导意见。

一、充分认识深化农村社区建设试点的重要意义

农村社区是农村社会服务管理的基本单元。随着中国特色新型工业化、信息化、城镇化、农业现代化进程加快，我国农村社会正在发生深刻变化，农村基层社会治理面临许多新情况新问题：农村人口结构加剧变化，部分地区非户籍居民大幅增加，非户籍居民的社会融入问题凸显，部分地区存在村庄空心化现象，农村“三留守”群体持续扩大；农村利益主体日趋多元，农村居民服务需求更加多样，农村社会事业发展明显滞后，社会管理和公共服务能力难以适应；村民自治机制和法律制度仍需进一步完善等。加强农村社区建设，有利于推动户籍居民和非户籍居民和谐相处，有利于促进政府行政管理、公共服务与农村居民自我管理、自我服务更好地衔接互动，有利于增强农村社区自治和服务功能，为农民幸福安康、农业可持续发展、农村和谐稳定奠定坚实基础。

中央高度重视农村基层社会管理和服务工作，对推进农村社区建设提出明确要求。农村社区建设要在党和政府的领导下，在行政村范围内，依靠全体居民，整合各类资源，强化社区自治和服务功能，促进农村社区经济、政治、文化、社会、生态全面协调可持续发展，不断提升农村居民生活质量和文明素养，努力构建新型乡村治理体制机制。近年来，各地区各有关部门认真贯彻中央决策部署，组织开展农村社区建设试点工作，取得了一定成效。实践证明，农村社区建设是社会主义新农村建设的重要内容，是推进新型城镇化的配套工程，是夯实党的执政基础、巩固基层政权的重要举措。各地区各有关部门要主动适应农村经济社会发展新要求、顺应农民群众过上更加美好生活的新期待，增强做好农村社区建设工作的责任感和紧迫感，深入推进试点工作。

二、总体要求

(一)工作目标

……以全面提高农村居民生活质量和文明素养为根本，完善村民自治与多元主体参

① 中共中央办公厅、国务院办公厅：《关于深入推进农村社区建设试点工作的指导意见》(节选)，新华网，http://news.xinhuanet.com/2015-05/31/c_1115463822.htm，2015-05-31。

与有机结合的农村社区共建共享机制，健全村民自我服务与政府公共服务、社会公益服务有效衔接的农村基层综合服务管理平台，形成乡土文化和现代文明融合发展的文化纽带，构建生态功能与生产生活功能协调发展的人居环境，打造一批管理有序、服务完善、文明祥和的农村社区建设示范点，为全面推进农村社区建设、统筹城乡发展探索路径、积累经验。

(二)基本原则

——以人为本、完善自治。坚持和完善村党组织领导的充满活力的村民自治制度，尊重农村居民的主体地位，切实维护好保障好农村居民的民主政治权利、合法经济利益和社会生活权益，让农村居民从农村社区建设中得到更多实惠。

——党政主导、社会协同。落实党委和政府的组织领导、统筹协调、规划建设、政策引导、资源投入等职责，发挥农村基层党组织核心作用和自治组织基础作用，调动农村集体经济组织、农民合作经济组织、农村群团组织和社会组织等各类主体的积极性、主动性和创造性。

——城乡衔接、突出特色。加强农村社区建设与新型城镇化建设的配套衔接，强化农村社区建设对新农村建设的有效支撑，既注意以城带乡、以乡促城、优势互补、共同提高，又重视乡土味道、体现农村特点、保留乡村风貌。

——科学谋划、分类施策。把握农村经济社会发展规律，做好农村社区建设的顶层设计和整体谋划，提高试点工作的科学性、前瞻性和可行性、有效性。加强分类指导，统筹考虑各地农村社区的经济发展条件、人口状况及变动趋势、自然地理状况、历史文化传统等因素，合理确定试点目标和工作重点，因地制宜开展试点探索。

——改革创新、依法治理。坚持和发展农村社会治理有效方式，发挥农村居民首创精神，积极推进农村基层社会治理的理论创新、实践创新和制度创新。深化农村基层组织依法治理，发挥村规民约积极作用，推进农村社区治理法治化、规范化。

三、工作任务

(一)完善在村党组织领导下、以村民自治为基础的农村社区治理机制。……

(二)促进流动人口有效参与农村社区服务管理。依法保障符合条件的非本村户籍居民参加村民委员会选举和享有农村社区基本公共服务的权利。吸纳非户籍居民参与农村社区公共事务和公益事业的协商，建立户籍居民和非户籍居民共同参与的农村社区协调议事机制。在保障农村集体经济组织成员合法权益的前提下，探索通过分担筹资筹劳、投资集体经济等方式，引导非户籍居民更广泛地参与民主决策。健全利益相关方参与决策机制，采取会议表决、代表议事、远程咨询等决策方式，维护外出务工居民在户籍所在地农村社区的权利。健全农村“三留守”人员关爱服务体系，重点发展学前教育和养老服务，培育青年志愿组织和妇女互助组织，建立农村社区“三留守”人员动态信息库，扩大呼叫终端、远程监控等信息技术应用，切实提高对农村留守儿童、留守妇女、留守老人的服务能力和服务水平。

(三)畅通多元主体参与农村社区建设渠道。建立县级以上机关党员、干部到农村社区挂职任职、驻点包户制度。建立和完善党代表、人大代表、政协委员联系农村居民、支持农村社区发展机制。鼓励驻村机关、团体、部队、企事业单位支持、参与农村社区建设。拓宽外出发展人员和退休回乡人员参与农村社区建设渠道。依法确定村民委员会和农村集体经济组织以及各类经营主体的关系，保障农村集体经济组织独立开展经济活动的自主权，增强村集体经济组织支持农村社区建设的能力。推动发展新型农村合作金融组织、新型农民合作经济组织和社会组织，通过购买服务、直接资助、以奖代补、公益创投等方式，支持社区社会组织参与社区公共事务和公益事业，支持专业化社会服务组织到农村社区开展服务。

（四）推进农村社区法治建设。……

（五）提升农村社区公共服务供给水平。健全农村社区服务设施和服务体系，整合利用村级组织活动场所、文化室、卫生室、计划生育服务室、农民体育健身工程等现有场地、设施和资源，推进农村基层综合性公共服务设施建设，提升农村基层公共服务信息化水平，逐步构建县（市、区）、乡（镇）、村三级联动互补的基本公共服务网络。积极推动基本公共服务项目向农村社区延伸，探索建立公共服务事项全程委托代理机制，促进城乡基本公共服务均等化。加强农村社区教育，鼓励各级各类学校教育资源向周边农村居民开放，用好县级职教中心、乡（镇）成人文化技术学校和农村社区教育教学点。改善农村社区医疗卫生条件，加大对乡（镇）、村卫生和计划生育服务机构设施改造、设备更新、人员培训等方面的支持力度。做好农村社区扶贫、社会救助、社会福利和优抚安置服务，推进农村社区养老、助残服务，组织引导农村居民积极参加城乡居民养老保险，全面实施城乡居民大病保险制度和“救急难”工作试点。

（六）推动农村社区公益性服务、市场化服务创新发展。广泛动员党政机关、企事业单位、各类社会组织和居民群众参加农村社区志愿服务，切实发挥党员先锋模范作用。完善农村社区志愿服务站点布局，搭建社区志愿者、服务对象和服务项目对接平台，开展丰富多彩的社区志愿互助活动。根据农村社区发展特点和居民需求，分类推进社会工作服务，发挥社会工作专业人才引领社区志愿者服务作用。鼓励企业和供销合作社完善农村社区商业网点和物流布局，引导经营性服务组织在农村社区开展连锁经营，采取购买服务等方式，支持社会力量在农村兴办养老助残、扶贫济困等各类社会事业。

（七）强化农村社区文化认同。……

（八）改善农村社区人居环境。……

四、工作要求

（一）加强组织领导。……

（二）加强分类指导。根据不同地区经济社会发展水平和农村社区实际情况，突出重点、分类施策，稳步推进试点工作。城中村、城边村和农村居民集中移居点，要探索借鉴城市社区服务管理的有效经验，逐步实现与城镇基础设施、基本公共服务和社会事业发展相衔接；地形复杂、交通不便、居住分散的农村地区和林区、牧区、渔区可根据自身条件，探索推进农村社区建设的有效途径。外来人口集中的农村社区要重点推进社区基本公共服务向非户籍居民覆盖，促进外来人口的社区融入；人口流出较多的农村社区要加强对留守人员的生产扶持、社会救助和人文关怀，切实解决他们生产生活中的实际困难。村民自治基础和集体经济较好的村，要积极发展社区公益事业，完善社区公共设施和人居环境，着力提升居民生活品质；偏远、经济欠发达地区的农村社区，要切实增强村庄自治功能和发展能力。

(三)落实扶持政策。试点地区要加大投入力度，统筹整合相关涉农资金，提高资金使用效率，避免重复建设。推动农村社区拓宽资金来源渠道，统筹利用好村集体经济收入、政府投入和社会资金，重点保障基本公共服务设施和网络、农村居民活动场所建设需要，按规定合理安排农村社区工作经费和人员报酬。推进政府部门向社会组织转移职能和加大政府向社会组织购买服务力度，做到权随责走、费随事转。落实和完善支持农村社区建设的价格优惠政策，村民委员会服务设施用电以及社会福利场所生活用电按居民生活类价格执行。制定完善农村社区建设投融资政策，鼓励金融机构加快相关金融产品开发和服务创新，积极利用小额贷款等方式，安排信贷资金支持农村社区建设。探索在省级以下条件成熟的地区设立财政资金、金融和产业资本共同筹资的农村社区建设发展基金，吸纳更多社会资本参与农村社区建设。

(四)强化人才支撑。选优配强村“两委”领导班子，特别是选好用好管好村党组织带头人。及时吸纳农村优秀分子入党，加大发展农村青年党员工作力度。鼓励和支持退伍军人、普通高校和职业院校毕业生及各类优秀人才到农村社区工作。支持农村社区通过向社会公开招聘、挂职锻炼等方式配备和使用社会工作专业人才。加强对乡镇干部、村“两委”成员和农村社区工作者的培训，提升推动农村社区发展和服务农村居民的能力。

(五)及时总结经验。……

……

第三章

社区管理基本理论

本章主要围绕社区管理的基础性理论和我国社区管理的实际进行总体性概述。一方面，要从理论上理解和掌握社区管理的基本含义、内容、特征和原则，在总体上对我国社区管理体制和农村社区管理的基本情况有所掌握；另一方面，要通过学习发达国家和地区社区管理的先进经验和行之有效的方法，来分析和解决我国社区管理实践中的疑难问题。

第一节 社区管理概述

社区管理的基本含义是指在社区范围内，由社区内的基层政权组织、企事业单位和社区群众为维护社区整体利益、推进社区全方位发展而对社区的各项公共事务和公益事业进行的自我管理。它主要涵盖社区民主政治、社区环境、社区服务、社区卫生和体育、社区文化和教育、社区治安六方面的内容，它具有区域性、群众性、综合性等特征，必须坚持共同利益、自治和互助、组织和教育及协调性等原则。

一、社区管理的历史演进

社区是一个历史范畴，社区管理也经历了一个历史发展过程。从原始社会的萌芽状态的社区管理到现代意义上的较完整形态的社区管理，经历了漫长的过程。

(一)社区管理的发展历史

在人类社会早期的原始社会阶段，人们聚集在一起生活的部落群体可以说是社区的最初形态。由于当时生产力水平低下，人们只有依靠集体的力量才可能生存和发展。这种状态决定了除部落群体自身这一组织形态以外，其内部并不足以发育出功能分化的社会组织。因此，如果说原始形态的部落群体社区存在着原始的社区管理活动的话，那么，这也仅仅是一种简单的具有鲜明原始民主管理性质的活动。

人类历史进入奴隶社会和封建社会后，生产力的发展导致畜牧业、农业和手工业分工的逐步实现。由于体力劳动和脑力劳动分工的扩大、国家的形成，以及国家生活、经济生活和社会生活等领域组织功能的分化与专门化，形成了城镇(城邦)与农村两种不同的社区，国家、地方势力和宗族混合进行社区管理。

当人类社会进入资本主义社会和社会主义社会以后，由于工业革命和科技革命的推动，社会生产力以突飞猛进的速度在广度和深度上促进了社会的飞跃式发展。社会分工的程度越细化和严密，人际关系越能摆脱土地和血缘的束缚，人口的迁徙和流动频率越快，同一区域内人口的异质性也越强。由此，人际关系的社会化、组织化程度大大提高，具有整合人们之间经济关系、政治关系、社会关系和文化关系的功能性社会组织大量涌现，社区的重要性日益突出。社区管理的属性越来越体现为社会性管理及与此相关的政治性管理。传统社区管理逐渐演进为现代意义的社区管理。

(二)现代意义上的社区管理历史

现代意义上的社区管理历史可追溯到19世纪初。1809年，瑞典颁布了第一部具有历史意义的废除君主统治的宪法，产生了社区管理自治形式的萌芽。19世纪中叶，北欧各国纷纷通过制定宪法，来明确地方政府在管理地方事务中的自治权力，从而正式产生了社区管理的自治形式，这一时期社区管理的重要目标就是要完善社区福利及建立社区救助。19世纪末至20世纪初，社区管理主要关注城市居民的贫困问题，试图解决进入城市的农民的居住环境、生活设施及社会治安等社会问题。到20世纪60年代末，西方国家在城市社区内普遍面临的诸如贫穷、高犯罪率、高离婚率、公共服务匮乏及种族冲突等社会问题日益突出，联合国提出用建立社区福利中心的办法来推动整体经济发展和社会发展的思想。到20世纪后半叶，北欧国家广泛进行了以“扩大城市化社区版图，加强社区权力，增强社区职能和明确各级政府职责”为基本内容的地方政府管理职能改革。至20世纪80年代，社区发展战略已开始在西方发达国家普遍发展起来。

在我国，随着改革开放的不断深入和计划经济体制向市场经济体制的逐步转变，我国城乡基层管理中出现了一系列新的社会问题和矛盾。这些问题主要表现在：①城乡无业人员和流动人口不断增加，老龄化趋势加快；②单位办社会的体制逐步瓦解，“单位人”逐步向“社区人”转变；③城乡居民需求多样化，需求内容逐步从数量的满足转向质量的提高。这些新问题的出现迫切要求城乡基层管理体制进行改革。1993年，民政部等14个部委首次联合出台了《关于加快发展社区服务业的意见》，1991年5月又明确提出了“社区建设”的概念。此后，在全国范围内先后确立了26个城市社区建设实验区，至此，以社区建设为核心内容的社区管理工作在全国范围内全面展开，并在第十届全国人民代表大会第三次会议上被提升到全面建设和谐社会的战略高度。

二、社区管理的含义

(一)学术界对社区管理的几种界定

社区管理是近年来才引起学术界注意并引起社会关注的一个概念。由于理解的角度和选取的社区参照系不同，对于诸如由谁来管理、管理什么、如何管理、管理的性质如何等问题，学者们的界定存在着一定差异。

陶铁胜指出，“社区管理是指在街道范围内，由街道党工委、街道办事处主导的，社区职能部门、社区单位和社区居民积极参与的区域性、全方位的自我服务和自我管理"①。这个定义的不足之处在于一是将社区管理的范围界定为仅仅是城镇社区，而忽视了广大农村社区；二是没有表明社区管理的对象是什么。

娄成武和孙萍指出，"所谓社区管理，就是在一定的社会环境下，社区基层政权组织与社区居民、住区单位等，为维护社区整体利益、推进社区全方位发展，采取一定的方式，对社区的各项事务进行有效调控的过程"②。这个定义表明了社区管理的主体是社区基层政权组织与社区居民、住区单位等，也指明了管理的内容，即对社区的各项事务进行管理，同时它还阐述了如何进行管理，但是却缺少对社区管理性质的界定。

韦克难指出，"社区管理也可称之为社区行政，主要是指一定的社区内部各种组织，为了维护社区的正常秩序，满足社区居民物质生活、精神生活等特定需要而进行的一系列的自我管理或行政管理的活动"③。这个界定虽然在一定程度上能够表达清社区管理的一些基本要素，但却过于强调了社区管理的行政性。

汪大海等指出，"社区管理是指在政府的指导下，社区职能部门、社区单位、社区居民对社区的各项公共事务和公益事业进行的自我管理"④。这个定义从管理主体、管理对象和管理性质方面对社区管理进行了理论界定，但对社区管理的目的没有明确界定。

(二)本书的界定

综合分析关于社区管理的几种典型界定，我们认为，社区管理是指在社区范围内，由社区内的基层政权组织、企事业单位和社区群众为维护社区整体利益、推进社区全方位发展而对社区的各项公共事务和公益事业进行的自我管理。

上述界定包含着以下基本内涵。

(1)社区管理的范围是社区。社区的区域性特点决定了社区管理必须是针对社区范围内事务的管理。对于城镇社区的范围，《民政部关于在全国推进城市社区建设的意见》明确指出："目前城市社区的范围，一般是指经过社区体制改革后作了规模调整的居民委员会辖区。"这样的界定比较符合我国社区建设和管理的实际。随着我国城镇住宅小区的大力建设，社区管理的范围有可能会向住宅小区层面发展；对于农村社区管理，根据我国广大农村社区发展的现状，其范围应该在农村的行政村和自然村层面。

(2)社区管理的主体，是社区基层的政权组织、社区内的企事业单位和社区群众等。社区的政权组织包括城镇社区的街道办事处、居民委员会，农村社区的村民委员会等，目前它们在社区管理中发挥着主体性和导向性作用。社区内的企事业单位，如学校、党政机关、商店、企业等，它们的存在与社区发展密切相关，是参与社区管理的重要力量。社区群众包括社区居民、村民和其他住户等，他们即是社区管理的主体，也是社区管理的服务对象。随着社区群众民主参与意识和参与手段的提高和改进及社区管理模式

---

① 陶铁胜：《社区管理概论》，上海三联书店，2000年，第24页。
② 娄成武、孙萍：《社区管理》，高等教育出版社，2003年，第13页。
③ 韦克难：《社区管理》，四川人民出版社，2004年，第163页。
④ 汪大海、魏娜、郇建立：《社区管理》，中国人民大学出版社，2005年，第9页。

的转变，社区群众的主体作用将会日益增强。

(3)社区管理的客体，即社区管理的对象，是社区内的各项公共事务和公益事业。主要包括整体性事务，即社区中对所有成员或绝大多数成员而言具有共性的事务；社会性事务，即涉及各成员间相互关系的事务；群众性事务，即涉及群众利益，需要社区群众广泛参与的事务；公益性事务，即有利于整个社会发展，而又不限于任何特定社区成员的事务等。

(4)社区管理的目标是维护社区的整体利益，推进社区的全方位发展，也即是为社区发展提供全面和整体的服务。其主要目的是营造良好的社区氛围，促进社区健康有序发展，满足社区群众的物质和精神文化生活需要，全面提高生活质量和社区群众的素质。

(5)社区管理的性质是社区群众的自我管理。社区作为社会群众自己的家园，无论是从其本质还是从其发展实践来看，走向自治应该成为社区管理体制建设的基本方向。然而，我国目前的社区管理采取半行政性与自治性相结合的模式，实际上是以政府管理为主，群众自我管理为辅的模式。因而需要政府采取诸如培育社区群众的民主意识和自治意识，提高社区群众的自我管理、自我服务能力等措施引导居民逐步走向自我管理。

三、社区管理的内容

社区管理的内容总的来讲是“四性”工作，即地区性、社会性、群众性、公益性的事务，涉及科、教、文、卫、体等社区公共事业方面的内容。就社区管理的具体内容而言，主要包括以下几个方面。

(1)社区民主政治管理。其基本内容包括发展和健全社区的各类民主政治组织与民主政治制度。例如，组织和指导社区群众进行社区选举，公开、公正、公平地进行民主管理，健全党组织的各级网络，组织和发挥社区党员和在职党员的模范带头作用，强化对党员的管理和考评，积极推进社区群众进行参与式管理等。

(2)社区环境管理。其基本内容包括环境卫生管理、路政管理、建筑和住宅管理、防汛防洪管理等。社区环境包括居住的人文环境和生态环境，加强社区环境管理的目的，就是要保护好环境，做到社区的可持续发展，整治好社区群众的居住环境和休憩环境，为社区群众创建一个优美、整洁、舒适的生活环境。

(3)社区服务管理。社区服务的主要职能是建立健全社区服务网络，完善社区服务体系，广泛开展社区服务，并对服务质量进行监督、保证，以提高社区群众对社区的满意度，提高社区群众的生活质量。其主要内容有：①提供便民利民服务，提高群众的生活质量；②提供社会福利服务，主要是为社区中的弱势群体，如老年人、残疾人、鳏寡孤独者、失业人员、生活有困难的低收入人群等，提供无偿或低偿还的社会服务。

(4)社区卫生和体育管理。社区卫生和体育管理的主要职能是贯彻我国体育卫生工作方针，建立适应现代社会的以社区和家庭为基础的服务体系。其主要内容包括：①规范社区卫生和体育服务的主要内容，除基本医疗服务外，预防、保健、康复、健康教育、健康促进、健身、美体等都是社区卫生和体育管理的重要内容；②规范社区卫生和体育管理的职责，并非单纯地提供医疗保健和健身美体服务，而是对社区群众的健康生活服务；③制定社区卫生、康体服务人员的职业规范，作为社区卫生和体育服务人员必须履行的职责。

(5)社区文化和教育管理。社区文化管理是对文化娱乐设施进行规划和建设，建立健全各类文化、教育活动组织，帮助和指导这些组织开展社区文化娱乐活动、群众性文体活动，引导社区居民进行全民性群众文化活动。社区教育管理则是要建设和完善社区学院、继续教育中心、文化和职业培训中心等教育机构，组织和发动社区群众广泛参与，进行普法、科普、时事政治、实用技能、兴趣爱好、思想政治、道德伦理、人文素养等多种内容和形式的教育活动。

(6)社区治安管理。社区治安是社区安全和安定的重要保证。安居才能乐业，没有安全感，社区居民对社区就不可能有认同感和归属感。社区治安工作必须运用打击、防范、教育、管理、建设、改善等手段齐抓共管，明确治安管理责任主体，建立和完善治安管理机构，调动和协调社区内各方面的力量，确定各自的工作职责，制定巡逻、联防等多种社区治安综合治理制度，确保社区治安状况良好，让广大社区群众和社区单位安心生活和安心工作。

四、社区管理的特征

通过分析社区管理的内涵和社区管理的内容，可以看出社区管理具有以下鲜明特征。

(一)区域性

社区是具有一定地理界限的区域性社会，是一定的社会关系空间与地域空间的结合体。社区管理的具体内容基本上都局限于社区的范围之内，管理的方式也是发动社区内的各类管理主体，进行自我组织、自我服务和自我管理。这种管理主体和管理对象的同一性，使社区管理的区域性特征更加明显。如果社区外的管理机构延伸至社区内来实行管理，那么社区的自我管理机制将无法正常运行；如果本社区管理机构的管理对象越出了社区的范围，那么社区管理主体和管理对象的一致性将不复存在。因此，以街道办事处和居民委员会为主导的城镇社区管理组织和以乡镇政府、村民委员会为主导的农村社区管理组织一定要将社区管理工作指向本社区，为本社区内成员、社区组织提供全方位、多样化的服务。

(二)群众性

社区管理是社区群众进行自我管理的管理行为，因而是一项群众性工作，社区工作一定要本着以人为本的原则，维护社区群众的根本利益；社区群众的参与是提高社区管理水平的坚实基础，社区群众的参与热情越高，社区管理工作越易于开展；社区群众对其生活的社区所形成的认同感、归属感的强弱，是社区管理工作好坏的重要标志。只有密切社区群众之间的关系，才能增强社区群众对社区的向心力和凝聚力；解决社区管理难题所应采取的基本方法，就是依靠社区群众力量，发挥社区成员的互助作用。

(三)综合性

社区管理工作涉及面广，包括社区服务管理、环境管理、治安管理、文化管理、卫生管理等多项工作。由于社区成员数量众多，成员之间的异质化程度很高，所以各自之间的需求存在着很大的差异性甚至是相矛盾的需求，加之社区管理主体的多元化，这就要求社区管理主体运用多学科知识、多种手段和方法，综合利用各方面的力量及多种资源和功能，去满足和平衡不同的需求，才能实现社区管理的预期目标。

五、社区管理的原则

(一)共同利益原则

共同利益原则强调的是社区管理的目标，就是社区管理必须以社区内的全体群众、组织、团体、单位的共同需要和利益为根本目标。一切手段、方法都必须紧紧围绕着这个根本目标，而不能偏离，它是衡量社区管理有效与否的最直接的标准。按照共同利益的要求，以街道办事处、居民委员会和村民委员会为主导的各方面管理主体，必须以社区全体成员的需求为工作目标，以为社区全体成员服务为突破口，协调社区各方力量，全面推进社区的各项工作。

(二)自治和互助原则

自治和互助原则是通过社区群众自我管理、自我教育、自我服务、自我监督、互帮互助等方式，来控制和影响社区管理行为的一切程序、计划与决策，实现社区管理的整体目标。在社区管理中必须克服一切由政府决定的弊端，要按照自治和互助原则，通过政府向社区的放权和授权，通过各职能部门向社区延伸的机构，通过社区群众和单位的共同参与，明确社区各管理主体的责任与权利，明确各社区管理主体既是管理者，又是被管理者的重要地位，明确社区自我组织、互助组织和自我管理的方式，充分调动社区成员参与社区管理的主动性、积极性和创造性，以自动、自发、自助、自治、互助的精神，从而实现社区管理的良性运转。

(三)组织和教育原则

组织和教育原则是着重强调实现社区管理目的的方法，社区管理的最终目的是社区的发展及社区群众生活质量和综合素质的提高。人的综合素质包括身体素质、文化素质和品德素质等，主要有生活态度、价值观、行为准则、文化程度、艺术修养、品格修行、健康状况方面的内容，其中有相当一部分可通过教育的途径来改善和提高。

组织原则是为了统一社区群众的认识、看法，认清共同的需要，形成一致的行动，解决社区面临的共同问题，以推动社区的发展。运用组织原则，通过组织和管理，利用约束性要素，来建立健全并理顺社区成员之间的关系，统一认识，培养社区意识，从而形成共同遵守的规章制度和行为准则，在此基础上，实现社区管理工作的自我组织、自我服务和自我发展。

(四)协调性原则

协调性原则有两方面的含义，一方面是社区管理不能仅仅局限于社区这个小区域，而且要注重社区与整个外部大环境的协调；另一方面就是注重社区内组织与功能之间的协调，以保证社区管理的及时、有效和全面。

社区与外部大环境协调具有必然性。社区虽有地域性特征，但绝不是封闭性。社区和外界之间有着千丝万缕的联系，社区只是城镇或农村的一个局部，社区的发展必须要符合城镇和农村的整体规划，要服从城乡融合的要求，而不能自行其是。社区的事务和外部有着密切的联系，社区住户的所有需求仅靠社区不可能全部解决，社区管理主体和社区群众的交流非常频繁，封闭起来发展社区是没有出路的，也是根本行不通的。

社区内组织与功能的协调，对社区管理的效率和效果至关重要。社区内组织机构的设置和功能的定位如果不协调，就会造成有些机构不去做自己该做的，而有些机构却不得不去做不该做和做不好的事。

第二节　社区管理体制

社区管理体制是实施社区管理的组织体系及运转模式。我国社区管理体制（主要是城市社区管理体制）改革的方向是“小政府、大社会”的管理框架，“自治”化与科学化的管理运作体系，行政、经济、法律、思想教育等手段并举和组织、动员等具体方法协调的运作机制。

一、社区管理体制的内涵

社区管理体制是指社区管理机构为了实现一定的社区发展目标和社区工作规划，根据一定历史阶段的国家意志和管理原则实施管理的组织体系及运转模式，它要以社区管理的基本内容为基础，与社区外在环境和社区发展的方向相适应，是社区管理实施的组织结构、权能权限划分和管理方式、工作方法的总和。

狭义的社区管理模式主要是指由社区管理各相关组织机构及其各自特定的管理职能组成的使社区管理活动得以有效开展的物质载体和运作方式。与之相对应的另一个基本概念是社区管理机制，机制主要是指可以使各管理机构和执行者之间相互促进而又彼此制约从而保证各自职能得以充分发挥的社区管理运行保障，它通常要通过各方面的规章、制度、措施等来体现。

由此可见，社区管理模式是整个社区管理体系这一有机整体的一种表现，它以相应的组织机构及其职能为基本内容；而机制则是社区管理体系根据社区有效运行机理确定的一种制约和激励关系。广义的社区管理模式除了必须包括相应的管理机构及其特定的职能之外，还包括这些机构发挥其特定职能所需要的基本的保障机制（即狭义的机制）。这时，特定的社区管理模式就与其相应的管理机制紧密联系在一起，共同构成一套完整的社区管理模式。

社区管理体制是一个历史范畴。一定的社区管理体制，总是特定的历史环境和时代条件的产物。在不同的社会背景下，社区管理体制不同，如计划体制下，我国社区的管理体制主要是行政性的。组织结构为行政直线型，即市—区（县）—街道（乡镇）—居（村）民委员会这样一种行政驱动型结构。管理职能以政府为主，居（村）民委员会等社区组织成为国家行政管理体系的“末端”，其管理职能得不到充分发挥，运作方式是行政命令式。

市场经济条件下的社区管理体制则是社会职能型的。其组织形式是多层次、多系统的网络式自治型结构。在管理职能上，依法确立政府与社区组织之间的职责权限，规范政府的角色定位，社区管理职能主要通过相对独立的、充分体现居民自治原则的管理机构去实现。管理主体将综合运用行政、法律和经济等手段，以及引进责任考评机制、法律机制、市场机制和监督机制等，处理社区内存在的问题，解决矛盾，服务群众，对社区进行综合性管理。

二、社区管理体制的基本框架

(一)“小政府、大社会”的管理框架

要推进政府职能转变，促使社区管理重心下移，实现“小政府、大社会”的管理框架，其关键在于分解和“限制”政府的职能，按照精简、统一、效能的原则，实行政企分开、政事分开、政社分开，同时，加快社区等中介性和社会性组织的培育。在建构社区管理体制的过程中，要本着以政府为主导、以社区为主体、全社区广泛参与的原则，有偿介入的原则，政企、政事、政社分开，实行联动的原则来进行操作。将政府的行政管理职能和企业的经营职能、社区组织与社会团体的服务职能相分享，政府只承担宏观监控职能，进行政策引导和法律规范。

管理重心下移，就是将社区的管理职能下移至社区，增强社区自身的管理职能，其核心是政府向社区放权。其目的是解决在原有计划体制下形成的政府承担过多职能的不合理现象。

(二)“自治”化与科学化的管理运作体系

社区管理发展的趋势是社区群众自己建设社区、自己管理社区，实现社区管理的“自治”化；专业人士进行社区管理与服务，实现社区管理与服务的科学化。为此，第一，要完善社区居(村)民大会制度建设。它由社区内具有民事、政治能力的居(村)民和业主组成，是社区全体群众与业主权益的代表；它必须在政策法规的指引和规范下，在充分民主的前提下商讨、决定社区内的一切重大事务。参与社区管理，不仅是本地居民的事，也正在成为不少外来务工人员的自觉行动(图 3-1)。

图 3-1 选举社区居民委员会成员

资料来源：驻区单位代表和居民代表参加投票，选举新一届社区居委会成员．http://www.fuxue.org/shownews.asp?news_id=265

第二，组建强有力的社区管理委员会。社区管理委员会作为代表社区居(村)民代表大会行使权力的常设性日常领导管理机构，其人员必须由社区居(村)民大会选举产生或邀请聘用，其职责岗位必须较为固定并由专业人士充任。社区管理委员会的组成人员一般应由社区群众代表、法人代表、业主代表、人大代表、政府代表、专业人士和社区内外知识人士组成。社区管理委员会可以分设数个专业委员会，如教科文卫委员会、业主委员会、治安联防委员会、医疗保健与计划生育委员会、财经委员会、社区救助委员会等，对社区事务进行分门别类的管理。

第三，构建合理的社区管理动作执行体系。社区的各动作执行，是由社区管理委员会负责的，其职责是根据社区管理委员会及各专门委员会所提出的社区建设与管理方案，具体负责社区管理的某项专门性业务。

第四，建立社区协调委员会和社区议事委员会，完善社区管理体制的协调和咨询功能。其目的一是加强条块之间的沟通与协调，解决因条块关系不顺而导致的摩擦问题。二是协调好政府管理主体与社区群众、社区组织之间的关系，一方面，保证社区群众全面参与社区管理；另一方面，了解群众的呼声和意见，保证社区各项管理目标顺利实现。

(三)行政、经济、法律、思想教育等手段并举和组织、动员等具体方法协调的运作机制

在计划经济体制下，社区建设和管理普遍采用的是单一的行政方法。随着社区功能的增强，社区管理的对象、内容和手段逐渐向社会化过渡，有效运行的社区管理机制，必须是综合运用行政、经济和思想教育等一切可能手段；协调运用组织、动员等具体社区工作方法，改善社区管理的方式，提高社区管理效能。

三、海外社区管理体制的几种模式

在建构适合我国社区管理的管理机制和运行机制过程中，我们可以参考海外行之有效的管理模式。在国内外的社区管理实践中，任何一种社区管理模式的运行都离不开两种基本社区管理主体(即政府和社区自治组织)的具体管理行为，因此在理论上常常根据政府与社区自治组织的相互关系来对社区管理模式进行分类，大体分为自治型、政府主导型和混合型三种模式。

(一)自治型管理模式

自治型管理模式的特点是政府行为和社区行为分离，政府的社区发展规划由有关部门专项拨款，通过社区的配合予以实施；而社区的工作则是自主自治，经费的筹措通过各类团体、基金会捐赠。这种社区管理模式与政府也有一定的联系，但主要是在业务和争取政府支持方面的联系。德国、美国、加拿大等国属于这种模式。

自治型管理模式下政府起间接作用，对社区的建设主要采用法律或经济手段来调节和倡导，从法律和制度上来规范社区运行机制，而让社区在具体的建设操作中当主角。

自治型模式下的社区是社区建设和发展的主角，具有非常鲜明的自主性。例如，德国社区具有双重地位，在具有法定地位的同时，它作为联邦、州和社区三级行政中的基层单位，除了自治任务外，还接受联邦和州的委托，在自己的社区内具体执行联邦和州的行政任务，联邦和州把大多数行政任务都委托给社区去执行。社区具有法定地位，使社区在开展社区建设、组织社区管理过程中，拥有相应的权力，如社区资金来源就主要是依靠社区的法定地位，从社会募捐而来。从而使社区机构在社区建设和发展中具有主动性和创造性，在自主和自治的前提下，担当社区建设的组织者和管理者。

(二)政府主导型管理模式

政府主导型管理模式的特点是在政府部门中设立专门的社区管理机构，作为政府组织体系的重要组成部分来专门负责社区规划、管理的职能。政府通过专门机构的指导，在社区的管理中体现政府的意志及其所倡导的社会价值观；通过对社会组织的物资支持和行为引导，把握社区活动的方向；通过政府对社区活动的领导和资助，以及对社区领袖及社团组织领导人的培训，用政府的要求统一社区活动的思想，让社区发展有意识地朝着政府的目标推进。

新加坡、中国台湾属这种模式，设立专门的社区管理机构(新加坡设有国家发展局、中国台湾在内政主管部门设“社区发展委员会”)，来具体执行对社区建设各项政策和措施的管理职能，政府成为社区建设和管理的主角。

(三)混合型管理模式

混合型管理模式的特点是政府对社区工作和社区建设加以规划、指导，并拨给相当的经费，但政府对社区的干预比较宽松，社区工作和社区建设以自治为主。

日本和中国香港的社区管理体制属典型的混合型管理模式。混合型管理模式下的政府角色介于自治型和行政型之间，起着指导和支持作用，指导是指对社区工作和建设的规划和指导，支持是指经费上的支持。例如，中国香港地区的社区工作由社会福利署管辖，特区政府参与社会管理，设立民政主任制度，全港共有 4 个社区服务中心，社区服务中心主任由特区政府委派，在经费上，政府管理部门管理的项目由特区政府部门专门拨款。

在混合型管理体制下，社区组织具有明显的自治性。在日本，构成社区工作的基础是原有的自治组织——自治会和町内会。自治会和町内会是唯一包容所有居民的最具传统特色的自治组织，自治会和町内会拥有固定的办公地点，设正副会长、参事若干名，会计、审计若干名，以及顾部、咨询等。他们由居民推举产生，任期二年，可以连任，自治会干部没有报酬。自治会作为行政末端组织的补充，没有财政经费，其活动经费主要来自会费、活动收益和捐款赠款。自治会的宗旨是团结会员，提高文化生活水准，履行公民义务，协同地区其他团体创造良好的居住环境。具体工作大致有向政府反映会员的要求，代表居民向交通、电力、煤气等公共部门反映情况，联系有关事宜；为居民的婚丧事、安全保卫、教育、卫生、娱乐等活动出力，增强和睦，促进福利事业的发展。

四、国内社区管理体制的几种模式

近年来，全国 20 多个国家级社区建设实验区和 100 多个省级社区建设实验区结合各自情况，勇于探索，大胆实践，敢于突破，在社区建设的实践中，创造出了种种社区建设的思路、做法和经验，逐渐形成了各具特色的社区建设管理体制模式，这其中以下列五种模式较具代表性。

(一)组织构建：以借鉴国家政权机构设置为鲜明特征的沈阳模式

沈阳市的社区建设始于1999年，沈阳市社区建设的思路和做法在同年10月召开的沈阳模式论证会上，被民政部和相关专家学者正式确定为沈阳模式。

沈阳模式的最大特点在于借鉴我国国家政权机构的设置，创造性地在社区设立了社区成员代表大会、社区协商议事委员会和社区居民委员会，作为社区自治的主体组织，同时借鉴国家层面政权机构之间的权利义务关系，通过建章建制，明确了三个自治主体组织之间的关系、社区党支部的地位与作用。沈阳模式在组织构建和机制再造方面的创新体现在以下几个方面：①社区成员代表大会(居民代表会议)与社区居民委员会之间的关系得到了明确，充实了《居委会组织法》对二者关系不明确的界定；②在社区内初步架设起自治组织的整体性结构框架，为社区居民委员会向自治方向迈进提供了组织载体；③增设社区协商议事会作为监督层，使得监督议事机制健全起来并正常化、规范化。

(二)行政推进：街居一体化进程中的上海市社区建设

上海市的社区建设起步较早，并且是和1995年上海市“两级政府、二级管理、四级网络”的城市管理体制改革密切结合在一起的。上海市民政局课题组曾经提出上海市社区建设管理体制的基本模式是以政府为主导，以社区为支点，以居民参与为核心的一体化管理体系。这种模式的价值在于能够有效地利用政府部门的主导优势，统一各方面力量，形成合力，搞好协调，减少纠纷(图3-2)。

上海市社区建设的最大特点是将社区定位于街道，即所谓的街道社区，在实际的社区建设中，存在着街居一体化的倾向，并依靠行政力量，在街居联动过程中发展社区各项事业。上海市将社区建设视为巩固城市基层政权的重要基础，并使之成为四级网络中的重要一环。1996年，上海市街道办事处被授予部分城区规划的参与权、分级管理权、综合协调权、属地管理权四项权限。又对街道办事处内部机构设置做了重大调整，设立了市政管理、社会治安综合治理、财政经济和社会发展四个委员会，使得街区行政权力初步形成了一个完整的网络，从而以街道办事处为中心，完成了行政权力的整合。整体来说，上海市社区建设在行政主导下逐步形成了“三层结构”“四大系统”的社区发展新格局(即街道、街坊、居民区三层复合社区结构和行政管理、社会服务、自治参与、党的工作四大系统)。

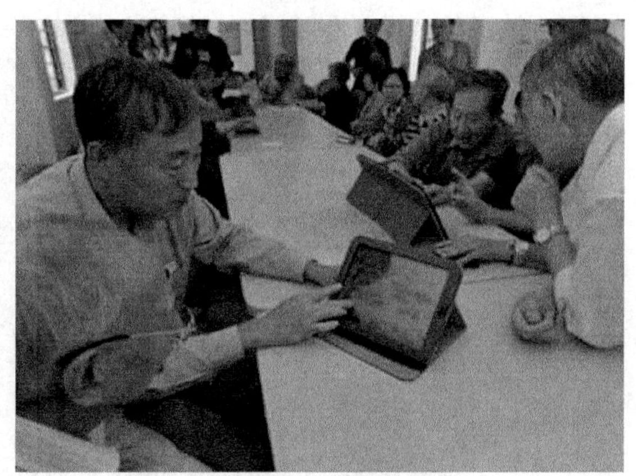

图3-2　上海市社区建设的新形式：老年人智慧社区

(三)提升功能：以社区服务为龙头的青岛市社区建设

青岛市社区建设强调抓社区建设，一定要以社区服务为重点，发展社区文化，发展社区教育，美化社区环境。这种做法，有其优势的一面，即不需要大量财政投入，而是适当的必要资助；不需要增加太多的人员编制，而是对人力资源的优化和调整；不需要多好的经济和社会基础，而是对社区资源的重新配置。青岛模式主要体现在以下三个方面。

(1)社区服务。明确提出要突出搞好五个方面的服务：面向社会特殊群体的社会福利服务；面向社区居民的便民利民服务；面向社区企事业单位的以劳动就业为重点的社会性事务服务；面向暂住人口提供生活、工作便利的社会服务；以医疗、妇幼保健、健康教育、卫生防疫和计划生育为主要内容的社区卫生服务。

(2)社区文化建设。以青少年教育、社会公德、家庭美德、法制教育为重点，搞好社区教育；以"文明市民"等评比为抓手，搞好精神文明创建活动；积极开展丰富多彩的文化娱乐、体育健身活动。

(3)社区环境综合治理。主要指加强居民委员会治保会建设，建立健全街道办事处、居民委员会两家民间调解委员会组织，重视搞好民间调解和法律咨询；在社区环境，深入持久地开展"人人动手，美化家园"活动，抓好居民区的环境综合整治、绿化美化、硬化亮化和清洁卫生工作①。

(四)自我革命：以主动转变政府职能为核心内容的武汉市江汉模式

在全国20多个国家级社区建设实验区中，武汉市江汉区(图3-3)是最后一个被批准的，也是唯一一个以城区命名的。江汉区的社区建设是从2000年2月正式开始的，在同年9月底的经验总结会上，被论证成为江汉模式。它包括以下几个方面。

图3-3　江汉社区组织儿童进行消防教育

资料来源：武汉江汉区"社区居民"和"幼儿园小朋友"齐聚红门学消防．楚天消防网，http://www.hbfire.com/ctxf/kp/kj/2013/0401/17882.html

① 傅忠道：《社区工作基础知识1000答》，中国青年出版社，2001年，第541页。

(1)明确提出转变政府职能，提升社区自治功能，建立新型的政府行政调控机制与社区自治机制结合，政府管理功能与社区自治功能互补的城市基层管理体制。

(2)以体制创新为重点，推进政府职能转变，其内容包括理顺居民委员会与街道办事处、居民委员会与政府职能部门的关系；明确政府职能部门、居民委员会各自的职能。

(3)政府部门面向社区、转变职能、工作重心下移。江汉区推行“五个到社区”，即人员配置到社区、工作重心到社区、服务承诺到社区、考评监督到社区、工作经费到社区。

(4)费随事转，责权利配套。对于确需社区配合的工作，在与社区协商后按照“权随责走，费随事转”的原则，由职能部门与社区共同完成。

(5)建立评议考核监督机制。通过一整套评议指标体系，由社区工作者和社区成员模仿选举的基本程序，对政府部门和工作人员进行评议，不合格者受到相应处理。

(五)以精神文明促进物业管理：从“政府本位”到“社会本位”的耐人寻味的深圳市莲花北模式

深圳市莲花北是个特殊的社区，它在全国首创“以精神文明促进物业管理”理念，物业承担了社区几乎所有的管理服务。在这里，文体活动、邻里关系、小狗打疫苗、妇女免费体检全由管理处张罗。

莲花北是一个拥有5 800多户、3万人口的大社区。居民交费不多，可享受24小时护卫服务；有事务助理上门咨询，随时为住户排忧解难；保安、保洁、绿化、维修、事务、社区文化等各专业队伍随时待命。管理处的口号是：“为业主提供零缺陷的服务。”

近20个群众性文艺队伍轮流“比拼”才艺，社区老人站、残疾人康复站、社区义务联防队、邻里互助队、便民服务站大大方便了居民。管理处有个社区文化部，开论坛、出村报、搞升旗仪式、办科普展览，还组建了社区离退休人员党支部和社区团委。

这种由物业公司牵头，组织居民共同承担社区的综合管理与服务职能的做法，使依惯例成立的四个居民委员会作用日益减弱，现在仅保留的一个居民委员会除计划生育、征兵及办理新生儿出生手续等行政职能外，几乎不再承担社区的其他管理任务。

深圳市莲花北实现了社区管理从行政化管理为主，向市场化经营为主的转变，既发挥了企业在市场发育日益充分的条件下运用市场配置社会资源的优势，又克服了政府负担社区管理经费的缺陷，但企业行使政府职能缺乏法律依据。在莲花北，社区物业管理公司客观上充当了社区公共事务管理者的角色，其企业化的运作，有效提高了基层社会的管理水平。这是一种政府主导、居民自治与物业公司牵头的社区管理模式①。

深圳市莲花北的创新过程暗含了一个共性的目标，即社区管理从“政府本位”向“社会本位”过渡，这种过渡，代表着公共管理社会化背景下，居民享有更多的参与、合作、服务与互动。

目前，城市基层的政权结构、社会结构都处于动态的演变过程中，各种社区管理模

① 胡谋、王伟：《走近企业化社区管理——耐人寻味的“莲花北样本”(关注社区管理体制改革④)》，http://sz.people.com.cn/GB/channel20/50/200506/07/8722.html，2005-06-07。

式的形成与发展，都是我国正处于社会转型期这一特定条件下的产物，归根到底又不能脱离不同地区、不同社区的具体条件和客观实际。社区管理体制改革不能搞“一刀切”，必须根据具体情况，设计和选择最合适的改革路径，达到政府提高管理效率、居民当家做主、社区和谐安宁的目的①。因此要总结各地经验、借鉴海外先进做法，在不断探索中逐步完善社区管理体制。

第三节　农村社区管理的几个问题

社区最早形成于农村。在我国广大农村地区，目前实行的是“乡政村治”的管理模式，但需要根据各地的具体情况不断进行调整和完善。本节介绍了目前国内有代表性的关于农村社区管理的学术观点。

一、农村社区管理概述

农村社区是一个共同享有明显界限的领土空间、同样的语言和文化、相似的资源利用模式、实施和遵守具有共识的有形与无形的制度的农户群体的组合。实际上，我国行政上的乡镇可以看做一个功能较为完整的社区。社区的一些特性，如地域范围小、社会结构较为单一及社区居民有共同的兴趣和规范等使得乡镇社区成为非常有效的农村发展载体。

在同一个农村社区里，所有居民由于拥有类似的资源和产品及共同的民族性、信仰、等级观念、语言等，有利于他们开展良好的合作。农村社区整体上是松散的，其关键的特征是分享共同的信仰和规范，成员之间具有直接的和复杂的互惠性关系，对个人的约束力比较弱。农村社区具备费孝通在1947年出版的《生育制度》一书中所归纳的“礼治秩序”“差序格局”“熟人社会”“归属感”等特征。

在我国广大农村社区，实行的是“乡政村治”的管理模式。这种农村社区管理模式最初自发地产生于20世纪80年代初期，人民公社体制解体后，农村基层开始实行政社分离，政治权力归诸乡镇政府，社会事务转交村民委员会，“乡政村治”的格局由此形成。所谓“乡政村治”，是指乡镇按照国家行政权力的运作方式组成为农村最基层的一级政权，设立人民代表大会和人民政府，乡镇以下则按居民居住地区设立基层群众性自治组织的村民委员会，办理本居住地区的公共事务和公益事业，调解民事纠纷，协助维护社会治安，并向人民政府反映群众的意见、要求和提出建议。

村治，即村民自治。可以从以下几个维度来理解村民自治。

首先，村民自治是一项民主制度。尽管从其现实的运行及推行的部门来看，还是把它作为一项政策来操作的，但它应该属于政治制度，是国家推行发展农村社区基层民主的一项政治制度。

其次，村民自治又是国家对农村社区进行管理的一种治理模式。它实现了国家由先

---

① 胡谋、王伟：《从“政府本位”到“社会本位”(关注社区管理体制改革⑥)》，http://sz.people.com.cn/GB/channel20/50/200506/09/8829.html，2005-06-09。

前对农村社区的直接管理向村民自我管理的转变，村民依法行使自治权利，这种社区管理模式也是一种民主治理模式。

最后，村民自治也是一种群众性的活动方式。它不是地方自治，更不是文化自主、法律自主、政治自主等方面的自治，而是一种自己管理自身事务的社区群众自治。其自治主体——村民通过民主选举、民主决策、民主管理、民主监督等自治方式达到自我管理、自我教育、自我服务，从而实现社区成员依法办理自己的事情，发展农村基层民主，促进农村社会主义物质文明和精神文明建设的治理目标。

二、农村社区管理的理论探析

构建农村社区的良性管理，是一个令人深思的问题。我国的农村地区太大，各地区的差异性太强，农村的生态环境、民族构成太复杂，因此，对农村的社区管理而言，其道路与模式是多样的。在这方面，诸多学者进行了深入思考。

(一)党国英：以乡村高度自治为基本思路来建构农村社区的良性管理

党国英指出，要以乡村高度自治为基本思路来建立农村社区的治理结构，以下几点非常重要。

第一，要把村民自治制度逐步推进到乡镇一级。没有自治就无法形成真正意义上的社区合作。在村级社区走向衰落的背景下，乡镇一级社区将是农民进行公共品交易的基本平台，如果自治停留在村一级，其意义会大打折扣。第二，大力推动农村民间组织的发展，开拓农村公共事务方面志愿者活动的空间。大量的公共事务在民间组织那里也可以处理。第三，要压缩乃至取消现有的传统集体经济这个层次，代之以农民自愿组成的各种专业合作社。为此，首先要改革土地制度，剥夺村、乡两级干部对土地的控制，同时，把农民的土地财产权归还农民；其次要逐步将现有集体经济通过改制转变为股份制经济或其他形式的私营经济，从根本上解决乡村干部集经济控制权和公共管理权于一身的弊端。第四，广泛实行委托服务制，大量减少县级政府在乡镇一级所设立的垂直控制、上下对应的机构，把县政府服务农业、农村和农民的公共活动通过委托的办法交给乡镇自治政府和民间组织办理。

(二)赵树凯：农村社区管理要实行多中心治理

赵树凯指出，农村社区管理主要是社区自身的事情，政府没有必要采用大一统的行政控制。为此，需要用新的管理方式来理顺农村内外诸多方面的关系，这就是多中心治理。在这样的治理原则下，治理活动不是自上而下的强制性行为，而是一个上下互动的管理过程，主要通过合作、协商、建立伙伴关系来管理农村社区的公共事务。多中心治理的基本点，是改变政府对于农村社会的行政性管理和控制，让农村内部的自主性力量在公共服务供给、社会秩序维系、冲突矛盾化解等多种领域充分发挥基础性作用。这样既降低政府直接控制乡村的成本，又使得农村社会内部的自组织力量发挥其作用，从而使农村社区充满活力。这种新的治理范式，基本目标是让农村问题尽可能地内部化和社会化。

“内部化”是指让基层化解自己衍生出的问题，农村社区的问题尽量在农村社区内部解决，而不是一有问题就首先成为政府直接面对的问题；“社会化”是指让农民的问题尽量不要成为政治性问题，而是要尽可能把这些问题社会化，成为社会性问题。现在的突出现象是，当农民遇到问题时，首先是通过向政府施加政治压力的方式解决，如发生交通事故、遇到伪劣化肥、劳资纠纷问题之类的事情，采取的反应首先是到政府上访、示威、冲击政府机关等，普通的社会生活冲突衍生成了政治性事件。并不是说农民采取这些办法不对，这是农民在不合理体制面前的一个必然的反应。因为政府把社会生活控制得如此严密，客观上是在诱导暗示农民有问题的时候只能针对政府，采取政治化的解决方式。事实上，不论对于农民来说还是政府来说，都有更好的解决途径和解决办法，那就是尽可能地通过市场经济的规则途径，或者通过社会组织的互动，或者通过利益团体的协商，总之是通过正常的社会性渠道来解决，而不是通过施加政治压力的方式来解决。

(三)甘信奎：农村社区要实现从“乡政村治”到“县政乡(镇)社”的转换

“县政乡(镇)社”是指国家对农村社会的管理主要由县级政府、乡级大社区、村级小社区三个层次组成。其中，县级政府是国家政权的最基层单位，担负管理农村的各种行政职责；乡(镇)大社区只设一些县级政府的派出机构，由专职部门处理日常的行政工作；村级小社区完全自治，一些法定的上级任务可以通过雇佣的方式加以解决。当然，这种治理结构还会随着社会发展进一步进化，直至村级小社区消亡，真正意义上的“县政乡社”完全形成。他认为县政乡社管理有以下的意义：一是有利于解决宗族势力负面影响的问题。乡镇社区扩大了农民杂居的范围，使宗族势力难以操纵选举。二是有利于解决农业现代化问题。有利于农业资源的综合开发和利用，加快农业现代化进程。三是有利于解决乡镇企业“二次创业”问题。向基础设施条件好、交通便利的城镇聚集，就成了乡镇企业发展的内在要求。四是有利于解决国家民主和社会民主的对接问题。五是有利于解决农民减负问题。乡镇成为社区后可以大大减少行政性开支，进而从根本上减轻农民负担。六是有利于解决城镇化问题。乡镇成为社区，有利于农村资源向乡镇社区流动，从而在农村社会内部自行解决城镇化面临的一些问题。

第四节 国外社区管理

社区管理的发展需要借鉴和吸收发达国家和地区的先进经验。本节介绍国外几种典型的社区管理和发展状况。美国的社区管理体现官民“协作”；日本的社区管理重视“自律”；瑞典的社区管理讲究“和谐”；德国的社区管理注重“配套”；新加坡的社区管理有章可循①。

一、体现官民“协作”的美国社区管理

与华盛顿特区隔河相望的美国弗吉尼亚州阿灵顿县，其社区管理是整个美国社区管

① 《发达国家社区管理模式汇编》，民政部网站，http://www.mca.gov.cn/article/content/200422392114/20059584442.html。

理的一个缩影。该县有大约五十个社区，社区有居民协会。在社区建设和设施完善中，当地政府起了重要作用。为了官民协作共建居民满意社区，县政府社区管理部发起了“社区管理计划”，迄今已有四十余年的历史。社区管理计划的重点包括街灯设置和铺设人行道等在内的交通安全、街道维修绿化及社区公园建设等。

所有社区管理计划的制订都基于社区居民的意见，反映居民日常生活的实际需要。从计划制订到工程实施，整个过程充分体现基层民主。社区选出的社区管理计划代表下面还有居民选出的楼区代表，楼区代表每年会把问题单分发到各家各户，上面列出一些具体事项，让居民选择他们认为社区最需要改进的事项。而居民临时想到什么社区福利的点子或者有什么意见，也通过楼区代表向县政府反映。社区管理部和各社区负责社区管理计划事务的代表每月开一次会，讨论社区居民的建议和工程项目。社区管理部根据居民意见进行实地调查，确定社区建设优先事项后，找专业人员进行工程设计，接下来是征求居民对设计方案的意见，如果设计方案得到社区 60％居民的支持，工程就开始实施。

社区管理计划的资金来源是当地税收，每两个财政年度得到一笔预算。社区管理部充分考虑各社区利益并根据实际需要做出安排，在规模不等的社区之间取得平衡。阿灵顿县政府对社区建设的介入还体现在社区地产的开发阶段。县政府在审核社区地产开发计划时最优先考虑的问题是，必须保证要有一定面积的公共用地——孩子们得有安全的地方玩，居民出门要有地方去。另外还要考虑社区必须要有一定比例的廉价性住房，让那些低于平均收入者能够买得起。

二、重视“自律”的日本社区管理

日本人比较强调自律，许多大城市的市中心都热闹非凡，但在日本的许多社区，“热闹”和“喧嚣”都销声匿迹，有时让人感到静得出奇。例如，在东京市涩谷区的惠比寿居民区，附近有繁华的购物中心，热闹的地铁车站，但这里却一点也没有市中心的吵闹，非常宁静。

日本的《环境基本法》对噪声有明文限制：疗养部门和社会福利设施集中的地方，白天噪声在 50 分贝以下，夜里不能超过 40 分贝；市民居住区白天 55 分贝，夜里 45 分贝以下；住宅和商业、工业混合区域白天 60 分贝，夜里 50 分贝以下。达不到标准，有关部门会加以治理。

日本人在生活中处处都小心翼翼，生怕给别人添麻烦。白天很少见人影，也几乎看不到他们在院子里聊天。晚上一扇扇的窗户里亮着灯光，隐约可看见一家人在看电视，但却很少能听见电视声或者说话的声音。地铁车站非常热闹，但从未听到过机车鸣笛。电车穿过小区，只有邻近轨道的人能听到，并没有达到吵闹的地步。高速公路上平时汽车川流不息，但声音并不算大，很少听到汽车司机摁喇叭的声音。

三、讲究“和谐”的瑞典社区管理

在瑞典，不管是在公共场所，还是在住宅区，一般都听不到大声喧哗。不管大街还是小巷，几乎都听不到汽车的喇叭声和自行车的铃铛声。瑞典的社区，处处都体现着人与人、人与自然的和谐共处。

大多数瑞典居民小区都对居民可能对他人造成干扰的活动进行限制，如晚上九点以后不准使用吸尘器，晚上十点后不准使用洗衣机。这样的规定虽然不是法令，但作为一种约定俗成的社会公德而被人们广泛接受。闹得太出格的，会被其他邻居告到小区物业管理处；屡教不改的，很有可能被房东请出大门。临近周末的时候，在瑞典的许多居民小区里都可以看到这样一些业主留言：“各位邻居，我们将于今晚在家中宴请宾客，届时会有较高的声响，希望各位原谅。”或许是因为大多数瑞典人从小就在这样的居住环境下成长，长大了搬出去住自己的公寓也会自觉遵循这些约定。

在瑞典，大多数公寓楼的隔音效果极佳。标准公寓配置的窗户都是3层玻璃，隔音效果十分突出。在斯德哥尔摩市一些离主要街道较近的小区，市政管理部门规定要给居民安装4层玻璃，据说多装一层玻璃可以将室内噪声接收率降低90%。而那些建在高速路或铁路旁的小区，最常用的隔音方法就是在道路两旁建隔音墙。

四、注重“配套”的德国社区管理

德国很少有那种封闭或半封闭形式的居民小区。即使是同一建筑商开发的集中成片的楼盘，也与邻近楼盘没有围墙之类的明显界线。

柏林市的房屋建筑法规对新建住宅中绿地等配套设施有专门规定。例如，根据地理位置不同，绿地在整个用地面积中占的比例也不同，越靠近市中心，绿地比例越小。

德国城市同样存在噪声问题。为减少道路交通噪声对居民楼的干扰，居民区限制行车速度。在柏林市的城市网状主干道之间，30千米限速区的标志随处可见。在一些穿过居民密集区的中小干道上，还实行22时至次日6时限速30千米的分时限速规定，尽量避免交通噪声对居民的影响。另外，在居民区，建筑施工作业严格限定时段，小区露天运动场也明示开放时间，一般都禁止中午和晚上开展活动。这些措施有效地降低了噪声扰民问题。

德国没有类似我国城市街道办事处和居民委员会这样的具有社会意义的管理单位。德国小区物业公司的职责分为两大块，一是接洽房屋买卖和租赁业务，二是负责小区常规的检查和管理工作。如果受业主委托，物业公司还负责业主水电暖等设施的检查和维护工作。

五、有章可循的新加坡社区管理

在被誉为“花园城市”的新加坡(图3-4)，很少有人对小区内部的环境表示不满，这主要得益于小区严格完善的规章制度。

政府立法引导、社区高度自治相结合的独特模式，构成了新加坡高效的城市社区公共管理模式。政府通过对社区组织的物质支持和行为引导，把握社区活动的方向。从政府职能方面看，新加坡国家住宅发展局是负责实施政府建屋计划和统筹物业管理的职能部门。该局配有全日制的联络官员负责与各居民委员会的沟通，它为居民委员会提供办公场所和设施。它还通过一系列培训计划加强对社区、社团组织领导人的培训，用政府的要求来统一社区活动组织者的思想。而且社区的相当一部分活动本身就是政府发起

图 3-4　“花园城市”新加坡

资料来源：http://image.baidu.com/i?ct=503316480&z=0&tn=baiduimagedetail&word=%22%BB%A8%D4%B0%B3%C7%CA%D0%22+%D0%C2%BC%D3%C6%C2&in=130&cl=2&cm=1&sc=0&lm=-1&pn=129&rn=1

的，其中某些环节还受到政府的资助。

在新加坡，社区内主要有三个组织，即居民顾问委员会、社区中心管理委员会和居民委员会。社区三个委员会的工作者承担的工作完全是兼职的、义务的，这样也节省了大量的费用。

新加坡的公寓楼房，当地称为“共管式公寓”。在一天 24 小时中，总会有服务人员在为社区忙碌着①。

由于新加坡地小人多，人口密度比较大，因此无论是政府兴建的组屋还是开发商兴建的公寓，大多数都是临街而建，已建成近十年的共管式公寓“东陵丽晶园”也不例外。这个公寓小区西面和南面是两条繁忙嘈杂的公路，东面和北面则是比较安静的社区公园。为了减小公路噪声对居民的影响，小区的西南两侧除了栽植花草，还特别种了许多高大的树木。

根据新加坡建屋发展局有关共管式公寓房屋建筑与相关设施比例的规定，开发商必须将不少于 40%的土地用做花园、风景区及其他娱乐健身设施用地，从而保证小区居民拥有一个结构合理、温馨舒适的居住环境。

在“东陵丽晶园”居住的每一户都有一本《居住守则》，涉及日常生活、娱乐健身设施的使用、停车管理及公共设施维修等多个方面，详细规定了住户在小区内可以进行的活动及被严格禁止的行为。一旦有人违反了规定，保安人员会及时予以制止，物业管理处也会向各家各户发出书面通知进行提醒。如果违规者无视警告，没有在限定的时间内纠正错误或者给他人造成了损失，那么他除了要赔偿，还有可能“吃官司”。

---

① 张捷岩：《新加坡社区管理模式》，http://www.zgjjzk.cn/more.asp? TN_NID=2005-03-06-1016，2005-03-06。

➢复习思考题

1. 社区管理的含义是什么，它有哪些特征？
2. 社区管理有哪些基本内容？
3. 试述社区管理的基本原则。
4. 社区管理体制的含义是什么？
5. 我国社区管理体制的基本框架是什么？
6. 试述我国农村现行社区管理的模式及发展趋势。
7. 试列举几个国外社区管理体制的基本状况。

参考文献

党国英 . 2006. 论村民自治与社区管理 . 农业经济问题，(2)：20-26.
费孝通 . 1947. 生育制度 . 上海：商务印书馆.
甘信奎 . 2011. 改革开放以来我国农村基层民主政治建设的理论与实践述论 . 理论导刊，(5)：17-20.
娄成武，孙萍 . 2003. 社区管理 . 北京：高等教育出版社 .
马仲良 . 2012. 社区建设概论 . 北京：研究出版社 .
韦克难 . 2004. 社区管理 . 成都：四川人民出版社 .
尹保华 . 2012. 社区建设创新与社区管理 . 北京：知识产权出版社 .
赵树凯 . 2010-01-16. 农村发展与新的治理范式 . 中国改革网，http://www.chinareform.net/2010/0116/9970.html.

第四章

社区管理组织

作为社区管理主体的社区管理组织是维系社区成员联系及社区运转的基本保证，也是全体社区成员共享秩序良好、环境优美、友好和谐社区的必要条件。本章对社区管理组织的基本概念、特点和类型进行归纳，简要介绍国外社区管理组织，着重对我国城市社区管理组织和农村社区管理组织相关理论及实践现状进行分析论述。

第一节　社区管理组织概述

一、组织和社区管理组织

（一）组织的一般定义

对于组织概念的理解，首先可以从组织含义的两个最基本的层面理解，即动态的组织活动过程（作为动词理解的组织）和相对静态的社会实体单位（作为名词理解的组织）。动态的组织活动过程就是通过分工合作，把分散的人、财、物和信息等资源，在一定的时间空间内进行有效配置的过程；静态的社会实体单位就是把动态组织活动过程中有效合理的配置关系相对地固定下来，从而形成的责、权、利相结合的组织结构模式。对于组织概念的理解应该是动态和静态的有机辩证统一。

本书对组织定义做如下综述，即组织是指为了达到某些特定的共同目标，经由分工与合作及不同层次的权力和责任制度而构成的人群集合。这一定义至少包含以下三个最基本的要素。

(1)共同的目标。来自五湖四海的人们正是为了寻求共同的目标而集合在一起的，因此可以说，共同的目标是组织赖以产生和发展的基础和前提，它规定、制约着组织的其他要素。组织目标包括社会目标、组织自身目标、组织成员个人目标三个层面，是三者的统一。

(2)协调与沟通。任何组织一经诞生，就必然地处于一个开放的、互相交织的、复杂多变的组织环境系统中，这一系统包括内部环境系统和外部环境系统。一个组织要生存并求得发展，就必须不断地与组织环境进行交互作用，在交互作用过程中达到动态平衡与和谐。因此，组织与内外成员之间、组织与内外能量之间、组织与内外信息之间的协调与沟通是实现组织目标的必然途径。

(3)结构与制度。社区管理组织由不同的成员组成，组织功能作用也要通过一定的组织结构体系来实现。组织结构体系就是组织这一系统的构成形式，也即目标、协同、人员、职位、职责、相互关系、信息等要素的有效排列组合。为此，必须建立一个有效的组织指挥系统，也即组织结构和制度安排，根据组织分工的不同，明确规定各组织机构及人员的职位、职责、权力。这一过程，也就是把组织的目标任务分解为职位，再把职位综合为部门，由众多的部门组成垂直的权力系统和水平的分工协作系统的一个整体机构，以及制定相应的管理制度。

(二)社区管理组织的内涵

作为社区管理主体的社区管理组织有广义和狭义的理解。广义的社区管理组织不但包括社区基层政权组织，也包括为了社区的发展及社区成员的共同利益而有序形成的在社区范围内的各类社会共同体，即是指在社区范围内的所有为了社区成员共同目标协调服务的各类组织。狭义的社区管理组织仅指政府行政管理系统的基层管理组织。本书的社区管理组织是从广义角度来理解的。

社区管理组织就是执行一定的社会功能，完成特定的社会目标，并能通过各自不同的关系相互联结成的社会系统。这里所说的社会功能指的是在满足社区成员的需求方面所发挥的作用。特定的社会目标指的是全体社区成员的共同需要和利益诉求。

社区管理组织作为一种组织形式，具有组织的一般共性，与其他任何组织一样由若干要素构成。

1. 人员

这是组织构成的最基本要素。社区管理组织应该由以该社区的居民为主组成，包括社区管理组织的领导及组织构成人员都应体现以社区人员为主的原则。发挥社区成员的主动性和创造性。社区具体管理过程中要做到一切依靠社区成员、一切为了社区成员、社区成员共享管理成果。

2. 目标

社区管理组织必须以改善和提高社区全体成员的福利为最高宗旨，社区管理组织通过动员和运用全社区的资源，预防和解决社区内存在的各种问题，开展公共服务，协调各方利益和关系，从而达到提高社区居民政治、经济、文化生活质量的目的。

3. 机构

社区管理组织的目标需要相应的机构作为载体来实现。社区管理组织机构的产生和运转同样要体现社区居民自我管理、自我服务、自我教育和自我约束的原则。

4. 制度

社区管理组织的制度包括以下三大类：第一类是保障和规定社区管理组织权力、职责、活动范围等的相关制度，包括国家有关法律法规、社区管理组织章程、社区管理组织议事规则等；第二类是对社区管理组织成员的制度约束，如社区管理组织办事人员守则、社区管理组织办事制度、社区管理组织财务管理制度等；第三类是保障和约束社区居民的制度规范，如社区居民公约、社区居民行为守则等。所有这些构成了社区管理的完整的制度体系，是维持和确保社区管理组织正常运转的基本保证。

二、社区管理组织的特征和类型

(一)社区管理组织的特征

虽然不同时期，社区管理组织表现出不同的特征，但透过社区发展的历史进程，还是可以综合归纳出社区管理组织共有的特征表现。

1. 区域性

社区从空间概念来理解，首先表现出来是一个区域性社会或社会区域共同体。社区管理组织以社区作为立足点，它既不是血缘关系的管理组织，也不是业缘关系的管理组织，而是一种地缘关系性质的组织。也就是说，社区管理组织的管理主体、服务对象、活动范围和组织目标等都以社区作为基本平台，社区管理组织为社区而产生，为社区而发展，是社区存在的内在要求和具体体现。

2. 自治性

区域性决定了社区管理组织的基本属性，它产生于社区，服务于社区，是属于社区的居民自治性组织。国家宪法和相关法律为这一特性提供了法理基础，表现在以下四个方面：一是法律规定社区管理组织的性质是居民自我管理、自我服务、自我教育、自我监督的基层群众性自治组织；二是法律规定社区管理组织的组成方式是社区居民直接选举产生，从选举权和被选举权的规定来看，社区管理组织都必须从本社区居民中选举产生；三是法律规定社区管理组织的权力来源是本社区全体居民的直接选举赋予，仅是社区居民利益的代表及社区居民意志的表达和执行机构；四是法律规定社区管理组织基本职能是一个维护社区居民利益，民主管理社区居民公共事务和组织本社区公益事业的居民自治组织。

3. 公益性

社区管理组织有别于政府或企业组织，它既不具有政府管理组织强制性和权威性，也不同于企业管理组织的盈利性。促进社区全体成员福利的最大化是社区管理组织的最高宗旨，这一组织目标决定了社区管理组织的公益性质。社区管理组织就是一个社区全体居民的利益共同体。因此，社区管理组织的目标宗旨、机构模式、管理方式及管理内容都必须体现这一性质。

4. 双重性

社区管理组织的双重性是指社区管理组织的职能双重性，一方面，社区管理组织拥有为全体社区成员提供公共服务的职能，具有服务性的特征，以向社区居民提供日常生活必需的各类服务为主要职责；另一方面，社区管理组织同时拥有对社区居民和公共事务组织与管理的职能，具有管理性的特征，需要强调的是，社区管理组织的这种双重性，并不是平行的，两者中服务性第一，管理性从属于服务性，通过服务来实现管理，寓管理于服务之中。

(二)社区管理组织的类型

社区管理组织不是单一形态，是一个组织系统，在一个社区内可能存在着诸多相互联系、相互依存、相互作用、相互补充的社区管理组织群，各种管理组织间纵横联系、交叉复迭，承担着不同的社区管理功能，共同维护社区的稳定和运转，共同促进社区的协调发展。社区管理组织可从以下不同角度进行类型划分。

(1)从基本形态上来看，社区管理组织可划分为社区政治管理组织、社区经济管理组织、社区自治管理组织和社区中介管理组织。这是最重要的一种划分方式，本章后面对社区管理组织的论述都是以此类型划分来展开。

社区政治管理组织是统治阶级利益及意志在社区的体现，其活动范围仅限于社区政治管理组织体系之内，它的功能主要发挥于社区的政治建设方面，即通过社区政治管理组织自身的活动，在政治思想方面影响社区成员，以确保国家法律法规、政策方针在社区获得贯彻实施。这一类组织包括社区政党管理组织、社区行政管理组织等。

社区经济管理组织是围绕社区建立的、专门为社区成员提供各项有偿服务的盈利性组织，其功能主要发挥于社区经济建设方面，通过向社区成员提供优质的服务获取合理合法的经济报酬。另外，在我国社区建设实践中，社区也兴办一些除了为本社区提供产品和服务外，同时还向社会提供产品和服务的经济性组织，为改善和提高社区成员福利积累更雄厚的资金。这一类组织包括社区物业管理公司及社区自己兴办的各种类型的企业组织。

社区自治管理组织是社区建设和治理中的重要力量，其自治地位由宪法和法律确定，是社区居民在不需要外部力量的强制性干预，特别是政府行政干预下，社区内各种利益相关者通过民主协商合作处理社区内公共事务，实现自我教育、自我管理、自我服务、自我监督的社区居民自我管理组织。这一类组织包括社区成员代表大会、社区居民委员会、村民委员会等。

社区中介管理组织是指以社区居民为成员、以社区地域为活动范围、以满足社区居民的不同需求为目的、由居民自主成立或参加、结构松散的社区自我服务性组织。社区中介管理组织不等同于社会中介组织。社区中介管理组织成员必须是本社区居民，活动范围一般情况下也是以本社区为主，其产生依据社区居民的需要，社区居民自愿加入或退出。这一类组织包括社区志愿者组织、老年协会、社区秧歌队、摄影协会、书法协会、钓鱼协会等。

(2)从不同区域上来看，社区管理组织可划分为城市社区管理组织和农村社区管理组织。

城市社区管理组织是以城市社区为管理活动范围的社区管理组织。与农村社区相比较，城市社区大多数居民从事的是工商业及服务业，设施及环境现代化程度高；城市社区人口密度大，居民集中，异质性强，流动性大；城市社区人际关系相对疏远，交互性弱；城市社区受传统文化影响较小，感受多元文化的冲击较大；城市社区社会分工复杂、社会分化程度高，阶层结构复杂多样。

农村社区管理组织是以农村社区为管理活动范围的社区管理组织。与城市社区相比较，农村社区以农业生产为主，职业种类单一，生产生活设施相对落后；农村社区人口密度较低，居住分散，流动性较小；农村社区人际交往相对较密切，血缘及地域观念较强；农村社区受传统文化影响较大，其他文化及思想观念冲击很小；农村社区分工简单，社会分化程度低，阶层构成单一。这一切特点也同样会影响农村社区管理组织的构建及管理运作。

(3)从规范上来看，社区管理组织可划分为正式社区管理组织和非正式社区管理组织。

正式社区管理组织是社区管理的主体组织，它具备明确的组织管理目标、比较完善的组织结构和制度、明确的成员分工与协作体系、正常开展组织管理活动等基本要求，这一类组织包括社区政治管理组织，社区自治管理组织、社区经济管理组织等。

非正式社区管理组织是社区管理的辅助组织，它不具备正式社区管理组织的基本要求，它主要根据社区居民的意愿要求，以自愿的原则、松散的组织结构、随意进入和退出的方式运转，不需要正常开展管理活动。它对于融洽社区成员关系，丰富社区成员生活，增强社区成员聚集力，推动优美和谐社区建设等都有重大作用。这一类组织包括社区内联谊团体、兴趣小组等。

(4)从法理上来看，社区管理组织可划分为法人社区管理组织和非法人社区管理组织。

法人社区管理组织是指经过政府管理机构审批登记注册，具有法人地位且具体承担社区某些方面管理职责和任务的社区管理组织，类似于正式社区管理组织。

非法人社区管理组织是那些不需要经政府管理部门审批登记，不具有法人地位且也不用承担社区任何管理职责和任务的社区管理组织，类似于非正式社区管理组织。

三、国外社区管理组织经验的特点

(一)自治化

国外社区管理组织的高度自治化是最突出的一个特点。欧美的许多国家没有在社区建立政府基层组织或派出机构，社区管理实行高度自治，依靠社区居民自由组合、民主选举产生的社团组织，如社区管理协会、社区管理委员会、社区管理服务中心等来行使社区管理职能。

德国柏林市就有大小数千个协会组织，其中有一般的社区居民自治组织，也有诸如房东协会、租户协会、厨师协会、律师协会、家政服务者协会、志愿者协会等特定人群组成的协会。居民可自愿加入并定期缴纳会费，而协会的责任是维护会员的共同利益，必要时出面与政府或其他组织谈判协商，以解决纠纷、确保合法权益。德国社区内这些大大小小的非政府组织，在社会的各个层面发挥着作用①；美国奥克兰市亚洲东方华人社区的管理，则是依靠居民民主选举组成的社区管理协会进行的，管理协会上和州、市政府联系，下为社区全体居民服务；美国柏莱梅市中产阶级山庄社区通过民主选举成立社区管理委员会，5个委员每月开会一次，主要研究聘用社区管理公司及有关监察事

① 李鹏飞：《关于德国社区治理中的居民参与的思考》，陕西民政网站，http://shaanxi.mca.gov.cn/article/mzyw1/201501/20150100756471.shtml，2015-01-08。

项、处理邻里矛盾、和警方联络合作、参与政府活动、组织民主选举等。依靠社团组织管理社区，能很好地做到与居民心理沟通，行为互动，管理民主自治。

(二)法制化

国外社区管理组织的高度法制化是另一个突出的特点。为了推进社区服务发展，早在1973年，美国就颁布了《国内志愿服务法案》，从而保障了社区服务的组织基础。1990年，布什政府签署了《社区服务法案》，从法律上明确了学校开设社区服务课程的权利和义务，确立了社区服务的义务性与合理性。1993年，克林顿总统签署了《国家社区服务信托法案》，并建立了全国社区服务协会，这标志着国内所有的社区服务项目都被纳入到统一的管理网络。英国1948年《儿童法案》的出台标志着政府系统地致力于儿童照料服务的供给——建立儿童精神病医疗中心、集体宿舍、儿童指导中心等。1990年英国颁布了《全国健康服务及社区照顾法案》，从立法层面确立了社区照顾的合法性。1991年通过《儿童支持法案》，进一步保障了儿童的福利权利。2003年又出台了《八岁以下儿童日间照顾与托幼的国家标准》，对儿童照顾的各方面服务提供了统一标准。整体性法案和针对特殊人群法规制度的出台有效保障并推动了社区服务①。

(三)社会化

国外社区管理组织高度社会化，它包括两方面的含义：一方面是社区管理组织主要由社会中介组织构成，凡是涉及专业性、技术性的社区服务事务全部交由社会中介组织来完成。在西方国家社会中介组织极其发达，服务网络极其完善，遍布所有行业领域，如在美国，各类社会中介组织就达到一百多万个，它们承担了大量在我国是由政府负责的事务；另一方面是社区管理组织的社区居民参与度很高。在国外，社区自治管理组织主要不是具体“做事”机构，具体“做事”交由社会中介组织，自治组织主要是居民权利的表达者和维护者，属于居民权益的保护机构，并对社会中介组织进行监督，社区全体成员非常热情参与社区自治管理组织及活动。

(四)服务性

国外社区管理组织特别强调对社区成员的服务性。西方国家对于社区管理完全交由社区自治管理组织和社会中介组织，但是政府并不是对社区事务完全撒手不管，政府为社区提供公共安全服务、法律服务和资金扶持等。社区管理组织面向全体社区居民提供十分完善方便的事务性服务，如社区青少年社会化教育、社区弱势群体救助、社区文化艺术活动、社区园林绿化、社区垃圾处理、社区医疗保健、失业人口技能培训、便民商业及维修服务等技术性、专业性的服务，尤其强调社区服务的理念。例如，在美国每年大约有九千万人次的志愿服务者从事社区服务工作。社区志愿服务的内容包罗万象，涉及社区居民生活的方方面面，如养老、助残、扶幼、帮孤、济贫、环保、教育、卫生、治安等，主要目的在于满足社区居民日常生活需求，特别是保护弱势群体，满足他们的

---

① 蔡冬梅：《发达国家发展社区服务的经验及其借鉴》，海淀区行政学院网站，http://www.baidu.com/link?url=x6lOveYTlyHKybFqm4uuXd22oJODvuLCIFbpxYHZ9SFzqWD-4BsURGm-6PoV7GNOS9yvSDhOq0iPp8Yg LeRjot_&wd=&eqid=be641c680003b6a500000005553e3e89&pn=20&ie=utf-8，2012-09-05。

各种需要。

第二节　城市社区管理组织

城市是人类社会文明进步的标志和象征。今天社会处于一个日益城市化的时代，城市已经成为整个社会的中心。20世纪90年代以后，我国的城市化进入加速发展时期，城市数量及城市人口占比不断提高。随着我国城市经济、政治和文化的迅猛发展，改革进程的不断加快，地区单位和人口的急剧流动变化，这些对现行城市基层社会管理带来极大的冲击。正是城市基层社会的这种转型，要求对城市基层管理进行变革，进而开始了以构建城市社区为目标的城市基层社会管理变革。这一变革过程虽然时间不长，但在社区管理组织的理论探索及实践模式上却产生了十分丰富的成果。

一、城市社区政治管理组织

(一)社区政党管理组织——社区党工委

我国的宪法明确规定中国共产党是中国各族人民的领导核心，是中国的执政党。我国依据法律及党章规定，必须在城市基层社区建立党的基层管理组织。社区政党管理组织的名称，各城市因具体情况不同而有所不同，如称为街道党工委、社区党工委或社区党支部(图4-1)。

图4-1　广东省湛江市赤坎区寸金街道党工委揭牌仪式

资料来源：进一步加强街道社区党建工作，赤坎区八街道党委同时改建为党工委．http://www.chikan.gov.cn/news/2004030301.htm

社区政党管理组织的功能作用主要体现在以下三个方面。

(1)政治导向作用。所谓政治导向，主要是指作为执政党对城市社区在政治原则、政治方向和重大决策方面的导向。对社区自治组织的这种政治导向主要是通过上级党组织和上级行政体系来获得实现，社区党组织并不是社区自治组织的直接领导，对社区群众的公共服务必须由社区自治组织来管理和运作。

(2)思想导向作用。城市社区党组织在思想导向上可以发挥更大的作用，但是，这种作用的发挥绝不是传统式强制性的思想领导。基层党组织思想导向作用的实现需要通过党的凝聚力、渗透力和影响力来巩固和扩大党的执政基础；通过党组织及其成员的价值观念、行为道德、精神示范向社区民众进行导向和施加影响；通过党组织直接融入社区社会，直接联系广大社区群众，全心全意为社区群众解决实际问题来获得群众的认可，形成社区群众思想的楷模。

(3)组织保证作用。党对社区的组织保证不是对社区自治组织的领导，而是党通过自己的各级组织及干部、党员参加社区自治管理组织，由此来实现党的主张和任务。党对社区的组织保证还体现在社区党组织在上一级党组织的领导下，对社区各类管理组织，尤其是社区自治管理组织的人员构成、活动规则、领导人员施加必要的影响，确保党的方针政策在社区的顺利贯彻执行。

(二)社区行政管理组织——街道办事处

1954 年 12 月 31 日第一届全国人民代表大会第四次会议通过《城市街道办事处组织条例》(简称《条例》)，对街道办事处的设置、性质、任务、作用以法律形式加以确定。《条例》规定 10 万人口以上的市辖区和不设区的市，应当设立街道办事处。街道办事处不是一级城市基层政权机构，而是市辖区和市的人民政府的派出机关。

(1)街道办事处的职责。作为城市人民政府派驻基层的办事机关，街道办事处具有行政执行性、派出代表性和区域综合性特征，承担着以下五种基本职能。

一是沟通的职能。街道办事处是联系政府与社区居民的纽带和桥梁，一方面向社区居民宣传国家的各项政策、法规，另一方面向上反映社区群众意愿要求及对党和政府工作的意见。

二是管理的职能。街道办事处根据城市政府授权行使有关行政管理职能，包括对社区市政、社区福利、社区人口、社区经济等方面的管理。

三是服务的职能。街道办事处要为社区居民生活和区内企事业单位生产创造良好的社区环境，为社区内居民提供各种服务。

四是协调的职能。街道办事处一方面要协调好辖区内各行各业各部门的工作及利益关系，另一方面要协调好辖区内各单位与上级部门及辖区外其他相关部门之间的工作业务关系。

五是指导的职能。街道办事处承担着对辖区内的各居民委员会的日常工作进行指导的职责。街道办事处结构如图 4-2 所示。

(2)街道办事处的任务。任务是对职责的具体分解落实。《条例》规定街道办事处的任务有三项：一是办理市、市辖区的人民政府有关居民工作的交办事项；二是指导居民委员会的工作；三是反映居民的意见和要求。

但是，随着城市经济社会的发展，在执行过程中，街道办事处的任务也不断地扩大，实际上承担了一级行政管理的职责，具体实践来看，可归纳如下。

第一，发展街道经济。主要是兴办经营街道企业。

第二，市政管理。包括辖区市容、环境卫生、市政设施和园林绿化管理。

第三，民政工作。包括举办社区公共福利事业、做好优抚救济、拥军优属、婚姻登记。

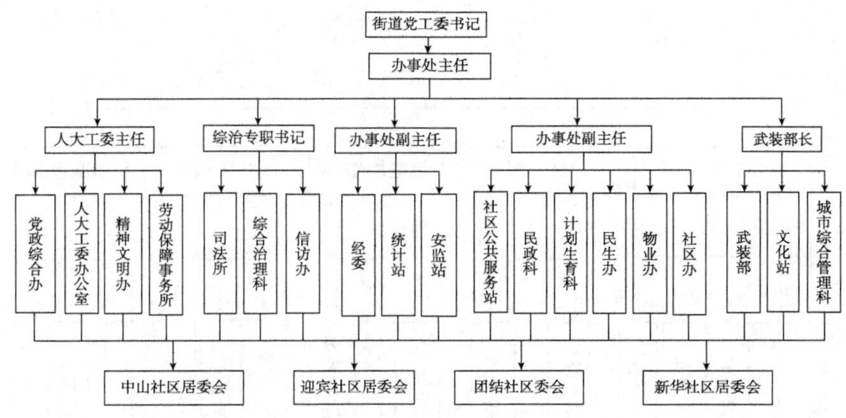

图 4-2　呼和浩特市中山东路街道办事处内部结构

资料来源：呼和浩特市新城区政府网站，http://www.hhxc.gov.cn/xxgk/56524ffb-0d0a-4f8c-835c-a0b400aae382.html

第四，社区服务。包括开展老年人服务、残疾人服务、精神卫生服务、便民利民服务、民俗改革服务。

第五，人口管理。包括辖区内居民计划生育、劳动人口就业、暂住人口管理。

第六，社区治安管理。包括做好普法宣传、人民调解、治安保卫、协助维护社会秩序。

第七，精神文明建设。包括发展社区文化、社区教育、社区科技、社区体育、社区卫生保健，帮扶"问题人员"。

第八，办理上级政府交办的有关事项。

第九，指导居民委员会工作，反映居民的意见和要求。

二、城市社区经济管理组织

(一)社区物业管理公司

社区物业管理公司是在市场经济管理模式下，以社区为主要服务范围，满足社区居民的基本生活需求为经营内容的具有法人资格的专业企业，这种经营型的企业管理，可以使社区居民得到全方位、多层次的优质服务。在我国基本上每一个社区都在政府相关政策的指引下，建立了社区物业管理公司(图 4-3)。

1. 社区物业管理公司的特点

第一，微利性。社区物业管理公司是经济组织，是一个经营实体，这决定了其经营目标就是通过为社区居民提供各种便利的服务收取相应的服务报酬来维持公司的基本运作。但是，社区物业又有其特殊性，其服务对象主要是本社区的居民，要接受社区自治组织的委派和监督，如社区自治组织不满意其服务，随时可依据相关法规解除其服务的资格。因此社区物业公司的服务收费必须保持在一个微利的水平，才能赢得社区居民的支持。

第二，区域性。社区物业管理组织只限于为本社区提供物业管理服务，虽然物业管理集团公司可以同时管理多个社区物业，甚至可以跨城市经营，但其针对某一个特定社

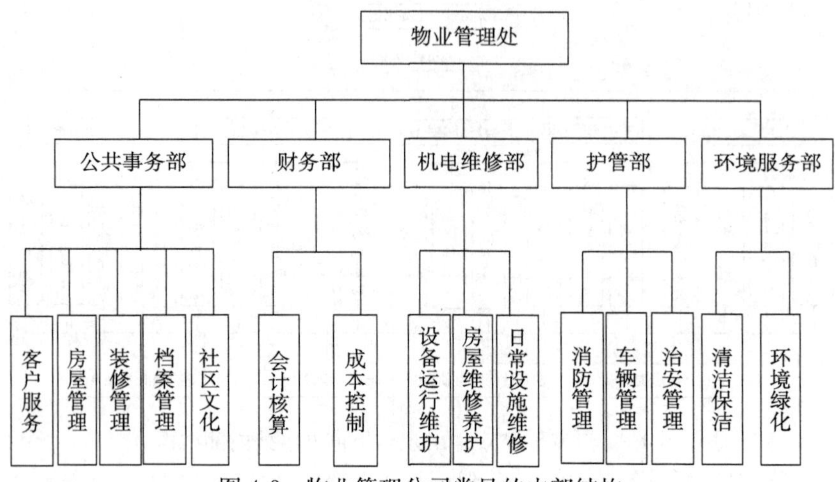

图 4-3　物业管理公司常见的内部结构

区提供服务时必须设立独立的子公司，只为本社区提供物业管理服务。

第三，服务性。社区物业管理公司只有向社区居民提供相应的各项服务才能收取相应的服务报酬，社区物业管理公司竭诚努力地为社区居民提供优质满意的服务，赢得社区居民的理解和信任，是其生存和发展的基础和必要条件。

第四，直接性。社区物业管理公司所提供的各项服务直接面对社区居民住户，没有任何中间环节，每一项服务都具体而琐碎，这要求物业公司必须提供耐心、细致、周到的服务，才能满足社区居民的需求。

2. 社区物业管理公司的服务内容

所谓社区物业管理，一般是指根据社区业主、业主委员会或者其他组织的委托，物业管理机构对社区物业进行维护、修缮、管理，对社区内的公共秩序、交通、消防、环境、卫生、绿化等事项提供协助管理或者服务的活动。服务内容主要包括：①社区居民住户的水电维修；②社区环境卫生的清洁维护；③社区环境园林绿化的养护；④社区公共设施的管理维护；⑤社区必需的便民服务，如理发、干洗、日常副食等的提供；⑥其他社区居民所需的服务。

(二)社区企业组织

社区企业属于社区集体经济组织。这里所说的社区企业主要是指街道办事处兴办的各类企业组织。社区企业组织的形式多种多样，如社区生产合作联社、社区便民服务中心及兴办的各种生产贸易企业等。

1. 社区企业的特点

第一，以服务业为主。社区企业直接面对社区居民，为社区居民提供各种家居服务、环境综合服务、医疗卫生保健服务、少年儿童服务、文化娱乐服务、特殊群体服务(生老病死等方面)。

第二，以小型企业为主。街道社区企业一般规模都比较小，雇佣工人数及经营规模属于小型化，其经营活动也与社区居民生活密切相关。当然街道社区企业也有少数大型企业，如广州的南华西街道企业，但这类大型企业，其经营活动基本上与本社区没有直接关系。

第三，以利用社区资源为主。企业生产经营必须依赖于一定的资源。社区企业生产经营活动所能运用整合的资源是以社区资源为主。有两类可利用的社区资源：一类是物的资源，即社区所拥有的服务设施和网络；另一类是人的资源，即社区居民。

第四，以非市场化为主。社区企业经营活动多发生在本社区内，与社区居民的生活息息相关，经营服务对象及内容每天都一样，不可避免地要带有地域、文化、感情等因素，大多数经营活动不可能采取完全市场化模式，而更注重人本化、感情纽带的维系。

2. 社区企业的作用

第一，增强社区财力。社区兴办的企业可以为社区提供相对稳定的收入来源，为改善社区环境条件积累一定的资金。

第二，便利居民生活。社区企业针对本社区居民的需要，建立专门为本社区居民服务的小型商贸企业，使社区居民能就近满足居家生活的必需，方便社区群众。

第三，创造就业机会。社区企业技术水平低、就业技能要求不高，这为大量低技术劳动力包括下岗职工提供了就业机会。

第四，促进社区繁荣。社区兴办的各类小型企业，提供文化生活娱乐设施和场所，方便本社区居民的同时，还可吸引社区外人流，提升社区的人气，起到丰富社区生活，繁荣社区经济的作用。

三、城市社区自治管理组织

城市社区自治网络结构如图 4-4 所示。

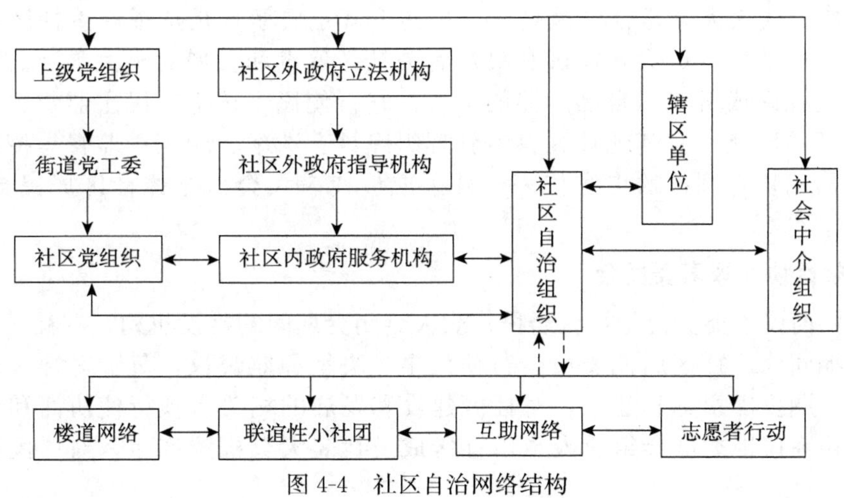

图 4-4 社区自治网络结构

注：虚线箭头表示二者之间只有形式上的联系，是弱相关关系；实线箭头表示二者之间有实际的联系，是强相关关系

资料来源：陈伟东．社区自治：自组织网络与制度设置．北京：中国社会科学出版社，2004：173

(一)城市社区居民委员会

1989 年 12 月，全国人大通过，1990 年 1 月 1 日开始实施的《居委会组织法》，对居民委员会的设置、性质、任务、作用，以法律形式加以确定。明确规定城市居民委员会是居民自我管理、自我教育、自我服务的群众自治组织。

社区居民委员会是社区自治管理组织的主体性机构，也是社区成员代表大会常设执行机构，在社区成员代表大会和社区协商议事委员会的授权和监督下，具体组织实施社区的管理服务。社区居民委员会主要工作职责包括以下几方面。

第一，教育职责。在社区内积极宣传贯彻党的路线、方针、政策和国家的法律、法规，使群众增强依法办事观念，组织引导社区成员开展法制教育、公民道德教育、青少年教育和无业人员的职业培训等，开展文化娱乐和体育活动。

第二，服务职责。为社区居民办理公共事物和公益事业，组织社区成员进行便民服务(包括网点服务、家政服务、保洁服务、治安服务、医疗服务等)，开展以劳动就业为重点的社区事务性服务，搞好优抚对象、帮困对象的服务和照顾，为社区特殊群体提供社会福利性服务，增强社区成员的认同感和凝聚力。

第三，管理职责。在政府有关部门指导下，组织社区成员进行自治管理，制定居民公约，增进居民之间的团结，搞好社区的卫生、社区保障、文化、计生和治安管理，完成社区成员代表大会确定的社区管理目标。

第四，监督职责。对政府有关部门和其他社会中介组织在社区管理上履行其工作职责情况进行必要的监督，并将监督意见及时向上级有关部门进行反馈。

第五，配合、协助政府完成有关工作。

(二)社区成员代表大会

社区成员代表大会是社区最高权力机构，其主要职责是选举产生社区议事协商委员会和社区居民委员会，审议和决定有关社区建设和发展的重大事项。社区成员代表大会是社区成员表达自己意愿的渠道，它行使民主选举、民主监督、民主决策和民主管理的职能，对其他社区自治管理组织具有选举、聘用、监督等控制权，是社区全体居民切身利益的忠实代表。社区成员代表大会由全体社区居民自愿参加，定期开会(图 4-5)。

(三)社区协商议事委员会

社区协商议事委员会是社区居民代表大会闭会期间的常设机构，在社区居民代表大会闭会期间代表社区居民委员会行使议事、决策和监督权，负责对社区建设与管理的重大问题提出意见和建议，对社区建设和发展的相关事项行使协商和监督的职能。社区协商议事委员会组成人员由社区成员代表大会推选产生，对居民代表大会负责。

四、城市社区中介管理组织

(一)社区中介组织和社会中介组织的区别

社区中介组织是指以社区居民为成员、以社区地域为活动范围、以满足社区居民的

图 4-5　老街社区召开社区成员代表大会

资料来源：http://image.baidu.com/i? ct=503316480&z=0&tn=baiduimagedetail&word=%C9%E7%C7%F8%B3%C9%D4%B1%B4%FA%B1%ED%B4%F3%BB%E1&in=23&cl=2&cm=1&sc=0&lm=-1&pn=22&rn=1

不同需求为目的，由居民自主成立或参加，结构松散的社区自我服务性组织。

社会中介组织是指那些介于政府与企业之间、商品生产与经营之间、个人与单位之间，为市场主体提供信息咨询、培训、经纪、法律等各种服务，并且为各类市场主体从事协调、评价、评估、检验、仲裁等活动的机构或组织。

社区中介组织与社会中介组织的关系类似于社区与社会的关系。有学者称社区是小社会，但又具有与社会不同的特点。二者的区别表现在以下几方面。

(1)活动范围不同。社会中介组织的活动范围比社区中介组织活动范围大，前者的活动范围可以是城区、城市乃至全国，它可以包括社区，而又不限于社区，而社区中介组织的范围只限于社区。可见，社区中介组织的活动范围小于社会中介组织。

(2)专业水平不同。社会中介组织大多由专业人士组成，如研究类的各种学会、协会，市场类的项目代理机构、资产评估机构，公益类的慈善组织、环境保护组织等。这些组织都是由专家、学者或者由经过专门训练的人士组成。而社区中介组织则不同，其个别或部分成员虽然有可能是专业人士，但能否成为社区中介组织的一员与此无关，这一点不是必要条件。

(3)法人地位不同。社会中介组织有法人地位，这是其合法存在的前提，而参照《社会团体登记管理条例》规定，社区中介组织可以不用登记，不是法人。

(4)组织成立的目的或动机不同。自发型社区中介组织成立的目的主要是有利于活动，有利于社区居民表达自己的利益、维护自己的合法权益、为居民提供志愿服务等。这些组织不存在生存压力或生存压力很小。而社会中介组织，是人们就业、谋求个人发展的一个重要领域，虽不以盈利为目的，但有较大的生存压力。

(二)社区业主委员会

业主是物业的所有权人，社区业主委员会是在物业管理区域内代表全体业主对物业实施自治管理的组织。从地域范围上看，物业比社区要小，一个社区内会有多个物业区域，也就有多个业主委员会。业主委员会由业主大会或业主代表大会选举产生，社区业主委员会应当由业主担任。

一般而言，业主委员会对其所有权的物业实行自治管理，聘用物业管理公司进行物业执行管理。但由于有些社区的居住物业产权结构不同，在大量多元产权结构的社区，业主委员会与物业管理公司的关系变得非常复杂。我国现行的物业管理公司，更多的是由物业开发商建立的专门物业公司承担，开发与物业管理是混为一体的，业主委员会的自治管理作用受到很大限制。

业主委员会代表着该物业的全体业主，有一定的社区管理权利，其权利基础是对物业的所有权。业主委员会最基本的权利是对该物业有关的重大事项拥有决定权。这种权利通过业主公约和业主委员会章程予以保证。

业主大会由物业管理区域内全体业主组成；物业区域较大，业主人数较多时，可以按比例推行业主代表，组成物业管理区域的业主代表大会。业主大会或者业主代表大会做出的决定，应当经全体业主过半数或全体业主代表过半数通过。业主大会或者业主代表大会有以下职权：选举、罢免业主委员会委员；审议并通过业主委员会章程和业主公约；听取和审议物业管理服务工作报告；决定物业管理的其他重大事项。

(三)社区志愿者组织

志愿服务组织在国际上被称为"非营利组织"、"非营利志愿服务组织"或"非政府组织 "。志愿组织具备以下特征：一是正规性。志愿组织应该具有法律注册的合法地位，能对组织承诺承担经济责任，并具有一定的组织机构和资金来源。二是非政府性。可以受政府支持和引导，但它强调民主参与和自治管理，不受政府直接领导。三是非利润分配性。不以追求利益为目标，不为组织的拥有者和成员积累或分配利润。其活动所产生的收益必须返回组织宗旨所规定的工作中去，即返回社会。四是自我治理性。强调自治性，不受外部控制。五是志愿服务性。组织管理和成员的主要活动均具有显著和持续的志愿服务特征。六是公益性。志愿组织的目标在于服务和奉献公共需求和利益。

志愿组织及其开展的服务在社区建设中发挥的作用越来越大，具体包括：①政府行政组织和市场经济组织原来承担的大量社会事务和功能，将由志愿组织来承接。志愿组织在文化、教育、体育等各项社会事务发展中发挥着重要的作用。②志愿组织开展的社会服务，正在成为社区组织发育的新形式。众多的各类专业服务组织和民间互助团体，以横向分布和横向联系的网络结构，把社会上、社区内分散、孤立的个人联系起来，形成一种新型的社会化的自我服务、自我管理的组织结构和机制。③由于志愿组织具有自愿、自主、自我服务等特点，有利于吸引和调动除行政资源、市场资源之外的各类社会化资源。

全国社区志愿者工作委员会筹建于2004年6月，经民政部批准，于2005年3月18日在北京市正式成立，它是指导社区志愿服务活动的全国性的社团组织。它以社区为平台、以服务为纽带、以倡导社会新风尚为宗旨。它的主要任务是整合社区志愿者资源、规范社区志愿者行动、加强社区志愿者管理、维护社区志愿者权益、发挥社区志愿者作用。据统计，截至2012年，我国社区志愿者组织已经达到28.9万个，注册的社区志愿者达到 3 100 万人，参与社区志愿服务活动超过 5 000 万人次。服务内容不断扩展，涉及居民生活各个方面，包括养老助残、助孤扶幼、配餐送餐、日间照料、家电维修、心理咨询等多个领域①，如图 4-6 所示。

图 4-6　成都市临江东路社区 2015 年志愿者文化惠民活动

资料来源：临江东路社区 2015 年志愿者文化惠民活动．成都志愿者网站，http://www.cdvolunteer.org/n/a56151.html，2015-03-05

第三节　农村社区管理组织

农村是与城市相对应的空间区域。农村社区的建设与发展对我国整个国家社会经济的发展有着举足轻重的意义。在传统农业社会向现代工业社会的变迁中，我国农村社区管理组织也正在发生着巨大的转变。我国农村社区组织结构如图 4-7 所示。

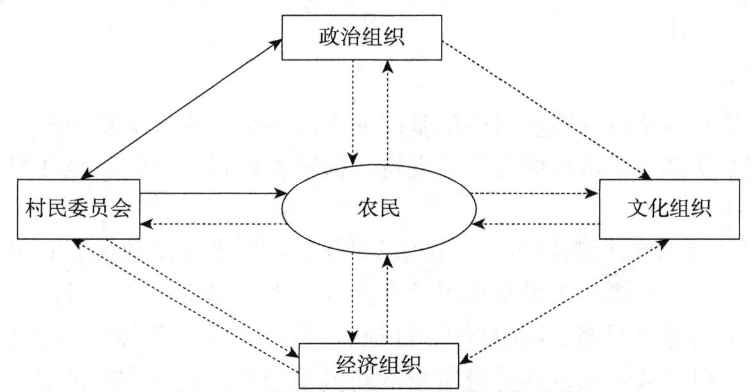

图 4-7　我国农村社区组织的结构现状

注：虚线箭头表示二者之间只有形式上的联系，是弱相关关系；实线箭头表示二者之间有实际的联系，是强相关关系

资料来源：鲁可荣，朱启臻．农村社区组织的社会学分析．http://image.baidu.com/i?ct=503316480&z=0&tn=baiduimagedetail&word=%C9%E7%C7%F8%D7%E9%D6%AF&in=171&cl=2&cm=1&sc=0&lm=-1&pn=170&rn=1

① 资料来自中国社区志愿者工作委员会网站，http://www.cnvolunteer.org/2012/12-16/20205.shtml。

一、农村社区政治管理组织

(一)农村社区政党管理组织——乡镇党委和村党支部

1. 乡镇党委

在我国目前行政管理体制下，乡镇是农村基层的管理组织。一般而言，农村社区从区域范围上来看是指村一级的建制范围。这里在论及农村社区政治管理组织时，将乡镇也归于农村社区管理组织内，主要是基于乡镇一级管理组织作为农村中基层的管理组织，是执政党和政府意志在农村社区的直接执行者和体现者，对农村社区的建设和发展具有直接而重大的影响。因此，在本章中把乡镇党委和乡镇政府也作为农村社区管理组织来介绍。

乡镇党委是农村社区最直接的管理组织，现行的领导体制是“议行合一”的党委制，既管党内的决策，又管党内各项工作的执行；同时，党内监督机关也在其领导下，集党内三权于一身。根据党章规定，乡镇党委领导本乡镇的工作，支持和保证本乡镇行政组织、经济组织和群众自治组织充分行使职权。

根据《中国共产党农村基层组织工作条例》的规定，乡镇党委的主要职责是：①贯彻执行党的路线、方针、政策和上级党组织及本乡镇党员代表大会(党员大会)的决议。②讨论决定本乡镇经济建设和社会发展中的重大问题。需由乡镇政权机关或集体经济组织决定的问题，由乡镇政权机关或集体经济组织依照法律和有关规定做出决定。③领导乡镇政权机关和群众组织，支持和保证这些机关和组织依照国家法律法规及各自章程充分行使职权。④加强乡镇党委自身建设和以党支部为核心的村级组织建设。⑤按照干部管理权限，负责对干部教育、培养、选拔和监督工作。协助管理上级有关部门驻乡镇单位的干部。⑥领导本乡镇的社会主义民主法制建设和精神文明建设，做好社会治安综合治理及计划生育工作。

2. 村党支部

村党支部是作为执政党在农村中最基层的管理组织。根据党章规定，在村一级设立村党支部，村党支部领导本村的工作，支持和保证本村行政组织、经济组织和群众自治组织充分行使职权。

根据《中国共产党农村基层组织工作条例》规定，村党支部的主要职责是：①贯彻执行党的路线、方针、政策和上级党组织及本村党员大会的决议。②讨论决定本村经济建设和社会发展中的重要问题。需由村民委员会、村民会议或集体经济组织决定的事情，由村民委员会、村民会议或集体经济组织依照法律和有关规定做出决定。③领导和推进村级民主选举、民主决策、民主管理、民主监督，支持和保障村民依法开展自治活动。领导村民委员会、村集体经济组织和共青团、妇代会、民兵等群众组织，支持和保证这些组织依照国家法律法规及各自章程充分行使职权。④搞好党组织自身建设，对党员进行教育、管理和监督。负责对要求入党的积极分子进行教育和培养，做好发展党员工作。⑤负责村、组干部和村办企业管理人员的教育、管理和监督。⑥搞好本村的社会主义精神文明建设和社会治安、计划生育工作。

(二)农村社区行政管理组织——乡镇政府

在我国现行的行政管理体制中，乡镇政府被定位为县级政府的下级政府，乡镇是处于县级政府与乡村社会之间的中间组织，在管理过程中，几乎所有的县级政府的农村管理职能都必须通过乡镇来履行或配合。从现行乡镇体制来看，乡镇作为政府管理农村社会的最末端，其主要职能是全面而具体的，总体可归纳以下几方面。

(1)社会管理职能。乡镇政府是国家最基层的政权机关和最基本的独立行政单位，具有执行国家意志的义务和保一方平安的责任。对乡村社会进行管理，是乡镇政府的首要职能，包括：①贯彻执行上级的各项方针政策，保障公民享有宪法规定的经济、政治和文化权利；②综合治理，维护社会稳定，妥善处理突发性、群体性事件，调节和处理好各种利益矛盾和纠纷；③根据乡村社会的需要，组织制定和推动落实经农民认可的乡规民约，构建和谐的乡村社会等。

(2)发展经济职能。发展农村经济是农民走向富裕、乡镇自身摆脱困境的唯一出路。乡镇政府担负着发展乡镇经济，带领乡镇村民致富的重任。主要包括：①组织制定本乡镇产业发展规划，指导产业结构调整，形成地域产业特色；②组织营造良好的投资环境，包括政策环境、硬件环境、社会环境，加大招商引资力度；③通过推动和引导农村经济合作组织的发展，指导农村生产，提高农村生产组织化程度；④信息服务，为本地农产品的市场衔接提供充分的市场信息，促进农业新技术的推广。

(3)公共服务职能。乡镇政府公共服务的职能主要是管好用好国家转移到农村的各种资金，为乡村提供必要的公共保障：①生产保障，包括提供水利灌溉、道路运输、电力供应、农技推广、病虫害防治等生产性公共产品；②教育保障，包括协助教育部门普及九年义务教育，提高农民的科学文化素质；③医疗保障，包括农村医疗设施、医疗手段的完善和提高，农村医疗保险制度的建立和落实；④养老保障，包括福利院、敬老院的建设，农村养老保险制度的推行；⑤生活保障，包括建设乡村社会各种生活基础设施，建立农村特困户的救助制度和救助体系；⑥生育保障，为控制人口数量、提高人口质量提供各种优质服务，等等。

(4)农村基层建设职能。其包括：①抓好村民委员会班子建设，依法指导和帮助组织好乡村基层组织和社区自治，为落实公民在选举、决策、管理和监督等方面的民主权利创造条件；②农村人力素质建设，加强农村思想政治工作和社会主义精神文明建设，倡导乡村社会文明新风；③农村文化设施建设；④农村民主法制建设，敞开群众表达意愿的渠道，建立民主决策、科学决策的程序和机制。

二、农村社区自治管理组织

(一)村民委员会

农村村民委员会是与城市社区居民委员会相对应的农村村民自治管理组织。1998年修订后颁布实施的《中华人民共和国村民委员会组织法》规定，村民委员会是村民自我管理、自我教育、自我服务的基层群众性自治组织，实行民主选举、民主决策、民主管理、民主监督。

依据党的方针政策和国家的法律法规，村民委员会的主要职责有以下几方面。

(1)办理本村的公共事务和公益事业。组织全体村民结合实际讨论制定和完善村民自治章程、村规民约、村民会议和村民代表会议议事规则、财务管理制度等，明确规定村干部的职责、村民的权利和义务。

(2)调解民间纠纷。坚持村务公开，确保村民对村事务的知情权、参与权、监督权，凡是与村民切身利益密切相关的事项，都要实行民主决策，让全体村民积极参与，并加以监督。

(3)协助维护社会治安。协助乡镇相关部门搞好村的社会治安、移风易俗、计划生育等方面的工作。

(4)大力发展村集体经济。村集体经济是村民自治运作和发展的物质基础。村民委员会要适时、适度、因地制宜地建立村集体经济，增强村的经济实力，提高村民的生活水平，增强村民委员会的服务功能和村民自治的吸引力、凝聚力。

(5)向人民政府反映村民的意见、要求和提出建议。

(6)提高村民的文化素质。村民委员会不仅要加强村民自治组织自身建设，更要加强提高广大农民的文化水平和民主素养，为新农村建设提供坚实的文化保障。

(二)农村互助合作组织

1. 概念

农村互助合作组织主要体现在经济合作方面，因此也可以称为农村经济合作组织，它是指以家庭经营为主的农业小生产者为了维护和改善各自的生产和生活条件，在自愿互助和平等互利的基础上，联合起来在技术、资金、购买、销售、加工、储运等环节开展互助合作的经济和技术组织。它的本质特征是农村劳动者在经济上的联合。

虽然农村经济互助合作组织与村集体经济组织都是农民群众的群体经济组织，但两者有根本区别。主要表现在村集体经济组织是政府基层政权所属的经济组织，要受到行政区划的地区限制，在同一行政区域管辖范围内的所有农民都自然而然地成为组织内的成员；而农村互助合作组织则不受行政区划的限制，可以在更大范围内组建，且是在自愿互利基础上自由加入。

2. 特征

第一，自愿性。农民加入和退出农村互助合作组织都完全遵循自愿原则。

第二，广泛性。农村互助合作组织以生活在农村中的农民为主体，但也不限于农民，机关企事业单位及其他职业职工也可自愿参加。

第三，民主性。农村互助合作组织的所有成员权利和义务平等，组织内的重大事项必须经由全体成员认可通过，组织领导形式是成员代表大会下的理事长(或秘书长)负责制，实行“一人一票制”。

第四，自主性。农村互助合作组织依照国家法律法规和章程规定，独立自主地组织和开展各种活动。

第五，服务性。农村互助合作组织重要前提是互助，根本目的在于为组织成员的生产和经营提供服务。

3. 类型

农村互助合作组织是农民在经济上实行联合以发展生产的互助性质的组织，是建立在农村生产力水平比较低，市场化发育不完善及信息相对闭塞的基础上的，是我国农村体制改革，实行家庭联产承包制后的产物。最初的互助组织是以亲缘为主，简单的农业生产中的互助合作。随着农村经济与社会的发展，在全国各地农村的实践中，农村互助合作组织的形式类型也呈现出多种多样。主要类型有：①从互助合作的领域看，可分为种植、养殖、加工、运输、金融和农产品营销等合作组织类型。②从互助合作的组建方式看，可分为各类“能人”牵头兴办型、农业产业化龙头企业或专业市场带动型、政府涉农部门牵头兴办型、村级集体经济组织创办型等合作组织类型。③从互助合作类型看，可分为股份制型即紧密型和会员制型即松散型两种类型。

(三)农村宗族组织

1. 概念

宗族，就其原生意义而言，是以血缘家族为纽带的一种社会基层组织。宗族是由拥有共同祖先的人们构成的亲缘组织。可以说，农村宗族组织是特定条件下国家与社会关系的产物。

宗族现象在我国源远流长，形成了按血缘辈分划分等级，由族长、家长利用强制遵守的族规、家规对宗族内成员进行控制的较为有效的管理方式。宗族组织亲和了政治权力，成为王权统治的末端，在我国乡村留下了深刻的影响。直到今天，宗族的影响在我国农村地区仍大量存在，如图 4-8 所示的古民居。

图 4-8 居住、家族教育系统、宗庙祠堂三位一体的闽南古厝

资料来源：中国古民居的奇葩——闽南古厝 . http://mp. weixin. qq. com/s? _ biz=MjM5MjgzNTg3MQ==&mid=10000200&idx=1&sn=7544eb2ee5fa976ff694773ba7f85778

从理论上说，宗族(或家族)组织的形成，应当具备这样几个必要条件：一是男性血缘关系为纽带；二是有族长等组织约束系统；三是有族规家法等组织规则。其中尤以后两条为关键，是否设立族长、房长等组织机构，是否确立成文或不成文的族规家法等组织规则，可以作为判断是否为宗族组织的基本性标志。一些聚居的有男性血缘关系的人

们，只要一经设立族长等组织机构，制定有关规范和规则，就会产生族权，并寻求管理族内公共事务，协调族际关系，维护本族共同利益，这样，一个实体化的宗族组织就自然而然地产生了。

宗族组织在现阶段的我国农村社会中仍然广泛地存在着且仍起着相当重要的影响作用。它的存在与现阶段农村的生产力发展水平、经济发展现状与文化历史有着极为密切的关系，从根本上说仍然由现阶段农村的生产力水平与生活方式决定。

2. 特征

根据国内专家学者的研究，农村宗族组织的特征大致可归纳为血缘性、聚居性、等级性、礼俗性、农耕性、自给性、封闭性等方面。

血缘性是农村宗族组织的最基本特征。农村宗族组织是以血缘为纽带而形成的，特别是男性姓氏血亲为基础，脱离了这点就失去了宗族存在的基础前提。

聚居性所指的是同一姓氏宗族组织在居住地上具有紧密的地缘关系。但随着农村社会经济的发展，今天农村宗族组织的地缘关系已经被大大削弱，宗族人口的地域流动性得到了极大的扩展，很多宗族人口进入城镇居住。

等级性指宗族组织遵循着严格的辈分等级，以辈分而不是以年龄来排列在族内的尊卑地位。但在现代农村宗族内尊卑地位也加入了很多现代成分，如文化水平、知识技能及政府职位等。

礼俗性指传统礼俗是约束宗族组织成员行为的基本规范。随着农村社会的发展，传统的礼俗已经降低到较次要地位，法理因素在农村宗族组织中的作用明显得到加强。

农耕性是指宗族组织成员生存生活方式以农耕为主。今天农村社会的发展，生产方式有了很大改变，传统宗族单一的农耕方式已被打破，宗族组织成员生产方式呈现多元化。

自给性指传统宗族在以农耕为主的生产方式下基本生活所需的自给自足。这一方式在现代农村宗族组织中也有很大改变，家族群体对社会的需要越来越多。

封闭性是指传统农村宗族组织具有很强的自组织的色彩。这一特征也随着农村社会的发展而改变，封闭性也被打破，与社会的交互性增强。

3. 活动方式和作用

农村宗族作为农村中的一种农民群众自发性的管理组织，其主要的组织活动方式有以下几种。

第一，全宗族层次的联系活动，如修宗族族谱、建宗族祠堂、修祖坟、祭祖等。

第二，聚居地村落社区内的活动。主要表现在经济活动中的帮扶，文化生活中的互娱互乐，婚丧喜庆等日常生活中的互助等。

第三，农村社区管理活动。一些组织程度较强的宗族，还可能行使农村社区管理者的全部或部分职能。

第四，协调活动。主要表现为对宗族与族外关系的调处，如协调族际，以及族人与族外其他人员之间的关系等。

对于农村宗族组织对农村经济社会的运行和发展所起的作用，要采取实事求是的态度，不要一味地否定，更不能全盘肯定。农村宗族组织的作用可以大致归纳为正负两个方面。农村宗族组织的正面作用，即积极作用有：首先对保存和发扬我国传统文化价值理念做出贡献，为中华民族优良的“寻根”精神和归属感追求奠定基础；其次是便利农村生产，为丰富农村社会文化生活发挥作用，农村宗族为成员生产生活中的交往、沟通和互助提供了良好的组织形式；最后是对稳定农村社会发挥积极作用，将农村宗族组织纳入农村社会管理组织轨道，可以为农村群众寻求自身的保护及排解邻里纠纷提供一个重要渠道，起到协助农村基层政权稳定农村社会的作用。

农村宗族组织毕竟是我国封建社会长期发展的产物，与小农经济意识紧密相关，如果任其自行发展，其负面作用也是显见的：首先农村宗族组织是滋生落后意识和行为的温床和土壤；其次农村宗族组织也抑制了创新精神，特别是宗族组织内青年的创新精神；最后是容易产生宗族矛盾，酿成农村中重大群体冲突事件。

➢复习思考题

1. 如何理解社区管理组织，它有何特征？
2. 社区管理组织有哪几种类型？
3. 街道办事处、居民委员会及社区的联系和区别何在？
4. 社会中介组织与社区中介组织有何区别？
5. 如何理解村民委员会的自治性质，怎样加强村民委员会的组织建设？
6. 农村社区政治管理组织和自治管理组织的关系如何处理？

参考文献

布莱尔 G S. 2003. 社区权力与公民参与．伊佩庄译．北京：中国社会出版社．
陈伟东．2004. 社区自治：自组织网络与制度的设置．北京：中国社会科学出版社．
陈志卫．2015. 现代社会组织与社区社工实践研究．杭州：浙江大学出版社．
董文琪．2014. 社区志愿组织管理．北京：中国社会出版社．
韩子荣，连玉明．2005. 中国社区发展模式：服务型社区．北京：中国时代经济出版社．
李学举．2003. 社区建设工作谈．北京：中国社会出版社．
特韦尔威特里 A. 2002. 社区工作．陈树强译．北京：中国社会出版社．
汪大海．2013. 社区管理．北京：北京师范大学出版社．
韦克难．2012. 社区组织管理．北京：中国社会出版社．
杨鸿台，吴志华，申海平．2004. 城市社区体制改革与法制建设研究．上海：上海交通大学出版社.
尹维真．2003. 中国城市基层管理体制创新．北京：中国社会科学出版社．
张俊芳．2004. 中国城市社区的组织与管理．南京：东南大学出版社．
赵军，张志勤，陈志卫．2010. 城乡社区社会组织实用工作手册．北京：中国社会出版社．
赵帅通．2014. 社区活动组织完全手册．南宁：广西人民出版社．
郑也夫．2002. 城市社会学．北京：中国城市出版社．

第五章

社区规划

现代科学意义上的社区规划，是在20世纪50年代联合国组织推进的社区发展运动中直接促成的。第二次世界大战结束后，贫穷、疾病、失业、经济发展缓慢等一系列问题普遍困扰着许多新兴的发展中国家。仅仅依靠政府的力量去解决这些问题是远远不够的，于是一种运用社区民间资源、发展社区自助力量的构想便应运而生。为此，联合国于1948年提出落后地区经济发展需与社会发展同步的方针，提出了用建立社区福利中心的社区发展方针来推动整体经济和社会发展的设想，并于1952年正式成立“联合国社区组织与社会发展小组”，具体负责推动全球特别是落后地区的社区发展运动。这样，社区规划随着社区建设的推进而被广泛地列入各国政府工作的日程中，成了一项世界性运动。

我国的社区规划起步较晚，从20世纪90年代开始我国才有了社区规划，一些富有战略思想的社区根据自身的任务，制定出各具特色的社区建设规划和工作规划。例如，上海的有些街道就在1992年制定了本社区的发展规划，如《瑞金街道社区综合发展规划》《曹杨新村街道社区综合发展规划》等，可称为我国最早的社区规划。

第一节　社区规划概述

促进社区有序发展是社区管理的重要目的，即社区管理要有组织、有目标、有计划地引导社区社会变迁，而这又依赖于科学的社区规划。社区规划既是社区本身的发展要求，也是社区各项事业顺利开展的实际需要。制定科学的社区规划是实现社区良性发展的一种有效方法。

一、社区规划的含义

社区规划也称为社区发展规划或社区设计，是指以社区为单位的规划，是对社区建设的整体部署与设计。社区规划是社区组织、社区发展和社区工作的重要内容与方法，分为全社区的总规划和各部门的规划。前者是将整个社区的经济、教育、卫生、福利、交通等方面综合起来拟定的发展规划。后者是指社区各业务机构按社区总规划的分工拟订的具体工作方案。

社区规划的总目标是全面提高居民的生活水平，促进社区发展，实现社区总体发展。分目标是根据社区当前需要，解决社区面临的各种问题，逐步改善社区的生活条件和生存环境等。

社区规划作为一个复杂的系统，内容是多方面的，而其基本内容一般由四个方面组成，即社区现状分析、社区发展目标、社区发展要素、社区发展条件。

(1)社区现状分析。只有认清社区现状，才能使制定的社区规划真正符合社区实情。社区现状分析是从实际出发制定社区发展规划的必要条件，也是社区发展规划的构成部分。

(2)社区发展目标。社区发展目标规划是社区规划的总纲，对整个规划起着关键性的作用。

(3)社区发展要素。社区发展要素包括社区人口、经济、环境、保障、服务、教育、科学、文化、生活质量、共同意识及要素整合等方面。

(4)社区发展条件。社区发展条件主要是指社区的运行机制和管理体制，大致可分为行政调控管理系统、经费运筹和价值管理系统、经营服务系统和公益服务系统等。它是社区规划的支持和保障系统。

二、社区规划的目标

社区规划的目标是维系社区赖以生存和发展的物质体系、精神文化体系和社区内部外部各方面的相互关系。社区规划的目标有长远目标、短期目标，总体目标、具体目标，最终目标、阶段目标等。

从内容上讲，社区规划的目标涉及社区内的方方面面，有社区的硬件设施建设和软件建设，有社区居民福利水平的改善和提高，有社区及社区居民具体问题的解决，有社区问题的防范等。具体而言，包括以下五个方面。

(1)制定本社区经济社会发展的目标和经济社会发展的各项政策。

(2)根据社区人口群体对社区各种设施的要求，确定本社区的规模、性质；保护和治理生态环境、保护文物、改善和美化生活环境。

(3)对社区商业网点、文化娱乐场所、绿化点进行合理布局，对各种生活服务基础设施的分布进行合理规划。

(4)设计与社区发展总目标一致的舆论导向、精神文明建设，拟定社区规划中各项指标完成所需的政策措施。

(5)协调好社区内各组织、群体、个人之间的关系，以及本社区与其他社区在经济社会发展各方面的关系。这就需要社区管理主体依照对社区资料的分析和研究，系统地制定出适合本社区发展的目标。

三、社区规划的基本原则

科学的社区规划需要在一定原则的指导之下进行，社区规划的基本原则有以下几点。

(1)实事求是的原则。规划的制定要充分考虑到社区资源所能够提供的条件及社区的整体发展水平，要做到实事求是。规划的实施要有社区资源在物质和精神上的支持，要有整个社会的外部条件作保证。

(2)可操作性原则。社区规划制定的目标，一方面表述要清楚、准确，不能含糊不清或在理解上产生歧义；另一方面指标要尽可能量化。这样，不仅可以使得社区建设有据可依，而且可以为以后的社区建设工作评估提供依据。

(3)详尽、具体的原则。详尽、具体的社区规划能够给社区管理主体和社区工作对象提供具体的行动步骤和依据，使得工作的实施有计划性和目标性，不至于造成盲人摸象，心中无数。

(4)系统性原则。目标是一个由多层次、多类型的子目标构成的一个目标系统。因此，在设计目标时，应使各子目标、阶段性目标服从总目标，保持目标方向的一致性，以及各子目标之间的协调性，避免目标间的对立和冲突。

(5)广泛参与的原则。社区规划要充分调动社区居民参与规划制定的热情，充分听取他们的意见。

四、社区规划的主要方法

社区规划常用的方法主要有以下几种。

(1)社会调查和统计法。通过社会调查获取社区的基本资料和了解社区的基本情况是社区规划的前提条件。调查要有系统性、连续性，以获得比较全面、完整的材料，统计要注重准确性和科学分类，以保证统计分析结果的可靠性和价值。

(2)指标法。其包括设置指标并形成指标体系，分析指标数据，做出解释和结论。这一方法所用的社会指标是指反映社会结构与社会发展状况的数量特征的指标。它是测量社会现象和社会过程的工具，可说明社会的状态、发展水平和发展趋势。

(3)定量和定性相结合的方法。规划目标要做到明确、思路清晰、内容具体、操作性强，这只能是采用定量和定性分析相结合的方法，做到既从宏观上把握方向，又从微观上使其可操作化。

(4)社会发展数学模型法。建立在一定理论基础之上的数学模型法，能够揭示出指标与变量之间的深层次关系，其选择的指标与数据的余地较大，可以避免数量繁杂的信息干扰。

(5)社会心态分析法。社区规划促进社区发展从根本上来说是为了满足社区居民生存和发展的需求。因此，在规划时关注他们的心态十分重要。

(6)社区发展比较法。在对某一社区进行规划时，可以把其他社区作为参照系。当然在确定比较对象时，应注意对象的可比性。只有运用具有可比性的社区进行比较，比较才会具有实际价值。

总之，制定社区规划需要多种方法的配合使用。在实际社区规划当中，往往是综合运用诸多方法，而且在采用常用方法的同时，常常还根据某些特殊需要，采用诸如文献资料法、社会个案法等其他方法。无论采取什么方法，关键在于选择适当，运用合理，能够增强社区规划的科学性和可操作性。

五、社区规划的功能

社区规划在现实生活中发挥的功能日益明显，对社区发展具有指导意义。综合来看，社区规划在现实中的功能和意义是多方面的，但就社区本身发展而言，其功能和意义可概括为以下几个方面。

(1)定位社区建设和发展目标。社区规划反映社区的历史和现实，勾画社区的未来。制定规划的首要作用，就是在复杂的社区工作中，确定社区发展目标，并为实现社区发展目标，统筹社区各项工作服务。

(2)推动社区综合协调发展。在社区建设和发展中，有无社区规划，情况大不一样。没有规划，社区发展就是盲目的；有了规划，社区发展才会是自觉的、能动的。社区规划反映的是人们对社区发展的规律性的认识，它是社区综合协调发展、形成良性运行机制和实现社会全面进步的关键条件。

(3)促使社区结构优化。社区结构是一个综合性概念，它包括经济结构、组织结构、文化结构、阶级结构、阶层结构等许多不同的子结构，这些不同的子结构交织在一起就构成了立体的现实的社区结构。社区结构的合理与否是影响社区能否协调发展的一个重要因素。科学的社区规划可以促成合理的社区结构，使社区建设着眼于未来，克服盲目发展，推进社区建设整体格局的形成，为社区的协调发展打下坚实基础。

(4)创造社区经济发展的良好环境。社区规划可以为社区经济发展创造良好环境。它能够促进社区对包括教育、文化、体育、卫生、社会保障等社会事业的投入，获得人才和劳动力的有效使用，这应被看做巨大的直接经济效益。此外，社区规划还可以产生间接经济效益和潜在经济效益。

(5)促进社区居民的全面发展。社区规划归根结底在于为社区居民的全面发展创造最佳的社区条件，在于使社区居民的物质生活和精神生活需要得到合理的满足，从而有助于增强居民的社区归属感和社区认同感，有助于调动和发挥社区居民参与的积极性和能动性，促进社区居民的全面发展，提高社区居民的生活和生存质量。

第二节　城市社区规划

现代城市规划是随着工业化、城市化的发展而出现的。工业革命以来，近代工业的发展使人们越来越聚居到城市中，而大工厂生产又产生了大量的废水、废气等污染物，迫使城市居住区与工业区分离。工业化、城市化所带来的人口密集、住房拥挤、交通堵塞、环境恶化等问题，迫使人们思考如何改良城市，如何为人类提供更好的生存空间，随之而出现了有关城市社区规划的探索和实践。

一、城市社区规划基本理论的发展

现代的城市规划理论形成于19世纪末，其中有很多关于社区思想的表达，但社区规划理论的真正提出却是在20世纪20年代末。1929年，美国建筑师佩里(C. A. Perry)在向纽约区域规划委员会提交的报告中第一次明确提出和阐述了“邻里单位”(neighborhood unit)的思想。这以后，城市社区的规划和建设主要经历了“邻里—小区—可持续社区”的发展过程[①]。

(一)“邻里单位”理论

随着科学技术的发展、生产力的提高和生产方式的改变，古代城市布局越来越不适应现代生产与生活。20 世纪 20 年代后，西方发达国家机动车交通迅速发展，对每天频繁穿越道路的城市居民特别是老人和孩子造成了极大的威胁，恶性事故不断发生。“邻里单位”思想正是在这种社会背景下产生的。

“邻里单位”的理论核心是要求在较大的范围内统一规划居民社区，使每一个“邻里单位”成为构建社区的细胞。“邻里单位”最开始时的出发点是考虑不要让孩子们在上学时穿越城市交通干道，以减少危险，因此要求在居住区内设置小学，并以此控制和计算“邻里单位”的人口及用地规模，进行城市居民居住生活基本规划单元的设计。以后，“邻里单位”也考虑到在居住区内的公用设施设置、防止过境交通及住宅的朝向、间距等问题，使社区居民有一个舒适、方便、安静、优美的居住环境。“邻里单位”理论还提出了让不同阶层居民混居在一起的建议，希望以此弱化社会隔离，这反映出当时社会改良主义进行阶级调和的主观意图(图 5-1)。

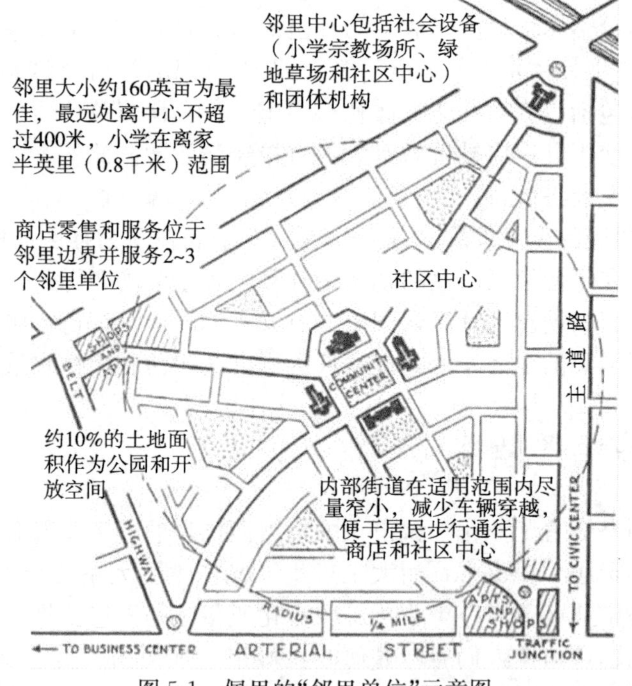

图 5-1　佩里的“邻里单位”示意图

注：1 英亩约等于 4 046. 86 平方米

资料来源：陈诗悦 . 规划理论：为什么半径 100 米最为舒适 . 财经网，2015-04-29

---

① 单菁菁：《社区情感与社区建设》，社会科学文献出版社，2005 年，第 191-202 页。

“邻里单位”思想顺应了现代城市由于现代化交通（主要指机动车交通）的应用而在城市结构方面产生的变化，优先考虑人们在居住区生活中的安全、卫生、舒适等感受，因而在20世纪前半期影响甚广。1933年，勒·柯布西耶（Le Corbusier）主持国际现代建筑协会制定通过的《城市规划大纲》（即《雅典宪章》），将其作为居住区规划的基本思想。

（二）“小区”理论

第二次世界大战以后，“邻里单位”思想在世界范围内得到普遍推广。但人们在居住区建设实践中也越来越感受到，居民的日常生活与活动绝不仅限于邻里，于是“邻里单位”理论逐渐演变为具有更广泛区域的“小区”规划理论，并于1956年由苏联首先提出。“小区”理论希望把小区作为承载人们社会生活的基本单位加以全面规划。

“小区”理论认为城市居住区应当以交通干道及其他天然或人工的界限（如河流、铁路等）来划分，而不仅仅限于以一所小学的规模或用城市一般道路来界定。它希望把小区作为组成居住区的细胞，将其规模扩大，提高公共服务设施的标准，综合考虑诸如住宅、绿地、公共空间、生活服务实施等要素。

“小区”理论着眼于在更大范围内综合处理各种社区构成要素，意欲建立起一套完善的生活服务设施，为人们提供更好的生活空间。其规划理念较之“邻里单位”思想又前进了一步。“小区”理论在20世纪50年代被我国引进，结合国情加以不断完善与改进，几十年来作为我国居住区规划的基本单位，得到广泛的应用和实践。当前我国大量的城市住宅建设，基本上是依据这一概念实施开发和管理的。

（三）“可持续社区”理论

“可持续社区”理论的产生与第二次世界大战以后城市开发所带来的众多城市问题密切相关。第二次世界大战后，以美国为代表的西方发达国家相继出现大规模城市郊区化现象。这种郊区化开发模式虽然给一部分人创造了优美的生活环境，但同时也产生了一系列较为严重的社会问题，如城市中心区的衰败、环境恶化、犯罪率升高、郊外社区人情冷漠、社区意识丧失、过分依赖小汽车而带来的能源浪费、社会阶层隔离等。“可持续社区”理论体现了对上述问题的普遍思考，它第一次从城市规划学的角度明确提出创造和维护社区情感应该成为社区规划与建设的基本原则，体现了规划思想由“住区”向“社区”概念的根本性转变，这在很大程度上是人们对以往城市发展模式进行反思的结果。

“可持续社区”理论最初的主张是通过减少废弃物、防治污染、最大限度地进行环境保护和提高效率，并开发地方资源以振兴地方经济，为所有居民提供更高水平的公共健康和更优质的生活。环境在其理论中具有核心的地位，因为最能代表和反映社区的是人工环境，而人工环境却变得越来越混乱和失控，人们不能安全地行走和玩耍，邻居们缺乏沟通，建筑物与周围环境在尺度上不协调，人与人之间充满不信任，自然环境被过度使用并遭到污染。为此需要改变对“社区”概念的认知，以便对社区进行重新规划、发展和重组。目的是使社区的社会、环境、经济和技术协同进步。

二、完善我国城市社区规划体系

建立一个兼顾宏观与微观的社区规划体系是做好城市社区规划的基本前提。在城市社区规划中，地方政府处于中心环节。在规划社区发展时，地方政府要做到以下几点。

(1)地方性的社会、经济规划要与全国的发展规划互相结合、协调实行。

(2)社区规划要和城市总体规划保持协调。社区规划与建设实际上是对城市居住空间的再造过程，而城市居住空间的再造往往会带动其他城市用地的扩张。因此，无论是老城区改造还是新城区开发，城市社区规划都要在城市总体规划指导下，综合考虑居住、生产、生活、工作、交通等因素，合理有序地引导和容纳城市增长。

(3)社区统一规划要对下属各个社区的建设与发展进行宏观指导与协调，保持各社区规划之间、社区规划所涉及的各部门之间协调一致，保证城市社会发展的整体性与协调性。尤其是在新建居住区项目上，居住区规划要符合城市发展的整体安排，而不能把它变成房地产商们的“圈地运动”。

三、城市社区规划的基本思路

城市社区规划的总体思路是根据城市的性质、服务功能和建设现代化城市的需要，以街道办事处、居民委员会为依托，以发展社区服务为龙头，以提高居民生活质量、提高人的素质和整个社区文明程度为宗旨，改革城市基层管理体制，强化社区服务管理功能，建设环境优美、治安良好、生活便利、经济发达、文化繁荣、人际关系和谐的文明社区，实现社区经济和社会的协调发展。

城市社区规划的根本目的是建设和谐社区。它至少要包含三个方面的和谐：第一是人与自然环境的和谐，也就是说生态的和谐；第二是人与人之间的和谐，即我们通常说的社会和谐；第三是人工环境的和谐，或者称之为空间关系的和谐。可以说这三大和谐才是构建和谐社区的重中之重。上述三种和谐的形成，很明显必须依赖于良好的规划编制和实施。

四、城市社区规划的基本要求

第一，城市社区规划要在城市总体规划的指导下进行编制。城市社区规划要加强社区基础设施建设，健全社区居住、公共服务和社区服务等功能。以创造良好的社区人居环境为中心，加强社区生态建设和污染综合治理，改善社区环境。要切实加强社区规划、建设及综合管理，全面提高社区管理水平。

第二，城市社区规划要注重社区公共空间的规划。社区公共空间是指诸如文体健身场所、交通设施等一些为居民提供服务的环境空间。在对社区公共空间进行规划时，要根据不同人群的不同要求，分类规划设计，要有适合儿童的，也要有适合老人的，而且公共空间应该具有通透性，减少暗处死角。这样既能提供更人性化，更有生态效应的活动空间，也会增加人群活动的安全性，从客观上降低犯罪的可能性。

第三，社区公共绿地的布局应根据城市规划结构和总体布局，按功能与等级要求，结合社区条件，采用“点”“线”“面”相结合的原则，形成总量适宜、分布合理、植物多样、景观优美的社区绿地系统。“点”是指小型草坪，“线”是指林荫道，“面”是指专用绿地、小型公园等。对于建筑密集、质量低劣、卫生条件差、居住水平低、人口密度高的社区，应结合旧城改造、新居住区规划留出适当的绿化保留用地，到时机成熟时，即可迁出居民，拆迁建筑，开辟为公共绿地。

第四，要搞好社区住宅的规划。1996年联合国“人类住区第二次大会”提出了“人人享有适当的住房”的目标，而“适当的住房”指的不仅是住宅本身，而是指完整的居住环境①。在社区规划布置居住用地时，应当考虑日照、采光、通风、防灾、配套设施及管理的要求，创造区位好、居住环境好、教育文化卫生及商业服务设施齐全，交通便利、景色优美等方便、舒适、安全、优美的居住生活环境(图5-2)。

图5-2　芜湖平湖秋月小区规划图

资料来源：新浪房产，http://wuhu.house.sina.com.cn/scan/2013-01-24/09391879479.shtml

在城市社区规划中，在综合考虑上述因素的基础上，要详细确定社区各类用地，如住宅用地、公共设施(幼儿园、小学、中学、水电、服务性建筑)用地、公园绿地、道路用地界线和适用范围，提出建筑高度、建筑密度、容积率的控制指标等(表5-1)。

表5-1　国内外代表性社区绿地指标比较

居住区名称	用地总面积/公顷	公共绿地总面积/公顷	公共绿地人均面积/公顷	绿地率/%	绿地覆盖率/%
上海浦东东潍坊新村	89.00	8.50	1.30	9.50	30
无锡沁园新村	11.40	1.31	1.78	11.49	42
天津川府新村	12.83	1.35	1.61	10.52	40
上海上南新村	110.65	12.24	1.02	11.06	—
上海嘉定桃源新村	8.43	1.46	3.24	17.29	—
日本东京都户山小区	24.30	9.30	—	38.27	—
波兰华沙姆荷钦小区	32.00	8.50	—	26.60	—

资料来源：王祥荣．生态建设论——中外城市生态建设比较分析．南京：东南大学出版社，2004：103

社区环境规划要与社区发展的长远规划和发展有机结合起来，使环境发展与社区本身

① 陈为邦：《城市规划读本》，中国建筑工业出版社，2002年，第72页。

发展产生互动效应。制定科学的社区环境规划，除了要遵循社区规划的一般程序和原则外，还要根据生态学理论，对社区的自然资源、环境状况和社会经济发展状况进行科学的分析，确立一个经济与生态环境协调发展的战略目标，确保社区环境规划的科学性和权威性。

五、城市社区智能化建设规划

在社会信息化进程日益加快的今天，人们对居住条件追求的传统观念正在发生变化，已不再仅仅局限于居室面积、周边环境、交通等方面，而且更加关注社区的数字化。城市社区居民特别是青年人越来越把更多的兴趣和注意力放在社区的智能化上，社区的智能化会给居民提供更多的方便条件。在社区智能化实践方面，我国已有一定的尝试。1997 年厦门市建坤实业公司开发了 WDJ-6 社区智能管理系统，1998 年深圳市社区局对总建筑面积为 80 万平方米的梅林一村按智能化社区的概念进行规划建设，长沙市地税局的社区采用了智能化社区布线系统[①]。进入 21 世纪之后，社区智能化的核心是建立社区的信息业务接入平台，对各种信息实行全面、实时、有效的接收、采集、传递和监控，为居民提供全方位的宽带信息网络服务。例如，石家庄市桥西区在社区内启动了“一键通”服务网络，居家养老的社区老年人只要按下呼叫器，就可以在家享受到服务商提供的生活照料、家政服务、康复护理、精神慰藉、紧急救助等服务。深圳市已有多个社区实现了网上办公、就医、就学、购物、银行业务、证券交易等家庭服务，全市数字图书馆、健康服务中心、卫生防疫、妇幼保健、家政服务中心、商场超市、银行证券等部门的信息已为智能化社区居民共享。

城市社区智能化建设规划是一项复杂的系统工程，涉及通信、电力、监测、控制、信息处理等子系统，这些系统虽然相对独立，但最终都要统一到社区数字化平台上来。为了适应社区业务的不断发展，规划要使整个社区的数字化设施具备良好的可扩充性和兼容性。

总之，城市社区作为城市社会体系的重要组成部分，是在城市一定的空间范围内建立起来的居民之间具有认同意识的地缘组织。我们应当通过科学的规划，促进城市社区的功能完善和科学发展，使其成为城市居民平等的生活空间，成为化解经济领域矛盾避免社会冲突的社会整合空间，成为维持社会活动规范的文化空间，成为他们温馨的家园。让城市居民能够在充满激烈竞争的市场经济领域之外，在社区中过上舒适的生活。

第三节 农村社区规划

改革开放以来，随着农村经济的发展，我国农村社会发生了巨大的变化，但在农村社区的建设和综合发展方面存在着诸多问题，这严重地制约了农村的进一步发展和农村居民生存质量的提高。因此，需要搞好农村社区规划，逐步改善村容村貌，促进农村社区的全面发展。

---

① 娄成武、孙萍:《社区管理》，高等教育出版社，2003 年，第 246 页。

一、搞好农村社区规划是建设社会主义新农村的要求

《中共中央关于制定国民经济和社会发展第十一个五年规划的建议》指出：要按照生产发展、生活宽裕、乡风文明、村容整洁、管理民主的要求，坚持从各地实际出发，尊重农民意愿，扎实稳步推进新农村建设①。这是党的十六届五中全会提出的农村重大发展战略。它既要求发展农村生产力，又要求调整完善农村生产关系；既要求加快农村经济发展，又要求加快农村社会事业发展；既要求加强农村物质文明建设，又要求加强农村精神文明、政治文明与和谐社会建设；既鲜明而具体地指出了社会主义新农村的基本特征，又为建设社会主义新农村指明了方向，是进行农村社区规划与建设的基本依据。

在"十一五"规划建议的基础上，《中共中央、国务院关于推进社会主义新农村建设的若干意见》又指出：新农村建设涉及经济、政治、文化和社会各个方面，是一项十分复杂的系统工程，必须切实加强规划工作。各地要按照统筹城乡经济社会发展的要求，把新农村建设纳入当地经济和社会发展的总体规划。要明确推进新农村建设的思路、目标和工作措施，统筹安排各项建设任务。做好第二次全国农业普查工作，为制定规划提供科学依据。要充分考虑农民的切身利益和发展要求，在促进农村经济发展的基础上，区分轻重缓急，突出建设重点，加强饮水安全、农田水利、乡村道路、农村能源等基础设施建设，加快教育、卫生等公共事业发展。要尊重自然规律、经济规律和社会发展规律，广泛听取基层和农民群众的意见和建议，提高规划的科学性、民主性、可行性，确保新农村建设扎实稳步推进②。

二、农村社区规划的基本要求

进行农村社区规划要从实际出发，尊重农民意愿。只有这样，社会主义新农村建设才能在符合农民意愿、带给农民实惠、得到农民拥护的基础上扎实稳步地向前推进。农村社区规划既要着眼于改善村容村貌，又要从当地实际出发，充分考虑农民的承受能力；既要坚持节约和集约使用土地的原则，又要便于农民生产生活，体现地方特色(图 5-3)。

各个社区根据本社区居民的需要，根据本社区的各种资源优势，在符合全社会长期发展目标的基础上，因地制宜地制定社区经济、生态环境、社会(包括人口、教育、医疗卫生、文化、福利等)的综合发展规划。在对社区做出全面综合评价的基础上，充分考虑村镇的现状条件和远景发展的可能性，确定规划区范围，进行村镇总体布局，确定它的合理经济联系范围，合理划分功能分区，综合安排住宅、工业、对外交通运输、公共设施和公益事业、绿化等的布局。

---

① 《中国共产党第十六届中央委员会第五次全体会议文件汇编》，人民出版社，2005 年，第 8 页。

② 国务院：《中共中央、国务院关于推进社会主义新农村建设的若干意见》，见：《人民日报》理论部：《新农村建设简明读本》，红旗出版社，2006 年，第 215-216 页。

(a)

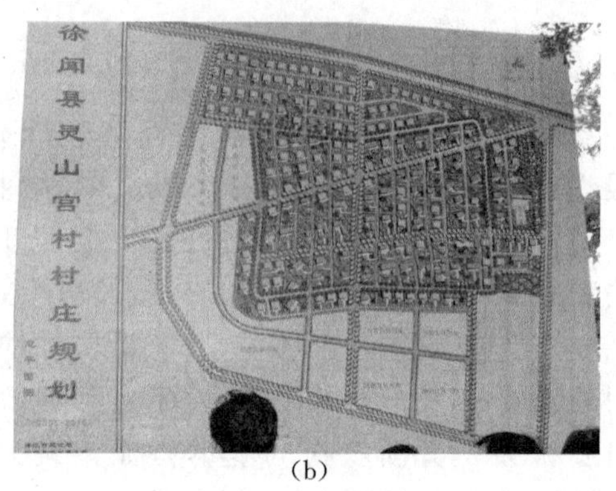

(b)

图 5-3 广东省地区的村庄规划

注：图片为本书主编张兴杰教授 2006 年实地考察湛江市农村社区规划时拍摄，(a)图右六为张兴杰教授

加强社区有关设施的发展建设，如为满足农村居民生活需要和乡镇企业、农民生产需要而建设的各种基础设施诸如道路、桥梁、电力通信设施、供排水设施等，特别是诸如卫生院、福利院、文化馆、学校等社区服务、社区福利和社区文化设施的建设，以加强社区居民社会主义精神文明的建设。因为它们是提高农村社区居民整体素质的物质条件。

三、村镇规划的总体原则

村镇规划应贯彻以下原则。

(1)有利生产，方便生活。对村镇的各项建设规划应使其布局合理，协调发展。促进生产与方便生活统筹兼顾，配套建设。

(2)节约用地，充分挖掘原有村镇用地的潜力。我国是一个人多地少的国家，节约用地是我国的基本国策。规划农村社区各类建设用地均应按有关标准、法规执行，严格控制用地规模，既要满足生产、生活的需要，又要保护耕地，节约土地。村镇建设区与基本农田保护区要协调，统一规划。

(3)因地制宜，灵活多样。由于各地农村社区自然条件、经济条件、社会条件的差异，规划时要从本地的地理优势、人文优势、资源优势、物产优势和传统特色出发，因地制宜、灵活多样、扬长避短、继承传统，注意保持地方和民族特色。

(4)高起点规划。村镇规划要坚持布局合理、功能齐全、交通方便、设施配套、居住合适、环境优美、具有特色的标准，符合社会主义新农村建设的要求。

(5)可持续发展。生态环境的建设与保护应当被作为村镇规划的重要内容，并且在规划中要体现科教兴镇(村)的战略，促进村镇的可持续发展。

四、农村基本建设用地规划

突出乡村特色，搞好农村社区建设规划，逐步改造老村庄、建设新村庄，是当前建设社会主义新农村的一项重要任务。

但是目前农村的散居方式不仅浪费土地，也阻碍农业机械化进程，影响农业劳动生产力的提高；从保护环境的角度看，农村居住分散，污染点数量大，脏乱差现象较为突出，严重制约农村社区生态环境和投资环境的根本改善，影响经济和社会的可持续发展；从建设经济成本的角度看，农村散居分布，必然会增加道路、供水、通信、电力、电视等基础设施建设成本，增加农民改善居住环境的难度；从协调发展的角度看，随着农村经济的快速发展，农民生活质量水平提高，他们对改善居住环境、丰富精神文化生活的要求尤为迫切，解决这些问题都依赖于居住方式的变更。因此需要加强农村社区基本建设用地的规划。

(1)国土资源部门对农村建设用地规划的宏观指导。农村建设用地规划的核心是从农村社会经济协调发展、保护耕地、村容整洁、方便生活等目标出发，通过仔细盘算，统筹城乡发展、区域发展、经济社会发展、人与自然和谐发展，对农村将来用地数量与类型进行科学预测。发挥规划的约束和控制作用，促进节约集约利用，提高利用效率，避免土地闲置浪费。在确保耕地总量不减少、质量不降低的前提下，使乡镇建设规划、工业布局规划等与土地利用规划相衔接。

(2)农村社区建设规划的编制工作。规划的重点在于建设中心村，逐步取消零星分散的农民居住点，使乡村布局规划与中心城市、中心镇、建制镇的规划相衔接，提高农村与城市、城镇的关联度。对人口聚集度高的乡村，应当合理划分一些功能区块，使居住、商贸、文教、工业等功能区有机结合，大力提倡农户住宅与畜、禽、养殖等生产用房相分离，改变目前农村居住与生产用房相混杂的局面。

(3)严格控制宅基地，有条件的地区可以让农民住进小区。关于村镇规划人均建设用地规模问题，建设部制定的《村镇规划标准》(GB50188—93)已有明文规定(表 5-2 和表 5-3)。

表 5-2　村镇规划人均建设用地指标分级(单位：平方米/人)

级别	一	二	三	四	五
人均建设用地指标	>50≤60	>60≤80	>80≤100	>100≤120	>120≤150

资料来源：建设部制定的《村镇规划标准》

表 5-3　村镇规划人均建设用地指标(单位：平方米/人)

现状人均建设用地水平	人均建设用地指标级别	允许调整幅度
≤50	一、二	应增 5～20
50.1～60	一、二	可增 0～15
60.1～80	二、三	可增 0～10
80.1～100	二、三、四	可增 0～10
100.1～120	三、四	可减 0～15
120.1～150	四、五	可减 0～20
>150	五	应减至 150 以内

资料来源：建设部制定的《村镇规划标准》。《村镇规划标准》规定：本标准适用于全国的村庄和集镇的规划，县城以外的建制镇的规划亦按本标准执行

农村村民一户只能拥有一处宅基地，即实行一户一宅制，目的是为了制止一户村民拥有多处住宅的现象，防止浪费土地。农村村民建住宅，其宅基地的面积不得超过省、

自治区、直辖市规定的标准。宅基地的面积中，应当包括居住用房和附属用房居住用地、庭院、房前屋后少量绿化地等。农村村民建住宅，应当符合乡(镇)土地利用总体规划，即应当符合乡(镇)土地利用总体规划中确定的土地用途，不得随便占地盖房。农村村民建住宅，应当尽量使用原有的宅基地和村内空闲地，即鼓励在原址上翻建和利用空闲地建房，以减少农村村民建住宅占用新地，有条件的地方可以鼓励农民住进小区。

总之，农村社区规划工作要尊重农村社区发展的客观规律，尊重农民意愿，以满足农民的实际需要为前提，坚决防止盲目照抄照搬城市社区发展模式，要突出地方特色，体现农村风貌。完善农村社区最基本的公共设施，满足农业现代化建设和广大农民生活水平逐步提高的需要。改变农村落后面貌，促进农村经济社会全面进步。

➤复习思考题

1. 简述社区规划的含义。
2. 简述社区规划的基本原则。
3. 简述社区规划的主要方法。
4. 简述社区规划的基本功能。
5. 简述城市社区规划的基本理论。
6. 简述村镇规划的总体原则。
7. 试述城市社区规划的基本要求。
8. 试述农村社区规划的基本要求。
9. 试述如何搞好农村基本建设用地规划。

参考文献

陈明泉 . 2011. 村庄社区规划与管理 . 北京：高等教育出版社 .
《人民日报》理论部 . 2006. 新农村建设简明读本 . 北京：红旗出版社 .
单菁菁 . 2005. 社区情感与社区建设 . 北京：社会科学文献出版社 .
王祥荣 . 2004. 生态建设论——中外城市生态建设比较分析 . 南京：东南大学出版社 .
王兴中 . 2012. 城市社区体系规划原理 . 北京：科学出版社 .
谢守红 . 2008. 城市社区发展与社区规划 . 北京：中国财富出版社 .
于文波 . 2014. 城市社区规划理论与方法 . 北京：国家行政学院出版社 .
周广生，渠丽萍 . 2003. 农村区域规划与设计 . 北京：中国农业出版社 .

附　　录

社区规划调查表[①]

本《社区规划调查表》是美国社区规划专家在进行社区设计时进行实地调研的主要工具之一，作为规划小组重要的行动研究指南，它一般包括自然环境、社会环境、经济环境和文化环境四个方面的问题，其目的是：①为进行卓有成效的社区设计提供所需要的环境评价；②帮助社区提高能力，使他们能更充分地理解自身，并在此基础上采取

① 单菁菁：《社区情感与社区建设》，社会科学文献出版社，2005 年，第 320-322 页。

行动。

一　自然环境

1. 什么地理力量形成了你们的社区？
2. 什么水文力量形成了你们的社区？
3. 描写你们地区地形的特征。
4. 你们地区野生动物的特征是什么？
5. 确定和描述你们区域的湿地。
6. 你们的气候特征是什么？
7. 确定和描述你们区域的主要植被种类。
8. 确定和描述你们区域主要的污染问题。
9. 你们社区主要的土地利用是什么？
10. 确定和描述主要的地方环境组织。

二　社会环境

1. 在过去的三次人口普查中你们的人口是如何变化的？
2. 在每一个年龄段有多少个男的和女的？
3. 你们社区的家庭组织是什么？
4. 你们社区主要的民族和种族群是什么？
5. 你们社区的教育水平如何？
6. 描述你们社区的收入水平。
7. 社区主要的宗教是什么？
8. 描述你们社区的住房设施。
9. 什么类型的住房不够用？
10. 确定和描述主要的社区服务机构。

三　经济环境

1. 什么是你们社区的贸易区？
2. 什么是你们社区的工业构成？
3. 你们社区的主要当地雇主是谁？
4. 确定和描述你们社区主要的交通设施。
5. 确定和描述你们社区主要的公共设施。
6. 你们社区的就业率是多少？
7. 总结你们最近进行的购物者调查。
8. 描述你们社区的劳动力。
9. 你们社区提供的主要的商业刺激是什么？
10. 确定和描述你们当地的经济发展组织。

四　文化环境

1. 描述你们社区历史上发生的重大事件。
2. 是什么关键人物形成了你们的社区？
3. 确定和描述有趣的当地习惯和传统。

4. 描述当地有名的社区民歌和传说。
5. 你们主要的社区节日是什么?
6. 描述当地的历史地区。
7. 确定和描述当地的历史建筑。
8. 确定你们社区或离你们社区不远的最好的风景。
9. 确定你们社区特别的地方。
10. 确定和描述当地的文化组织。

第六章

社区民主治理

20世纪80年代以来，随着我国城市单位制与农村人民公社制的式微与瓦解，在行政推动与社会发育的双重动力推进下，社区民主治理在我国城乡广泛而深入地开展。社区民主治理是社区利益相关者遵循“议行分设”的制度设计原则与民主协商的治理精神，对社区公共事务与公益事业进行合作共治。社区民主治理的基本形式是“民主选举、民主决策、民主管理、民主监督”，目标是实现社区的“自我教育、自我管理、自我服务、自我约束”。各地社区据此因地制宜创造出各具特色的具体实现方式。二十多年来，我国社区民主治理取得举世瞩目的成就，但毋庸讳言，也出现不少问题，有待今后加以探索与完善。

第一节　社区民主治理概述

一、社区民主治理的背景

我国社区民主治理的兴起有着深刻的国内与国际背景，是欧美新公共管理运动、全球化运动、协商民主理论与实践及我国改革开放伟大实践综合作用的结果。

(一)新公共管理运动的兴起

第二次世界大战以来，凯恩斯主义盛行，政府全面干预与包揽社会、经济事务，这既导致政府机构臃肿，负担沉重，支出庞大，效率低下，又削弱了公民的社会责任感与社会参与的效能感。为纠正政府越俎代庖的负面影响，重塑公民精神，自20世纪80年代以来，西方公共行政学界及政府兴起了以公共服务社会化、政府—公民关系伙伴化、公共服务顾客导向和政府再造为内容的新公共管理思潮与运动。这股思潮与运动使人们以新的眼光审视与分析政府—市场—社会—社区的相互关系，社区的独立与自治开始凸显其在政府治理中重要角色与地位。因此，社区民主治理为构建自由、民主与秩序提供重要的价值与资源支持，也是促进社会和谐的重要手段与基础。

(二)全球化的影响

自20世纪90年代以来，全球化浪潮对政府治理产生深刻而全面的影响。在其冲击下，催生了政府治理分权化、地方化、社区化的新趋势，地方的自主性不断增加。吉登斯认为："全球化进程的推进使得以社区为重点不仅成为可能，而且变得非常必要，这是因为这一进程产生的向下的压力。'社区'不仅意味着重新找回已经失去的地方团结的形式，它还是一种促进街道、城镇和更大范围的地方区域的社会和物质复苏的可行办法。"①全球化的辐射力提升了地方社区及其成员民主参与的效能，使其不断扩大参与相关的公共事务，由公民参与和自主管理而形成的多元管理网络体系日渐成型。

(三)我国的社会化、市场化改革

自20世纪70年代以来，我国以社会化、市场化为导向对行政体制、经济体制与社会管理体制进行全面的改革，塑造国家—市场—社会的合理结构，改"全能型政府"为"效能型政府"，政府逐渐放权松绑，着力提高社会、企事业单位、社区与家庭的自治性。在城市，大量的国家或集体单位在此过程中瓦解，数量庞大的"单位人"失去单位身份，成为"社会人"或"社区人"，人们转而向社区寻求利益与情感认同，社区取代单位成为人们的利益与情感归属。在农村，随着人民公社制的瓦解，各地农村的公共品供应不足，个别地方甚至陷入无序状态。农村社区自主创造了新型民主治理模式，并获得国家的支持。社区生活日渐成为人们公共生活的重要组成部分，社区的政治地位日隆。"加强社区建设，是新形势下坚持党的群众路线，做好群众工作和加强基层政权建设的重要内容。"②

(四)协商民主

自20世纪60年代以来，西方民主遭逢社会分裂、精英操纵、分利行为蔓延、民粹化倾向、政治肥大、赤字高涨、治理能力低下等严峻的危机，一批学者纷纷探讨超越自由主义民主与共和主义民主的新模式，重新思考西方民主的未来。其中具有代表性的是从平等主义民主回归古典自由主义民主的呼吁与协商民主模式的出炉。综合西方协商民主理论家的主要观点，协商民主是指公民、法人在平等、自由的机制与氛围中就公共事务与公共问题展开理性商讨与公开审议，各抒己见，广泛表达、权衡私人利益与公共利益，达成共识，实现决策的科学化、民主化与合法化的公共决策与公共治理模式。例如，古特曼和汤普逊认为，所谓协商式民主，指的是这样一种民主政治形态，即公民通过广泛的公共讨论的过程，各方的意见在公共论坛中互相交流，使各方了解彼此的立场和观点，并在追求公共利益的前提下，寻求并达成各方可以接受的可行方案③。

西方发达国家的社区率先实践协商民主理念，发展出社区民意测验、社区公民大会、社区公民专题委员会甚至大规模的协商大会(亦称21世纪城镇大会)等形式，充分动员社区公民与组织参与社区民主治理，对社区公共事务与公益事业进行民主协商决策，最大限度地实现社区民主自组织治理。我国浙江省温岭市在社区推行的民主恳谈会就是协商民主的一种实现方式。

---

① 安东尼·吉登斯：《第三条道路——社会民主主义的复兴》，郑戈译，北京大学出版社，2000年，第83页。

② 江泽民：《江泽民论有中国特色社会主义(专题摘编)》，中央文献出版社，2002年，第315页。

③ Gutman A，Dennes T. Deliberative democracy beyond process. The Journal of Political Philosophy，2002，10(2)：153-174。

二、社区民主治理的内涵

(一)社区民主治理的含义

民主是一种集体决策方式。在民主的发源地古希腊，雅典公民通过公民大会直接进行公共决策，决定城邦的重大事项。民主体现为一种进行大规模公共决策的制度。而现代民主则是一种公民间接决定公共事务的民主，更多体现在选民通过选票行使选择执政者的决策权，由民意代表代理行使公共事务的决定权。因而，现代民主是“为了达到政治——立法的和行政的——决定而做出的某种形式的制度安排”，“在这种安排中，某些人通过竞取人民选票而得到做出决定的权力”①，也是“一种社会机制，该机制允许尽可能多的人通过在政治职位竞争者中做出选择，以影响重大决策”②。但这种选举式民主使公共利益沦为政治精英与利益集团的盛宴，普通公民被排除在公共决策过程之外，公共政策合法性受到普遍质疑，公共治理成为政府的独角戏，公民参与对于公共治理的巨大正效应未能得到有效的开发。

随着社群主义、共和主义、协商民主理念及治理(governance)理论的兴起与呼应，民主作为公民参与公共事务决策的制度化形式的古典内涵重回人们的视野。特别是世界银行报告(1992 年)首提“治理与发展”的新观念后，使人们对公民、民间组织、公民社会等非政府因素对公共产品供给的作用有了全新的认识。从“统治”到“治理”是政府观念的一次革命性变化。统治是政府主导的线性管治，而治理则是政府与各种非政府力量的网络共治。联合国全球治理委员会在 1995 年发表的《我们的全球伙伴关系》的研究报告中，对治理做出了具有权威性和代表性的定义：治理是各种公共的或私人的机构管理其公共事务的诸多事务的总和。治理理论的创始人之一罗西瑙认为，治理的主体未必是政府，也无须依靠国家的强制力量来实现③。而良好的治理，亦即善治，就是使公共利益最大化的社会管理过程。善治的本质特征就在于它是政府与公民对公共生活的合作管理④。善治依赖于政府与公民对公共事务的合作共治，任何一方的“越位”或“缺位”都抽空了善治的根基。善治是公民认同政府权威又不依附权威，通过有序地行使政治权利参与选举、决策、管理与监督；同时，政府激发公民参与又不转嫁责任，坚守自身在公共物品供给方面的责任与效率。因此，善治是公民(组织)与政府的合唱与伴奏，是一种多主体的混合治理。这种治理方式超越了传统政治理念与制度安排，消弭了传统政治学理论中政府—市场—社会—社区的明确边界，使大到国际社会或国家小到社区或公司，都必须构建善治网络。

借鉴当前民主与治理理论的前沿，参照国内外社区治理的实践，社区的民主治理是对政府行政功能的延伸与社区成员自治的“冲突”的超越，致力于构建行政延伸与社区自治共存共生的治理生态，寻求合作共治，直至社区善治。

---

① 熊彼特：《资本主义、社会主义与民主主义》，吴良健译，商务印书馆，1979 年，第 302、337 页。

② 李普塞特：《政治人——政治的社会基础》，张绍宗译，上海人民出版社，1997 年，第 24 页。

③ 俞可平：《治理与善治》，社会科学文献出版社，2000 年，第 2 页。

④ 俞可平：《治理与善治》，社会科学文献出版社，2000 年，第 8 页。

(二)社区民主治理的主体

社区民主治理的主体是社区利益相关者。社区利益相关者指的是社区的综合治理状态(社区公共产品的供给、政府行政职能在社区的实现和社区内认同与参与及社区对政治与公共政策的认同与参与)与其利益直接相关的个人和组织的总称。包括社区居民、社区内外政府机构、社区内公共服务者、社区内外非政府组织、社区内单位及社区内非正式群体网络。

社区内外政府机构包括社区外政府机构与社区内公共服务者。社区外政府机构是指中央和地方的立法、行政和司法机关,其立法、政策和判决对社区治理发生直接的效力。社区外政府机构为社区民主治理提供宪法性规则的支持与约束,决定社区公共事务民主治理的主客体资格与协助建构协商机制。社区内公共服务者是指直接在社区行使公共权力、供给公共产品的政府公共服务机构及其人员,其主要职能是在社区进行公共管理与提供优质公共服务,以及与社区内组织与居民协商建立集体选择规则,促进社区民主共治。

社区内外非政府组织,指根据国家法律法规建立的旨在维护公益、增进权利、促进交流的不包含政府职能的正式组织,包括社区党组织、居民委员会、村民委员会、业主委员会、社区成员全体大会或社区成员代表大会、社区协商议事委员会、志愿组织、各种协会与学会、红十字会等。按功能分工的不同,相应承担社区公共事务与议题的协商或表决,或代理行使公共权力并提供公共服务,或建立社区事务的操作性规则,或构建社区内“物质共荣”与“精神共融”的互助交流平台等事项。社区内外非政府组织是社区民主治理的主导力量。社区民主治理的质量主要取决于各非政府组织的责任感、参与度及合作水平。

社区内单位指地处社区内与社区利益相关的企事业单位和机关团体等组织。社区内非正式群体网络包括楼道网络、邻里网络、互助与志愿网络,以及地缘、业缘与趣缘等联谊性网络。其功能是参与建立、健全与落实社区的操作性规则,使社区民主治理的细节与精神渗透到日常生活的点滴中去,是社区民主治理良性运转的重要基础[①]。需要指出的是,除了特殊的经法律清晰明确地确认的承担公共管理职责或章程规定的主体关系为命令—服从的关系结构外,其余的均为协商—讨论的关系结构。其关系与网络见图 6-1。

因此,我国的社区民主治理是一种上下互动、左右联动的复合治理。一方面,广大社区居民通过民主选举、民主决策、民主管理和民主监督的微观机制,直接地参与社区公共事务的治理和公共产品的供给。另一方面,基层政府机关通过宏观的法定程序支持、协助、参与社区民主治理。

(三)社区民主治理的客体

社区民主治理的客体是指引起主体关注的社区公共问题、公益事业及由主体专责的社区公共事务,包括社区政府机构的公共管理与公共服务和与社区高质量人居环境密切相关的社区公共事务或公益事业。社区的民主治理针对国家公共管理职责的要求

---

① 埃莉诺·奥斯特罗姆:《公共事务的治理之道》,余逊达、陈旭东译,上海三联书店,2000 年,第 84-85 页。

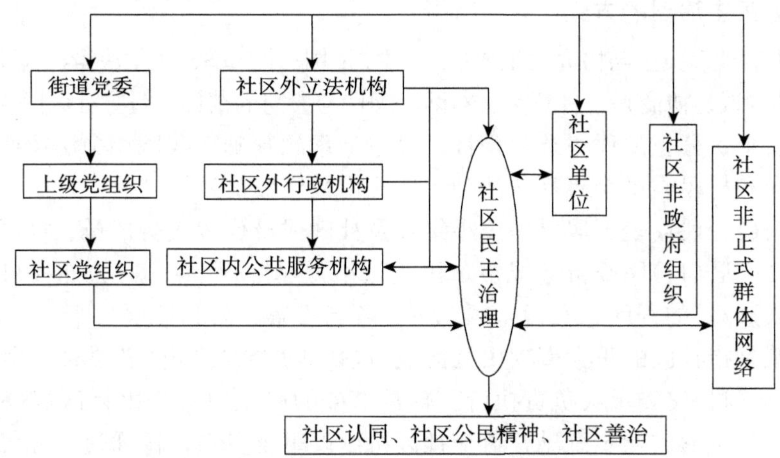

图 6-1　社区民主治理主体网络结构

资料来源：参考陈伟东设计的社区自治网络结构(有修改)。见陈伟东．社区自治：自组织网络与制度设置．北京：中国社会科学出版社，2004：173

及社区公共需求而展开，因此，社区民主治理客体的来源是公共管理职责、社区公共需求和社区公共问题，包括与社区成员的生命、健康、安全等权利的实现息息相关的需求与问题，社区认同、社区和谐、社区参与、社区交流、社区发展等方面的需求与问题，见表 6-1。

表 6-1　社区民主治理的客体

权利	社区民主治理客体	社区民主治理主体
公民权利	与社区成员生命权、健康权、安全权相关的社区需求、问题及其事务	社区居民、社区内外政府机构、社区内公共服务者、社区内外非政府组织、社区内单位及社区内非正式群体网络
政治权利	与社区成员的选举权与被选举权、社区内结社的自由、社区内言论自由等相关的社区需求、问题及其事务	社区居民、社区内外政府机构、社区内公共服务者、社区内外非政府组织、社区内单位及社区内非正式群体网络
社会权利	与社区成员的社会经济权利相关的就业、救济、社会保障等需求、问题及其事务	社区居民、社区内外政府机构、社区内公共服务者、社区内外非政府组织、社区内单位及社区内非正式群体网络
共和权利[1)]	与平等参与社区公共事务的权利与自由、维护社区的公共利益、保护社区环境权、公共财产权、历史文化权相关的需求、问题及其事务	社区居民、社区内外政府机构、社区内公共服务者、社区内外非政府组织、社区内单位及社区内非正式群体网络

1)20 世纪末，继公民权利、政治权利和社会权利的界定之后，第四种公民的权利——共和权利(republican rights)——被承认并加以实施。共和权利指维护公共利益的权利，包括环境权、历史文化遗产权及公共财产权

可见，社区民主治理的客体包括物质性与精神性两方面内容。前者体现为有利于社区成员实现四种权利的医疗、环卫、市政、社区活动与服务设施等物质性硬件设施。后者则体现为社区成员的公民意识与行动和认同、关心、信任与参与的社区文化等精神性软件氛围。

(四)社区民主治理的方式

社区民主治理以民主与协商为主要形式。民主由民主选举、民主决策、民主管理、民主监督四位一体构成。协商是一种尊重、对话、理性与参与的精神，贯穿社区民主的全过程。

公开、公平、公正的民主选举是社区民主治理的基础。我国相关法律要求社区治理的居民委员会和村民委员会等社区治理主体应由社区成员选举产生。社区成员有权选举和被选举为居(村)民代表、居(村)民小组长及社区成员代表大会成员、社区协商议事委员会成员和社区居(村)民委员会成员。民主选举遵循“选民登记—公布条件—报名—资格审查—正式选举”的程序，实行差额选举、匿名投票、公开计票。

民主决策是指社区的重大事项由社区成员(代表)会议决定(必要时须由全体社区成员公决)，由居(村)民委员会负责执行。日常事务的民主决策先由社区居(村)民委员会和社区党组织讨论形成初步意见，再交社区协商议事委员会讨论通过。在民主决策的过程中要充分发扬民主，激发居民参与，切实做到听民意、鼓民力、重民智。

民主管理是指由居民选举产生的社区居(村)民委员会代表社区居民管理社区日常公共事务，维护社区公共利益。社区民主管理应以“管理即服务”为理念，以人为本，依靠居民，团结居民，以民主对话、说理与激发居民参与为手段，以居民的“自我管理”与社区公共事务的“无为而治”为目标，以社区服务、社区文化、社区教育、社区治安、社区环境、社区卫生为主要内容，创造上下一心、多元参与、良性互动的自动运转的管理模式。

民主监督是指社区的利益相关者对所让渡的权力的行使与责任履行实施监察和督促。社区民主监督的主体包括社区成员、社区内外政府机构、社区内公共服务者、社区内外非政府组织、社区内单位及社区内非正式群体网络等利益相关者。社区居(村)民民主选举产生常设的监督机构。有的社区通过选举产生社区协商议事委员会作为常设的监督机构，承担日常监督职能，社区利益相关者通过社区协商议事委员会做出监督。民主监督的对象主要是社区成员授权其供给社区公共产品的机构及其工作人员，包括社区居(村)民委员会、物业管理公司、社区内政府机构的工作及其成员等。社区公共服务过程的公开和民主评议是社区民主监督的主要形式(图 6-2)。

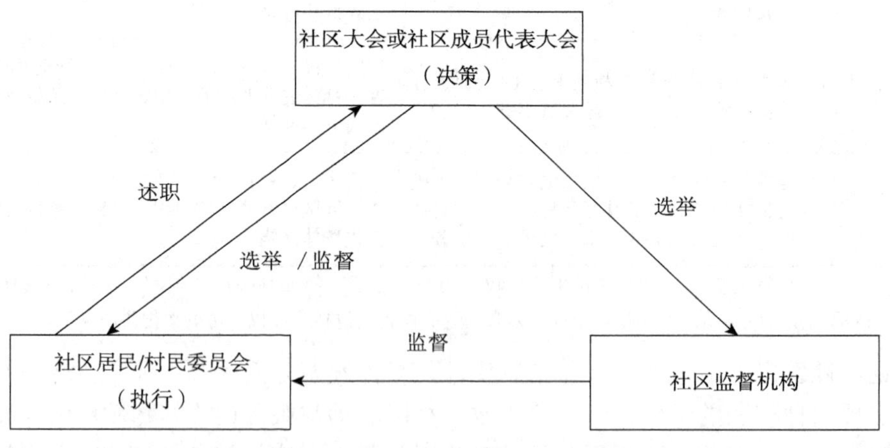

图 6-2 民主决策、民主管理、民主监督的关系

为提高社区民主治理的活力、效力与吸引力，必须培育社区协商文化，使其成为社区生活的一部分。所谓协商，指社区各利益相关者的利益与价值得以在社区中自由而又充分的表达，彼此展开理性、平等的对话与讨论，进行公开、理性、公平的博弈，寻找利益与价值的交集，逐渐扩大共识，减少“零和”，促成双赢。

(五)社区民主治理的目的

社区民主治理的目的是通过民主与协商的机制实现社区成员、社区公共事务与公益事业的“自我管理、自我教育、自我服务、自我监督”。

(1)自我管理。社区利益相关者不需外力强制，便可自动启动民主协商机制管理社区公共事务与公益事业，尊重、关心、参与、合作、信任、协商的价值和行为与社区生活融为一体，民主治理处于“自动运转”的状态。

(2)自我教育。社区居民与组织自主学习知识文化，开发与满足社区的文化教育需求，建立传播科学与艺术知识的组织与网络，共享社区知识，缔造知识型、学习型社区。

(3)自我服务。与政府行政职能无关的社区公共需求、社区公共问题，通过调动社区自身的资源，建立社区服务中介组织，提高其专业化、社会化水平，以自组织的方式予以解决。

(4)自我监督。社区成员以自组织、自生自发的方式完成社区秩序与制度的建立、维系与变迁，以内部协商、谈判的方式解决分歧与冲突，不需外部强制。

三、影响社区民主治理的因素

社区民主治理属于多主体、多对象的复合治理，受其主体与对象的公共属性的影响，其治理绩效受以下因素的制约。

(一)集体行动的困境与社区参与度

居民对社区事务的参与可能是被动员起来的，也可能是自发的，不管是哪一种方式，参与者的利益大小决定其参与的积极性的高低，由于志愿投身参与社区公共事务的成本基本上由社区成员个人承担，而受益则由全体成员共享，社区参与便陷入集体行动的困境——“搭便车”。奥尔森指出：“如果一个集团中的所有个人在实现了集团目标后都能获利，……有理性的、寻求自我利益的个人不会采取行动以实现他们共同的或集团的利益。”[①]只要人们可以坐收渔利，做一名“搭便车者”是理性的选择。换句话说，即使一个集体中所有个人都是理性的，作为一个共同体，他们采取行动实现集体的共同目标或利益后都能增进各自利益，他们仍然不会自愿采取行动以实现共同利益或目标。正因如此，亚里士多德才指出，“凡是属于最大多数人的公共事物常常是最少受人照顾的事物”[②]。例如，陈万灵2003年在广州市南华西街社区的问卷调查也表明，在关心社区建设的居民中，仍有40.29%的居民并不向街道办事处和居民委员会反映意见[③]。所以能

① M. 奥尔森：《集体行动的逻辑》，陈郁、郭宇峰、李崇新译，上海人民出版社，1995年，第2页。

② 亚里士多德：《政治学》，吴寿彭译，商务印书馆，1983年，第48页。

③ 陈万灵：《社区参与的微观机制研究》，《学术研究》，2004年第4期，第77页。

否提高居民的社区参与度成为民主治理是否能够运转的首要条件。

(二)委托—代理问题

在社区民主治理中，社区居民在大多数情况下依靠选举产生的民意代表代理行使治理权，社区居民与社区公共事务的日常治理者是委托与代理的关系。这种关系隐藏着社区公共事务的代理机构或代理者的短期行为、滥用代理权、不作为甚至背叛等道德风险。这是因为委托人与代理人的目标与意愿不一定一致，委托人对代理人的实际工作绩效难以确定或确定成本过高。因此，委托人不能确定代理人是否适当的实施了行动[①]。

(三)基层政府的错位与越位

政府的角色定位深刻影响社区民主治理的成效。基于传统垂直型的管理模式，基层政府的角色是“决策者”，居民委员会或村民委员会是“管理者”，居民或村民是“被管理者”。政府动辄以行政命令干预社区事务，控制所有社区组织与社区资源，包揽社区公共事务，警惕与扼杀社区居民对社区公共事务的参与，造成“社区冷漠症”。严重削弱社区治理的绩效。

四、提高社区民主治理绩效的对策

(一)造就社区积极公民

社区民主治理的良好运转需要社区利益相关者的公民精神与积极公民行为的支撑。罗伯特·D. 帕特南的实证研究显示，公民精神发达的地区，公共管理的质量与效率均高于那些公民精神不发达的地区。一个地区的公民程度越高，地区政府就越有效率[②]。公民精神(civicness)是指公民间的信任、团结、合作、互助及对公共事务的责任、参与的心理状态与行为表现。积极公民(active citizenship)意味着公民从政府服务的被动消费者变为社区治理的主动参与者，关心社区发展，希望自己在社区中发挥积极、持续影响，投身于思考、设计、影响社区公共事务的决策[③]。造就社区积极公民，首先要确立社区公民在社区民主治理的主导地位，变政府治理为公民治理；其次是建设社区公民文化，培育社区的社会资本；最后要提高公民参与社区受益—成本比率。

(二)完善参与机制

社区参与是社区民主治理的灵魂，必须调动社区内各利益相关者的力量参与社区建设。首先，积极推进社区参与的体制创新。积极创新社区参与的组织、教育、投入、保障体制，扩大参与空间，保障参与权力。其次，积极培育各种社区服务组织介入社区服务工作，使居民参与组织化，社区服务专业化。开放科技、教育、文化、卫生、体育等方面的社区服务，坚持社区服务社会化、市场化的发展方向。最后，强化社区居民的共

---

① 理查德·C. 博克斯:《公民治理：引领21世纪的美国社区》，孙柏瑛，等译，中国人民大学出版社，2005年，第95页。

② 罗伯特·D. 帕特南:《使民主运转起来》，王列、赖海榕译，江西人民出版社，2001年，第2、4、112页。

③ 理查德·C. 博克斯:《公民治理：引领21世纪的美国社区》，孙柏瑛，等译，中国人民大学出版社，2005年，第31、62、63页。

同体意识与归属感，积极参与社区公共事务。加强居民与社区的利益关系，完成从住户到利益相关者的身份转变，使其在维护自我利益的过程中促进社区公共利益。

(三)转变政府角色定位

政府在社区中的角色应是行政性公共产品的供给者与社区各利益相关者的协调者。在目前的社区治理阶段，无论在城市还是农村，社区的安全、计生、消防、教育、文化、体育、医疗、卫生、养老、安居、救济等公共产品的供给，都离不开政府的行政职能。但政府供给应该局限在某些法定必须由政府供给或政府供给更有效率的公共产品上，按照“政事分离”原则把所包揽的技术性或专业性公共产品外包给社区的专业服务组织，政府从这些组织中购买公共产品供应社区。

第二节　城市社区民主治理

随着城市单位制社会的瓦解，城市社区民主治理蓬勃发展，经历了萌芽、探索与爆发的阶段。各地社区在民主治理上进行了很多有益的探索。在 21 世纪，城市社区民主治理将取得新的飞跃。

一、城市社区民主治理的起源与概况

城市社区民主治理是指城市社区的利益相关者以民主协商的方式供给社区公共产品，自组织管理公共事务与公益事业。具体来说，是在社区内外的政府机构与公共服务机构的支持与协助下，建立以社区居民代表大会或社区居民全体大会为决策机构、以居民委员会为执行机构、以社区协商议事委员会为常设监督机构的治理架构，以社区居民、社区内外非政府组织、服务组织与非正式群体网络为参与主体的合作自组织治理。

(一)萌芽阶段

从新中国成立到改革开放前，是城市社区民主治理的萌芽阶段。这一阶段经历了草创、建设、取代、恢复、破坏五阶段[①]。虽然作为城市社区民主治理的主体，居民委员会早在 20 世纪 50 年代就已存在，并被 1954 年的《城市居民委员会组织条例》(1990 年废止)确认为“群众自治性的居民组织”，但是，在单位体制之下，居民委员会蜕变为只管辖那些“没有单位或暂时不在单位的人”的政府机构，而绝大多数有单位的人依附于单位的庇护，“群众自治”难以落实。

(二)探索阶段

从改革开放到 1999 年，是城市社区民主治理“摸着石头过河”的探索阶段。这个过程大致经历了 20 世纪 80 年代的酝酿阶段、90 年代前期的产生阶段，以及 90 年代后期

① 刘祖云：《中国都市居民委员会的历史沿革及其特点——中国都市社会基层居民组织的结构与功能研究之一》，《社会学研究》，1987 年第 6 期，第 64-72 页。

以来的成长阶段[①]。1982年的新宪法确立了居民委员会在城市基层民主治理中的主体地位，并将其定性为"基层群众性自治组织"。1987年，民政部在武汉召开全国社区服务工作会议，"社区"一词被官方正式认可。自1991年开始，民政部在全国各大城市开展社区建设工作。

到20世纪90年代后期，随着市场与社会领域日益扩大，单位体制日渐瓦解，社区凸显其对社会整合与公共治理的重要地位，原有社区运行机制已不再适应新形势的需要，社区治理方式酝酿新的变革，城市基层民主自治制度呼之欲出。

(三)爆发阶段

1999年，民政部制定了《全国社区建设实验区工作方案》，第一次以政府文件形式，明确提出了社区自治概念，并强调城市基层管理体制要由行政化管理体制向法制保障下的社区自治体制转变。为实施此方案，民政部陆续在沈阳、南京、武汉等城市的26个城区，建立了国家级社区建设实验区，着手社区自治的试点。形成诸如"沈阳模式""江汉模式""上海模式""温州模式"等各具特色的新形式。

进入21世纪，居民委员会的"海选"成为我国政治生活的一大变动。2000年年底开始，广西进行居民委员会直选，实现了我国社区自治发展进程中的一次重大突破。2002年，广州首届直选居民委员会产生。同年，北京东城区九道湾社区首次通过直接、差额选举的方式产生了新一届社区居民委员会成员和社区代表会议代表。2003年，上海第一次大范围地采用由居民代表提名，通过差额选举的方式进行居民委员会换届，其中浦东新区浦兴街道的金桥湾居民委员会还进行了直接选举。2005年深圳盐田区实行全区直选居民委员会主任。但就近几年的情况来看，居民委员会直选比例仍然低于村民委员会直选的比例。

二、城市社区民主治理的模式

(一)城市社区民主治理的网络

我国城市社区民主治理以街道办事处、街道党委、社区党组织、社区居民代表大会(或社区居民全体大会)、业主委员会(或业主大会)、社区居民委员会、社区协商议事委员会为主要治理主体，以社区居民、社区内外非政府组织、服务组织与非正式群体网络为参与治理主体，见图6-3。

(1)街道办事处。根据我国《城市街道办事处组织条例》的规定，街道办事处承担办理市、市辖区的人民政府交办的有关居民的事项，指导社区居民委员会的工作，反映居民的意见和要求。但随着社会的变迁，现在的街道办事处的角色已经演变为上级政府的办事机构，承担着职能部门下派，如治安、劳动、环卫、计生、城市管理、工商、税务、物价等工作的义务。正所谓"上面千条线，下面一根针"，街道办事处成为职能部门的一条"腿"。为完成上级布置的任务，街道办事处将社区居民委员会作为其办事机构，

① 胡位钧：《20世纪90年代后期以来城市基层自治制度的变革与反思》，《武汉大学学报》(哲学社会科学版)，2005年第3期，第353页。

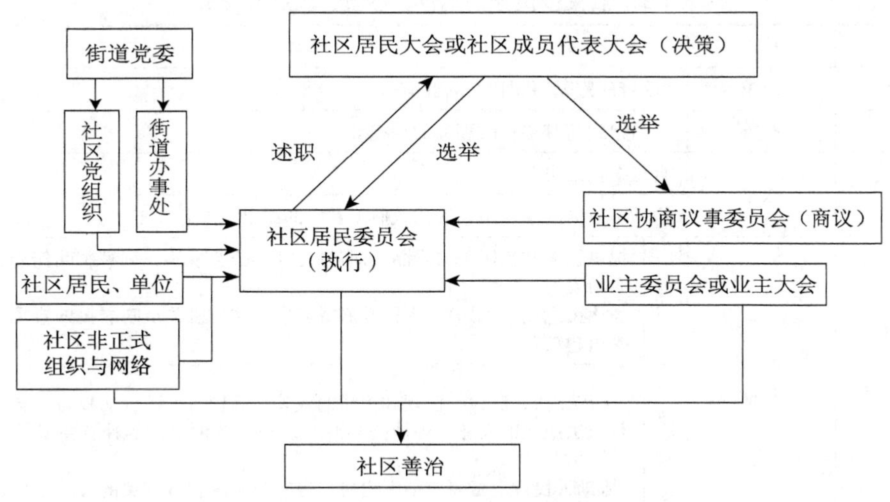

图 6-3　城市社区民主治理网络示意图

居民委员会的行政化倾向十分严重，削弱了自治功能。

(2)社区党组织。社区党组织在城市社区民主治理中扮演双重角色。首先，社区党组织是社区建设的领导核心。主要体现在对社区内各类组织的协调和带动社区其他居民参与社区建设上。其次，社区党组织是社区民主治理过程中的重要参与力量。社区党组织在社区民主治理中领导与参与的双重角色是实现社区善治的需要。

(3)社区居民大会或社区成员代表大会。社区居民大会或社区成员代表大会是社区公共事务的最高权力机构，拥有最高决策权。社区居民大会或社区成员代表大会选举产生社区居民委员会，听取和审议居民委员会年度工作报告和工作计划，研究、决定本辖区的重大问题；选举产生社区议事协商委员会，讨论和评价社区建设诸事项，反馈居民意见和建议。社区成员代表大会每年召开不少于两次，由居民委员会主持，其成员一般由 30～50 人组成，由居民民主选举产生，代表任期为 3 年。

(4)业主大会或业主委员会。在一些新建商品房而形成的社区中，业主大会或业主委员会是社区民主治理网络的重要组成部分。根据国务院颁布的《物业管理条例》，作为房屋所有权人的业主，有权组成业主大会。业主大会有权制定、修改业主公约和业主大会议事规则，选举、更换业主委员会委员，监督业主委员会的工作，选聘、解聘物业管理企业，并监督实施、制定、修改物业管理区域内物业共用部位和共用设施设备的使用、公共秩序和环境卫生的维护等方面的规章制度。业主委员会是业主大会的执行机构，有权召开业主大会会议，报告物业管理的实施情况，代表业主与业主大会选聘的物业管理企业签订物业服务合同，及时了解业主、物业使用人的意见和建议，监督和协助物业管理企业履行物业服务合同，监督业主公约的实施。同时，业主大会、业主委员会应当积极配合相关居民委员会依法履行自治管理职责。

(5)社区居民委员会。我国宪法与《居委会组织法》及其他相关的通则和条例，对居民委员会的地位、性质、职责、任务做了明确的界定，见表 6-2。

表 6-2 居民委员会的地位、性质、职责与任务

<table>
<tr><th>类别</th><th>特点</th><th colspan="2">内容</th></tr>
<tr><td>地位</td><td>双重</td><td colspan="2">“政府的跑腿”和“社区的首脑”</td></tr>
<tr><td>性质</td><td>双重</td><td colspan="2">自治组织与基层行政事务的承担者</td></tr>
<tr><td rowspan="2">职责</td><td rowspan="2">双重</td><td colspan="2">自组织社区事务</td></tr>
<tr><td colspan="2">协助不设区的市、市辖区的政府或者它的派出机关开展工作</td></tr>
<tr><td rowspan="2">任务</td><td rowspan="2">双重</td><td>自治</td><td>提供社会和社区公共产品，即“办理社区公益事业、调解民间纠纷、维护社会治安”；
表达民意民情，即“向人民政府或者它的派出机关反映居民的意见、要求和提出建议”</td></tr>
<tr><td>政治与行政</td><td>“宣传宪法、法律、法规和国家的政策，维护居民的合法权益，教育居民履行依法应尽的义务，爱护公共财产，开展多种形式的社会主义精神文明活动”；
“协助人民政府或者它的派出机关做好与居民利益有关的公共卫生、计划生育、优抚救济、青少年教育等项工作”</td></tr>
</table>

居民委员会的产生与组成方式。法律规定，居民委员会应由居民选举产生。居民委员会由主任、副主任和委员共 5～9 人组成，每届任期 3 年，其成员可以连选连任。居民委员会可以设立人民调解、治安保卫、公共卫生等下属委员会。目前，大多数居民委员会成为街道办事处的下属机构。

20 世纪 90 年代中期以来，各地对传统“议行合一”的居民委员会组织架构重新进行了制度设计，按照“社区自治、议行分设”的原则，对社区居民委员会组织架构采取“议行分离”体制，选举产生了新型的社区自治组织。在实践中，这种“议行分离”体制下社区自治组织架构有两种模式，一种是实体型“议行分离”体制，以沈阳市、合肥市、武汉市的社区自治组织架构为典型；另一种是虚体型“议行分离”体制，以上海市、南京市、宁波市的社区自治组织架构为代表。在实体型体制下，社区居民大会或社区成员代表大会是社区的最高权力机构，拥有最高决定权，社区居民委员会是社区的执行机构，即社区的办事机构，由社区居民大会或社区成员代表大会选举产生，受其监督，对其负责。在虚体型体制下，社区居民委员会是社区的议事机构，其成员由社区居民代表大会选举产生，属于志愿性质，社工服务站是执行机构(图 6-4)，其工作人员由街道办事处招聘，与社区居民委员会成员同时由居民代表大会直选产生，其工资由街道办事处拨付，经居民委员会考核后发放。居民委员会有权辞退社工，有权对他们的工作进行评议和监督。社工的主要职责是认真完成政府和部门布置的各项工作，认真办理居民的公共事务和公益事业。

(6)社区议事协商委员会。在以居民委员会为社区事务的执行者的治理模式中，一般设立社区议事协商委员会作为议事与监督机构。它主要由在社区内有一定影响、在群众中享有较高威望、热心社会公益事业的辖区内主要单位领导和知名人士、居民代表组成，由社区居民大会或社区成员代表大会选举产生，在社区居民大会或社区成员代表大会闭会期间行使对社区的协商、议事职能和民主监督职能。社区议事协商委员会不定期召开工作会议，对辖区内需要解决的重要问题进行民主议事和民主监督。

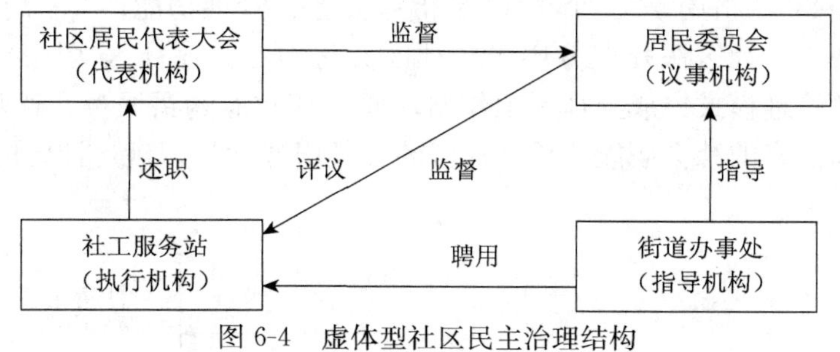

图 6-4　虚体型社区民主治理结构

(7)物业管理公司。物业管理公司是具备相应资格并按照法定程序成立的从事物业管理服务的经营性企业法人。新建商品房住宅小区一般都由物业管理公司提供社区内的物业维护、治安、卫生、绿化、车辆道路管理及其他等有偿服务。物业管理公司的服务质量直接影响到居民的居住环境与生活质量。物业管理公司也是社区民主治理的重要组成部分。

(8)居民小组。每一栋楼的居民组成居民小组，自主管理楼内的公共事务，又称门栋自治。其形式包括：①推选门栋代表。同一楼群的居民通过户代表会议，民主推选门栋代表。各门栋代表通过各种途径听取本楼居民的意见和建议，定期开会研究和解决本楼的实际问题。②订立门栋公约。③不定期举行“户主会”，商讨解决本楼的公共问题。④设立门栋自治基金，用于本楼公益事务。⑤开展丰富多样的公益活动。

(9)居民论坛。社区居民定期召开大会，讨论社区内部的公共问题或公共事务，或者创建网上社区论坛，网议社区公共事务。

(10)居民公决。全体居民共同表决的形式，来解决社区内部公共问题或开展公益事业建设。

(11)居民专门委员会。居民就社区的专项事项建立相应的机构，参与、讨论、监督或执行相关问题、事务，行使民主管理、民主监督的权利。例如，沈阳市沈河区山东堡社区居民自发组织“社区文明建设督导委员会”，参与对社区公共设施、绿化、治安、卫生、环境等的综合管理，维护《居民公约》。

(二)我国城市社区民主治理的模式

在城市社区民主治理的实验探索中，出现了两种不同的探索路径。第一种是行政整合导向，即强化基层政府的功能，以基层政府为主导，依靠政府的行政资源进行社区治理，形成从市政府到社区的逐级垂直治理模式。最为典型的是 20 世纪 90 年代初上海提出的“两级政府、三级管理、四级网络”，这一做法为北京、石家庄、青岛等地所借鉴和引用。第二种是社区民主治理导向，即强化基层社区的功能，重新界定社区与政府的关系，建立社区治理组织，确立其在社区的主导地位，动员、整合社会力量参与社区治理，促进社区的自组织治理。最典型的是“沈阳模式”和以此为基础的“江汉模式”。

(1)上海模式。上海社区管理模式可以归纳为“两级政府、三级管理、四级网络”，“两级政府”是指市政府和区政府，“三级管理”是指市政府、区政府和街道办事处对社区建设所实施的管理，“四级网络”是指在全市各社区内推行网格化管理。在街道形成“一个功能、三个中心”的格局，“一个功能”是指社会综合管理功能；“三个中心”包括社区事务受理服务中心、社区医疗服务中心和社区文化中心。在社区居民委员会层面，实现“居站分设”的管理模式，成立社区工作站，通过从政府购买服务，逐步承接从政府、自治组织中剥离出来的社会职能，承办社区的各类服务项目，满足社区成员的多层次需求，具体见图 6-5。

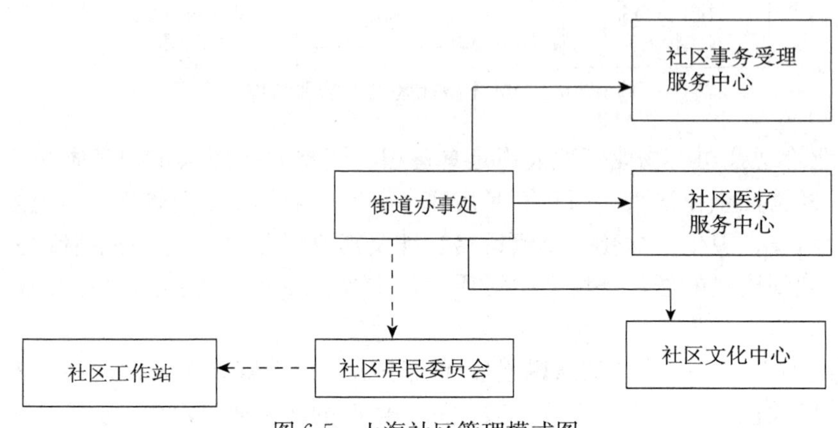

图 6-5　上海社区管理模式图

注：实线箭头表示领导与被领导关系，虚线箭头表示指导与被指导关系

上海社区管理模式是政府管理与社区自治管理并重，政府一次性投入，以政策资金为导向，通过培育扶持社会民间组织，引入市场机制，注重发挥各类社会中介机构和各类社区服务组织的作用，探索以街坊地域为依托，形成政府、市场、社会、居民各方共同参与协作的多样化的社会生活服务系统。

(2)青岛模式。青岛的社区管理主要体现在“社区管理、社区自治、社区文化、社区服务、社区文明、社会安全”六个方面。区、街道办事处、居民委员会各成立社区，并建立区、街道办事处、居民委员会三级组织机构(区成立社区建设指导委员会，街道办事处成立社区建设协调委员会，居民委员会成立社区建设管理委员会)，具体见表 6-3。

表 6-3　青岛社区管理机构、人员与职责

机构	组成人员	职责
区社区建设指导委员会	区委、区政府的领导及相关部门	负责全区范围的社区建设领导职责
街道社区建设协调委员会	街道党政领导及相关部门、社区内企事业单位负责人	综合协调社区建设事务
居民委员会社区建设管理委员会	居民委员会干部、社区内单位代表及居民代表	负责组织本辖区内的社区建设工作

青岛建立了区、街、居三级社区服务中心，形成便民利民、为老年人服务、为残疾人服务等九大服务系列。它赋予社区更多的管理职能和服务内容，大大强化社区服务功能，寓社区管理于社区服务之中。在青岛浮山后新区的实践中，通过社区代表大会选举出社区委员会，自己管理社区事务，区委区政府不再在新区设立街道办

事处，由社区委员会指导社区内居民委员会的工作，并承担街道办事处的绝大部分职责。浮山后社区管理体制可以概括为“一个核心，三套工作体系”。“一个核心”是社区党工委。“三套工作体系”分别是：①社区代表会议制度，社区代表由社区党工委、社区事务受理中心、驻社区单位代表和居民代表及驻社区各级人大代表、政协委员等组成，每届 3 年；②社区事务受理中心，由区政府职能部门的派出人员组成，承担浮山后社区的行政管理职能；③社区服务工作体系，成立浮山后社区服务中心，并在各社区居民委员会成立社区服务站，引导社区单位和居民群众开展便民利民服务活动。

(3)沈阳模式。沈阳自 1999 年上半年起，按照“社区自治、议行分设”的原则制定了相应的规章制度，探索社区民主治理之路。

第一，重新划分社区的区域范围。为促进社区认同与社区民主治理绩效，将社区定位于“大于居委会、小于街道”。沈阳把 2～3 个原居民委员会合并而成一个新的社区。

第二，重建社区民主治理的架构。按照“议行分设”和“自治权利相互制衡”的原则，在每个社区组建“一个大会、两个机构”，以社区议事会、管委会为主导，以居民组长和社区成员代表大会代表为主体的社区民主治理网络，构建各司其职的治理体系。

(4)江汉模式。武汉的江汉模式是江汉区探索出的一条社区管理与建设的新路径，具体见表 6-4。

表 6-4　江汉模式的内容

<table>
<tr><th>措施</th><th colspan="2">内容</th></tr>
<tr><td rowspan="2">界定政府—社区的关系</td><td>指导与服务</td><td>区、街政府部门应指导居民委员会管理社区公共事务，并向社区居民提供公共服务</td></tr>
<tr><td>协助、服务与监督</td><td>居民委员会应按《居委会组织法》的规定协助政府开展工作，并对区、街政府部门的服务予以监督</td></tr>
<tr><td>强化居民委员会权力</td><td colspan="2">社区工作者选免权、内部事物决定权、财务自主权、民主管理监督权和不合理摊派拒绝权</td></tr>
<tr><td>五个“到社区”</td><td colspan="2">工作人员配置到社区，工作任务落实到社区，工作经费划拨到社区，服务承诺到社区，考评监督到社区</td></tr>
<tr><td rowspan="2">权随责走、费随事转</td><td colspan="2">区、街政府部门需要社区居民委员会协助时，区、街政府部门必须同时为社区组织提供协助所需的权利和经费</td></tr>
<tr><td colspan="2">政府部门的社会性职能向社区转移时，必须同时转移权利和经费</td></tr>
<tr><td rowspan="3">社区民主考核</td><td colspan="2">一是居民代表对社区组织及社区工作者进行考评</td></tr>
<tr><td colspan="2">二是社区组织、居民代表对政府工作人员进行考评</td></tr>
<tr><td colspan="2">三是社区组织、居民代表对区政府有关职能部门和街道办事处及其相关科室进行考评</td></tr>
</table>

值得一提的是在武汉还有一个典型的社会共建的新型居民社区——百步亭花园社区。在这个新兴城市社区，开发企业以实现安居需要和提高居民生活质量为目标，将社区开发、社区管理、社区服务和社区建设融为一体，采取“社区管理委员会”“物业管理公司”“居民委员会”三位一体的新型管理模式。“管委会”是一个半行政半自治的组织。

所谓半行政是指武汉江岸区政府授权“管委会”直接履行基层政府的部分职能，领导、组织和协调社区组织及各项活动。所谓半自治是指“管委会”由百步亭花园社区各自治组织负责人、各管理机构负责人和业主代表组成。社区服务中心是在区政府指导下，履行政府各部门职能，为社区居民提供政策性服务的机构；物业公司是全方位承担社区服务的主体；社区居民委员会按照“自我完善、自我教育、自我服务、自我监督”的原则，经居民民主选举产生。

(5)南京模式。南京的社区治理体制比较灵活，市委市政府将权力下放到区，由各个区开展社区管理模式的探索与创新。白下区在淮海路街道办事处实行了社区组织和管理体制改革的新探索。强化街道党工委，下设工委办公室、社会治安综合治理办公室和武装部，加强基层党组织的领导和指导，监督和支持行政部门和自治组织的工作；撤销街道办事处内部机构，设立社区行政事务受理中心，作为区政府各职能部门直接服务群众的“窗口”平台，从而缩减政府行政管理层级，提高行政管理效率；在社区居民委员会层面设立社会工作站，其性质是民办非企业的非营利性组织，为社区提供专业性的社会福利服务，并引入市场机制，走社会化、产业化的发展道路，见图 6-6。

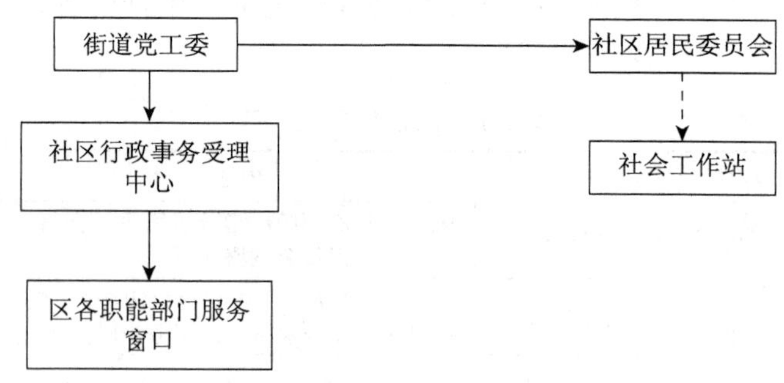

图 6-6 南京白下区淮海社区管理模式

注：实线箭头表示领导与被领导关系，虚线箭头表示指导与被指导关系

(6)深圳模式。深圳的社区治理模式包括罗湖模式和盐田模式，分别是深圳罗湖区和盐田区探索社区管理与建设的成果。罗湖模式概括起来说是以居住小区为基础，居民委员会与物业管理公司紧密结合的社区服务市场化模式。在政府的统一规划指导下，在一些可以实行市场化的社区服务领域中引入市场运作机制，以建设安全文明小区为切入点，化整为零，分散管理，将居民委员会的社会性职能与物业管理公司的商业性运营较好地结合在一起，形成一种高度市场化的社区建设和管理模式。凡是社区公共服务等项目一律由社区居民通过招投标聘请物业公司进行专业化市场化管理。社区居民委员会不从事营利目的的经济活动，主要从事社会性工作，如民政、计生、调解等。而盐田模式被评价为一种成功的多赢模式，其指导思想是“强政府，强社会”的治理理念，采取“议行分设”的组织形式，在社区创立“一会两站”的社区新型管理体制，见图 6-7。

根据《深圳市社区建设发展规划纲要(2005—2010)》和《深圳市社区建设工作试行办法》，在原有社区居民委员会之外新设社区工作站，采用“社区居委会与社区工作站并行”的模式对社区进行管理。

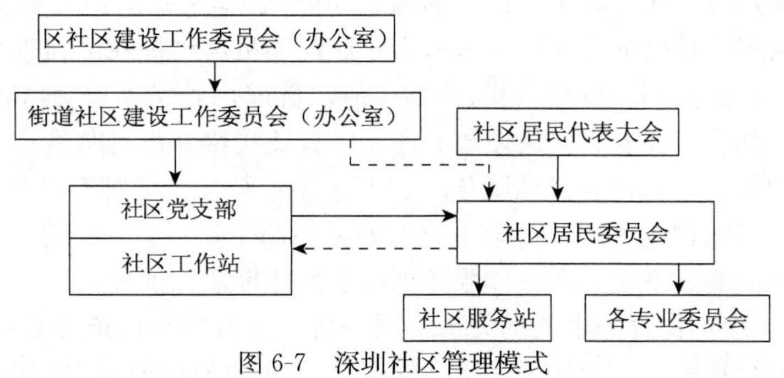

图 6-7　深圳社区管理模式

注：实线箭头表示领导与被领导关系，虚线箭头表示指导与被指导关系

第一，建立社区工作站。社区工作站建立的目的是将居民委员会的职能与政府的工作彻底分开，实行组织结构、职能、人员、经费、场地等分离。社区工作站作为基层政府在社区的办事机构，主要承担政府交办的工作。它把社区目前的各项工作分为社区组织、社区卫生、社区环境、社区治安、社区文化和社区计生 6 项内容，以此作为社区工作站的主要职能。同时，社区工作站要协助社区居民委员会处理各种居民事务，接受社区居民委员会的协调、监督和评议。

第二，建立社区居民委员会。社区居民委员会是居民权利的表达者和维护者，属于居民权益的维护性机构。在经费和财产分配上，社区居民委员会和社区工作站的财务彻底分离。社区居民委员会享有经济自主权，开设独立账户，建立和完善居务、财务公开制度，接受居民的监督。

第三，建立社区服务站。社区居民委员会下设社区服务站，它是一个福利服务和便民利民服务的机构。通过民办非企业登记的办法，社区服务站为社区提供老年人服务、托幼服务、初级卫生保健服务、文体健身娱乐服务、青少年教育服务、心理咨询、家政等一系列服务项目。

此外，近年来广州的社区治理体制也进行了一些探索，如天河区天源街试行“居站分设”模式——“社区居民委员会与社区工作站”分设，越秀区试行“两委一站”模式——“社区党委、社区居民委员会、社区工作站”。这两类模式类似于深圳模式，即居民委员会回归自治本位，社区工作站承担行政事务并协助居民委员会开展自治。但与深圳模式相比，越秀模式的居民委员会没有下设社区服务站而且没有财务自主权。

三、我国城市社区民主治理存在的问题及展望

(一)城市社区民主治理存在的问题

(1)社区民主选举中选民的“政治冷漠”。近年来，我国社区逐渐实行由社区居民直接选举产生社区居民委员会，但效果却不甚理想，其中最主要的问题，是社区选民对居民委员会选举的态度冷漠，选举沦为“走过场”。由于社区居民对于选举没有兴趣，也不积极参加，以致出现了南京市白下区在选举中参选的人全部是外来居民，选举成了居民

用选举的方法雇用社区居民委员会成员的尴尬局面①。居民对居民委员会选举的消极态度，既削弱了居民委员会的合法性，也打击了居民委员会维护社区利益的积极性。

(2)居民委员会与物业管理公司的关系不清。目前，居民委员会与物业管理公司的关系并未理顺，两者存在着直接的矛盾。我国的有关法律并没有明确界定居民委员会与物业管理公司的关系，但两者又在服务内容上存在着交集，如都有义务维护社区治安、绿化美化环境，有的物业管理公司排斥居民委员会插手社区公共事务，甚至百般阻挠。此外，由于双方的职责不明，在具体服务项目上互相推诿、扯皮。

(3)居民委员会与街道办事处的关系不顺。居民委员会与街道办事处的法定关系问题至今未得到完全理顺，由于居民委员会的经费待遇及政治前途都来源于政府，居民委员会的行政化倾向严重，往往偏向于奔命行政事务而忽略社区事务。

(二)城市社区民主治理的展望

(1)社区民主治理的主体间的法律关系将进一步明晰。随着社会转型、企业转制和政府转变职能，居民委员会的工作内容发生了深刻变化，社会管理任务日趋繁重。2011 年 6 月 30 日，民政部决定正式启动《居委会组织法》的修订工作，随着新《居委会组织法》的贯彻与实施，社区服务和社区民主的相关法规和制度，如物业管理条例及各地实施细则、户籍制度、外来人口管理制度等，都将做出相应的修改。

(2)社区民主治理将向纵深发展，规模和水平进一步提高。首先，直选社区居民委员会将作为长期稳定的社区民主治理核心机制确定下来。社区居民委员会直选将不再是试点社区的经验，而是所有社区居民的社区生活的组成部分。其次，民主选举的民主化程度会逐步提高。基层政府的影响力逐步淡出居民委员会选举，选举真正体现民主原则，居民自主选出社区的“公仆”。最后，社区民主治理的协商与参与规模进一步扩大。一是社区居民对社区公共事务与公益事业的参与日趋活跃。二是社区居民参与的形式日趋组织化，各种各样的社区非政府组织、非正式群体与网络将大量涌现并广泛参与社区事务。

第三节 农村社区民主治理

人民公社制瓦解后，在国家与农民的双向互动下，我国农村诞生了以乡镇党委及政府、农村党支部、村民会议、村民代表会议、村民委员会、村民小组、村务公开监督小组、村民民主理财小组等为治理主体，以村中公共事务与公益事业为对象，以“民主选举、民主决策、民主监督、民主管理”为方式的农村民主治理。农村民主治理在农村基层治理中发挥着至关重要的作用，但也出现了各种新的问题，有待完善。

---

① 胡位钧：《公共生活：社团组织与居民参与——南京东路街道社区组织实证分析》，见：林尚立：《社区民主与治理：案例研究》，社会科学文献出版社，2003 年，第 322 页。

一、农村社区民主治理的兴起与发展

(一)农村社区民主治理兴起的背景

我国农村社区的民主治理，是农民基于个体理性而自发形成的集体行动并与国家进行理性互动的结果，其兴起与发展有着深刻的历史背景。

(1)人民公社的解体导致的农村公共产品短缺。20 世纪 70 年代末 80 年代初，随着人民公社体制的式微，国家对农村的公共产品的供给弱化，农村社区的公共服务体系名存实亡，农村社会出现了一定的无序状态。为满足农村社区对公共产品的需要，某些地方的农村村民自发地组织起来，自主的管理农村公共事务与公益事业，维持公共秩序，创造公共福利。

(2)国家在农村的治理能力与权威面临挑战。20 世纪 80 年代初，虽然国家建立乡(镇)政府以弥补人民公社解体后出现的权力真空，但国家在农村的治理与合法性遭遇严峻挑战。一方面，随着联产承包责任制的推行，大部分行政村的集体经济沦为“空壳”，村级行政组织陷于瘫痪。国家面临的突出问题之一是以何种形式将分散的农民重新整合到国家体系中来，实现对乡村的有效治理。另一方面，随着国家权威在农村的减弱，国家与农民之间的垂直行政联系出现断裂，各种传统的权威形式，如宗族势力等，在农村地区再度兴起并意图取代国家法理权威，干群关系日趋紧张。

(3)农民与国家的互动催生农村民主治理模式。为应对上述挑战，国家曾试图重组村一级政府，强化其在农村的垂直治理，但这不利于激发农民的积极性与创造性，而且增加国家财政负担。故此，国家鼓励农民参与农村治理，支持以农民为主体的农村民主治理模式，实现村级治理单位非行政化。同时，各地农民自主探索的民主治理模式所产生的良好绩效双向强化了农民的民主意志与政府的信心，使自下而上制度创新与自上而下制度确认的制度变迁路径得以确立，掀起我国农村公共事务的民主治理新政。

(二)农村民主治理的兴起与发展

自 20 世纪 80 年代以来，我国农村民主治理的兴起与发展经历了创始、探索与创新、成熟与再探索的阶段。

(1)创始阶段(1980～1987 年)。20 世纪 80 年代初，人民公社解体，但相应的农村治理机构并未同时建立，农村的公共设施、治安、集体福利、土地、水利管理等公共产品的供给短缺，一些地区的农民开始自发探索新时期农村公共治理的组织形式。最早的农村民主治理组织出现在广西宜山、罗城两县的部分农村。其方式是村民以无记名投票的形式选举产生供给农村公共产品的组织——村民委员会。村民委员会建立后，召集村民共同制定村规民约和管理章程，组织农民修路建桥，植树造林，安装电视转播器，维护社会治安，为当地村民营造一个安定的生产生活环境，实现公共产品的自我供给。到 1982 年年底，全国不少地区都出现了类似村民委员会的组织。1982 年 12 月，新宪法正式确认了村民委员会的法律地位，全国农村掀起建立村民委员会的热潮。1986 年 9 月，中共中央和国务院发布了《关于加强农村基层政权建设工作的通知》，强调要进一步发挥群众自治组织自我教育、自我管理、自我服务的作用，同时将民政部确定为村民委员会建设的主管机构。这意味着农村的民主治理已正式进入中央政府的工作日程。

(2)探索与创新阶段(1987～1997年)。1987年11月，全国人大常委会通过了《中华人民共和国村民委员会组织法(试行)》，村民自治被以法律形式确定下来。1988年6月，民政部开始在全国范围内组织乡村选举，村民自治开始进入制度化运作阶段。1990年以来，全国广泛开展了村级选举的示范活动。1992年年底，各省都实行了农村基层选举。到1997年年底，全国绝大多数省份都已进行了两届选举，福建省、黑龙江省、河北省、内蒙古自治区等已进行了四届选举。全国60%以上的村庄建立了以村民委员会为主要载体的"民主选举、民主决策、民主管理、民主监督"制度。实践中，各地涌现出许多有益的制度创新，重要的有村民代表会议、村民公决、"海选"、"两票制"、"预选"及"三上三下三公布"等。

(3)成熟与再探索阶段(1998年至今)。1998年，是我国农村民主治理走向成熟的转折年。这一年，第九届全国人大常委会第五次会议通过新的《中华人民共和国村民委员会组织法》，并于同年11月4日正式颁布实施。各省级行政区的地方立法机构陆续依据《中华人民共和国村民委员会组织法》制定了本行政区域内的《村民委员会组织法实施办法》和《村民委员会选举办法》两个地方法规，从而基本形成了中央立法与地方立法相结合的民主治理的法律框架。这标志着我国农村的民主治理正逐步走向以制度化、规范化、程序化为特征的成熟阶段。在民主治理的制度完善方面，新法有了突破性地进展，如村民直接提名候选人、实行差额选举、设立秘密写票处、公开计票、增加了对"破坏选举"的处理、设定了罢免程序，民主选举技术已经日臻成熟。选举产生的村民委员会干部，在年龄结构、文化程度、性别比例诸方面得到优化。村民参选率高达90%①，村民把选举当做基层民主政治生活的一个自然的组成部分。

在民主决策、民主管理、民主监督方面，2003年6月，中央成立了全国村务公开协调小组，督促、指导村务公开制度的建立健全。2004年7月国家以中共中央办公厅和国务院办公厅的名义发布了《关于健全和完善村务公开和民主管理制度的意见》。该文件专门就村务民主决策的程序问题、村务公开问题、财务公开问题等做了详细的规定。

但进入21世纪以来，农村民主治理出现了"成长的烦恼"和"发展的困境"②。具体表现为村民委员会与村党支部黑箱操作，村民的参与权和知情权不能得到落实，贿选，村霸横行，乡镇政府非法干预等问题，这都需要进一步探索与完善。

二、农村社区民主治理的模式

农村民主治理的基本模式是，在乡镇党委、政府的支持下，以农村党支部作为民主治理的领导核心；以村民会议为最高权力机关，以村民代表会议为常设机关，代行村民会议的职权；以村民委员会作为村民会议的执行机关，履行法律赋予的职权和职责；以各个专门委员会作为具体的职能机关，协助村民委员会开展村务管理；以村民民主理财

① 何包钢：《乡村选举实证研究的四个问题及其分析》，《浙江社会科学》，2000年第1期，第107页。

② 徐勇：《村民自治的深化：权利保障与社区重建——新世纪以来中国村民自治发展的走向》，《学习与探索》，2005年第4期，第61页。

小组和村务公开监督小组作为监督机关，代表村民行使村务监督权和村务管理、村务决策的参与权；以“民主选举、民主决策、民主管理、民主监督”为形式，对农村公共事务与公益事业进行民主治理。

(一)农村社区民主治理的网络

农村社区民主治理的网络包括乡镇党委及政府、农村党支部、村民会议、村民代表会议、村民委员会、村民小组、村务公开监督小组、村民民主理财小组等治理体系(图 6-8)。

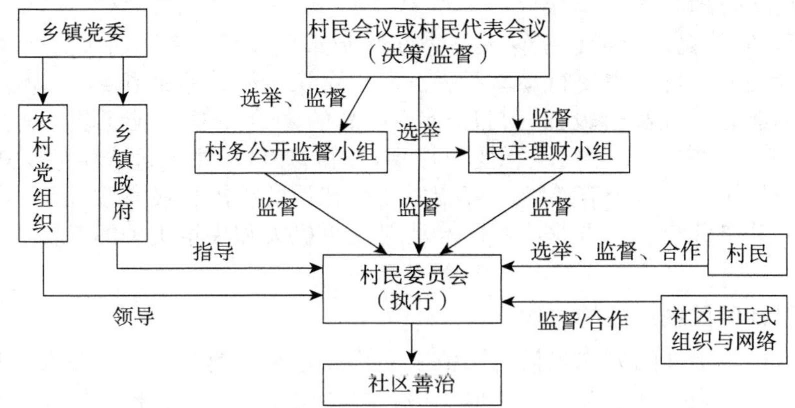

图 6-8　农村社区民主治理网络结构图

(1)乡、镇政府。《中华人民共和国村民委员会组织法》规定，乡、民族乡、镇的人民政府对村民委员会的工作给予指导、支持和帮助，但是不得干预依法属于村民自治范围内的事项。

(2)农村党支部。农村党支部是农村民主治理的领导核心，是农村民主治理健康发展的前提和保障，发挥着政治领导作用、利益表达作用、服务支持作用和监督制约作用①。

(3)村民会议。村民会议是村的最高权力机构。其职权是每年审议村民委员会的工作报告，并评议村民委员会成员的工作，制定和修改村民自治章程、村规民约，并报乡、民族乡、镇的人民政府备案。涉及《中华人民共和国村民委员会组织法》规定的事关村民利益事项，村民委员会必须提请村民会议讨论决定，方可办理。

(4)村民代表会议。村民代表会议是村民会议的代表机构。村民会议闭会期间，由村民代表会议代行村民会议职权。村民会议和村民代表会议，是村民直接行使民主权利或代表村民行使民主权利的决策、监督组织，对村级重大事务具有决策权和管理权。

(5)村民委员会。村民委员会是村民自我管理、自我教育、自我服务的基层群众自治组织，执行村民会议或村民代表会议的决定，对其负责，受其监督。村民委员会由村主任、副主任、人民调解员、治安保卫委员、妇女委员、公共卫生委员、村民小组组长等成员组成，所有村民委员会成员都必须经过民主选举产生。村民委员会成员的权力来自村民的授予，村民有权撤换或罢免不称职的村民委员会成员。

(6)村民小组。村民小组是村民委员会内的一个自治单位，是联系村民与村民委员

① 王金红：《村民自治制度背景下农村党支部的角色与功能研究——以广东经验为例的探讨和分析》，http://www.zisi.net/htm/sxrd/2005-04-07-18319.htm，2005-04-07。

会的桥梁和纽带。

(7)村务公开监督小组。村务公开监督小组成员由村民会议或村民代表会议在村民代表中推选产生，负责监督村务公开制度的落实。

(8)村民民主理财小组。村民民主理财小组成员由村民会议或村民代表会议从村务公开监督小组成员中推选产生，负责对本村集体财务活动进行民主监督，参与制订本村集体的财务计划和各项财务管理制度，有权检查、审核财务账目及相关的经济活动事项，有权否决不合理开支。

(9)宗族。宗族是以血缘、亲缘关系为纽带形成的组织。存在宗族组织的村庄，宗族构成了宗族型村庄村民主要行动单位①。宗族意识较强、宗族组织较为健全的村庄，村民集体行动能力一般都会较强，村庄公共物品的供给一般不成问题，村庄的秩序良好②。但是，有些农村的宗族组织恶变为村霸，对村庄的民主治理产生恶劣影响。

(10)积极村民。农村中有热情、有能力、有知识的村民积极参政议政，参与、讨论和决定村内公共事务与公益事业，积极推动村议事机关和决策机关的工作，提高民主治理绩效。

(二)农村社区民主治理的方式

农村社区民主治理的方式包括村民依民主程序选举、罢免村民委员会，监督村民委员会的运作，对村内公共事务与公益事业进行民主决策、民主管理与民主监督。

(1)民主选举。民主选举指村民委员会的成员由有选举权和被选举权的村民选举产生或罢免，任何组织和个人不得指定、委派或者撤换村民委员会干部(图 6-9)。

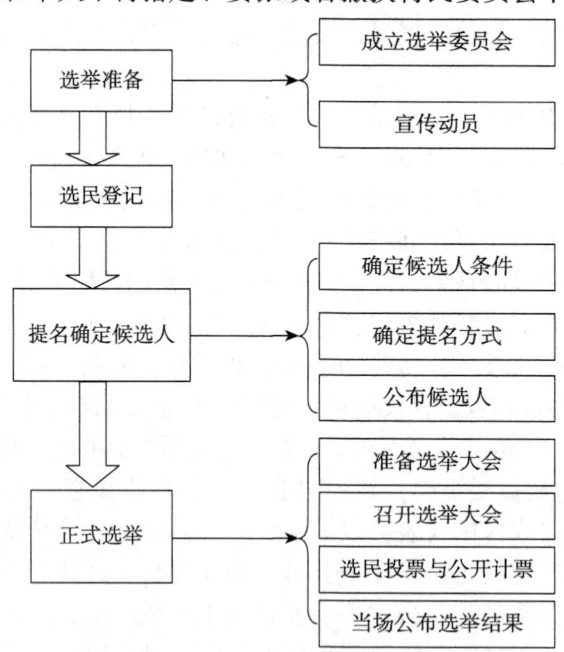

图 6-9 村民委员会选举流程示意图

---

① 贺雪峰：《论村治模式》，《江西师范大学学报》(哲学社会科学版)，2005 年第 2 期，第 6 页。

② 贺雪峰：《村庄政治社会现象排序研究》，《甘肃社会科学》，2004 年第 4 期，第 34 页。

在具体的选举过程中，如何确定候选人是一大难题，我国农村选举中出现了“海选”“两票制”“预选”“三上三下三公布”等制度创新，创造性地解决这一问题。

“海选”是20世纪90年代由吉林省梨树县创造的一种村民委员会选举方式，其特点是不设候选人，由选民直接选举村民委员会成员，“提名权、投票权、决定权”三权合一。具体做法是每位选民领取一张空白选票，然后进入秘密划票间，将自己心目中的村民委员会成员人选的姓名填写在空白票上，再将票投进投票箱，选民投票完成。村民委员会成员在投票结果中产生，过半数票而得票多者当选，如在一次性投票中无人得票过半数或出现缺额，则对得票多的被选人进行再次投票。

“两票制”是山西省河曲县创造的选举模式，整个选举过程分两阶段，投两次票。第一个阶段是确定正式候选人，由村党支部、村民代表会议和村民提名候选人，组织提名和村民提名具有同等权利。然后由有选举权的村民进行预选，投票确定正式候选人。第二阶段是正式选举，召开选举大会，无记名投票，直接选举村民委员会成员。“两票制”选举村民委员会的方式，被移植到村党支部书记选举上。具体做法是，在村党支部的选举中，先让村民对候选人投“信任票”，票数过半才能成为正式的候选人，再由全体党员投“选举票”。

“预选”是福建全省统一实行的确定候选人的方式。为保证正式候选人能够代表选民的意愿，在初步候选人到正式候选人的筛选过程中，采用由村民代表会议组成人员和有关人员投票决定正式候选人的方式。

“三上三下三公布”是河南省驻马店地区汝南县创造的通过民主协商确定正式候选人的方式。该县规定，提名推荐候选人应按三比一或五比一确定，以便实行差额选举。推荐方法采用“三上三下三公布”程序，即选民自下而上地提名候选人(一上)；村选举领导小组公布所有提名人选(一下)；然后，各村民小组再就候选人名单进行讨论，重新提出一份名单(二上)；接着，村选举领导小组邀请村民小组组长和村民代表召开协商会议，而后再自上而下地公布协商后的名单(二下)；同样的协商程序再重复一次(三上三下)。这样三榜定案，确定候选人①。

(2)民主决策。民主决策指，“凡是与农民群众切身利益密切相关的事项，如村集体的土地承包和租赁、集体企业改制、集体举债、集体资产处置、村干部报酬、村公益事业的经费筹集方案及建设承包方案等，都要实行民主决策，不能由个人或少数人决定”②。民主决策的机构是村民会议或村民代表会议。当有1/10以上的村民提议，应当召开村民会议。村民会议应有本村18周岁以上村民的过半数参加，或者有本村2/3以上的户的代表参加。会议决定遵循到会人员的过半数通过原则。人数较多或者居住较分散的村，经常召开村民会议有困难的，可以推选产生村民代表，由村民委员会召集村民代表开会，协商决定有关事项，见图6-10。

(3)民主管理。民主管理指村民依法拟订村规民约，直接参与村庄公共事务与公益事业的日常管理。具体结构过程见图6-11。

---

① 叶富春：《村民自治的历程、意义与问题》，《哈尔滨学院学报》(社会科学版)，2003年第5期，第30页。

② 中共中央办公厅、国务院办公厅：《关于健全和完善村务公开和民主管理制度的意见》(〔2004〕14号文)。

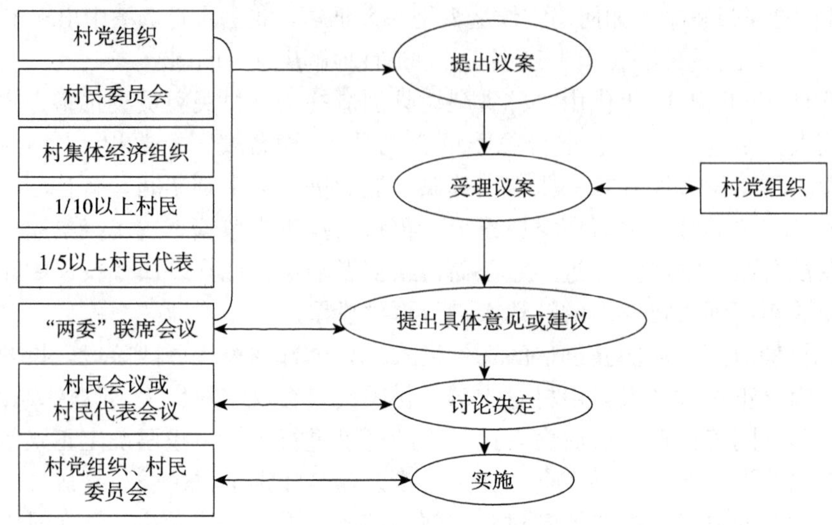

图 6-10　民主决策程序示意图

资料来源：尹田，任自力．中国村民自治典范模版评析．北京：法律出版社，2005：66

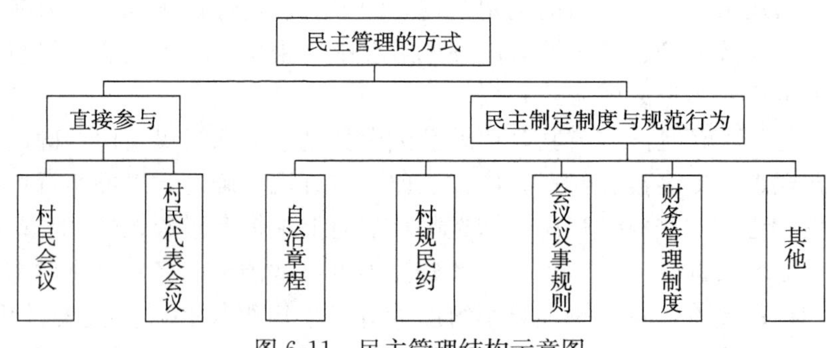

图 6-11　民主管理结构示意图

资料来源：尹田，任自力．中国村民自治典范模版评析．北京：法律出版社，2005：91

依据我国现行法律与政策规定，一个农村的民主管理水平可以从以下几个方面判断，如图 6-12 所示。

(4)民主监督。民主监督指村民有权对村民委员会的工作和村内公共事务进行监督。民主监督的主体包括村民、村民会议、村民代表会议、民主理财小组、村务公开监督小组，主要对象是村务的实施者村民委员会与村支部委员会。但同时，村民也对村民代表、民主理财小组、村务公开监督小组的成员进行直接的监督，并有权罢免其中不称职的成员。其关系见图 6-13。

民主监督的制度主要包括民主评审制度与村务公开制度：①民主评审制度。村民委员会每年都要向村民(代表)会议报告工作，接受村民的评议。经村民民主评议不称职的村民委员会成员，可以撤换和罢免。1/5 以上有选举权的村民联名提起，即可要求罢免村民委员会成员。②村务公开制度。村务公开包括村政务、自治事务与财务向全体村民公开。村民委员会要将村中各项重要事务和涉及村民利益并为村民所关心的事务，向村

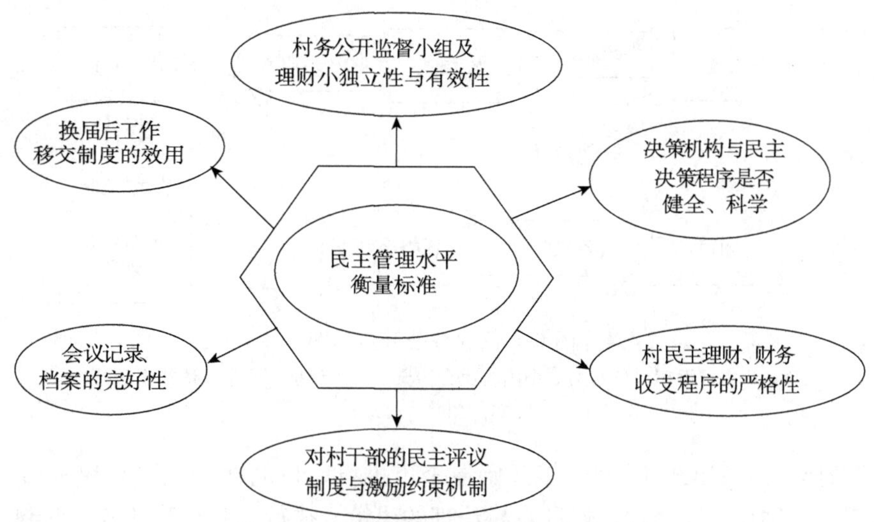

图 6-12　民主管理水平衡量标准示意图

资料来源：尹田，任自力．中国村民自治典范模版评析．北京：法律出版社，2005：92(有改动)

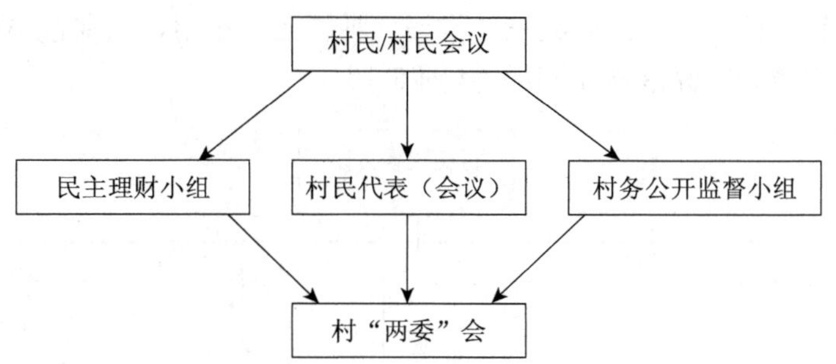

图 6-13　农村民主监督结构示意图

资料来源：尹田，任自力．中国村民自治典范模版评析．北京：法律出版社，2005：119

民公开，接受村民的监督(表 6-5)。

表 6-5　村务公开的种类与内容

村务公开	公开内容
政务公开	计划生育、宅基地审批、土地征用补偿、救灾救济款物发放、税费改革等
自治事务公开	合作医疗、集体采购、农村社会保险、村公用事业、村民福利、村集体经济项目经营、村集体土地利用、村干部误工补贴等
财务公开	财务计划、财务收入、财务支出、债权债务、集体受益及其分配等

其中财务公开是重点，也是矛盾的聚焦点，应严格遵循以下程序至少每 6 个月公布一次，见图 6-14。

(三)农村民土治理模式的创新

为进一步提高农村社区民主治理的绩效，各地进行了各种有益的探索。其中亮点之一是处于欠发达地区的广东省云浮市在安塘等街道办事处所辖农村社区试点的“活力民主、

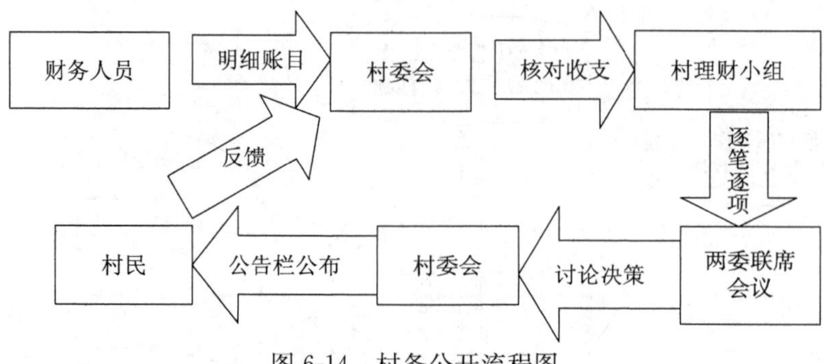

图 6-14 村务公开流程图

资料来源：尹田，任自力．中国村民自治典范模版评析．北京：法律出版社，2005：136(有改动)

阳光村务”新模式，该模式于 2007 年开始在全市推行。目的在于保障村民充分享有知情权、参与权、管理权、监督权，保证乡村治理的决策、执行、监督等环节相互制衡和规范有序，更加充分发挥村民代表会议和村民会议的职能和作用，进一步激发村民委员会的活力，使其成为真正带领村民创业致富、共谋公益的组织。具体做法是在村民代表会议下选举产生会议召集组、监督组和发展组三个常设、独立工作小组，以促进与制衡村民委员会的各项工作，使其既光明磊落又充满活力(图 6-15)。

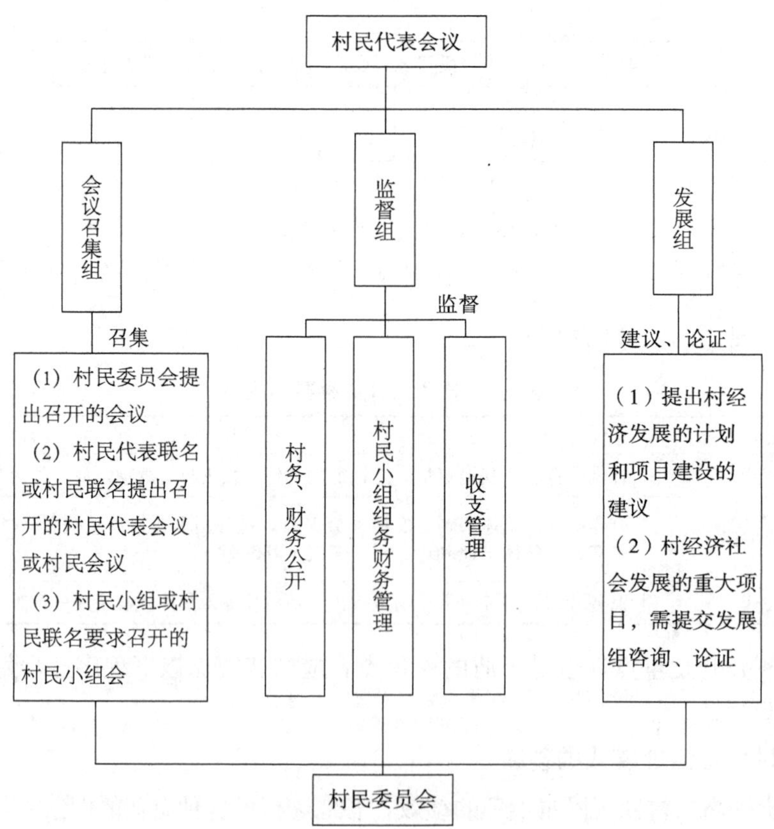

图 6-15 “活力民主，阳光村务”创新机制结构图

“活力民主、阳光村务”的创新点在于夯实了民主的基础，强化民主治理的规范性、可操作性与活力，使农村社区的民主治理发挥公共品供给与发展经济的双重效能，实现民主与发展的共生与共荣。

三、我国农村社区民主治理存在的问题及展望

（一）存在的问题

(1)某些农村的宗族势力非法干预甚至控制村民委员会和村党支部选举。宗族在农村民主治理中发挥着一定作用。但随着农村民主治理的深入及其效用的提升，一些地方农村的宗族势力开始非法干预村庄选举。例如，有调查显示，有23.1%的被访者表示，他们村上一届村民委员会选举，有的候选人请本家族有影响的头面人物争取选票[①]。首先，干扰村民委员会的选举，利用宗族势力把持村民自治组织。或者成立宗族性质的选举机构，直接利用宗族组织进行选举活动。或者用强制性的手段或承诺许愿等方式干涉投票人的意愿。有的地方甚至出现了所谓的“族长令”，强令本族村民只能选本族的人或本族认定的人，否则将会被驱出本族等。或者组织本族人员控制选举会场，而一旦发现选举结果达不到本族的目的时，或撕毁选票，或抢走票箱，或大打出手，致使选举无法正常进行。其次，干预、控制农村党支部的选举或运作。主要有如下几种情况：在党员发展上，长期不发展党员或只发展家族党员；在支部组成上，出现了“家族党支部”或“亲戚党支部”等现象，经常把家族事情作为党内事务来处理，在党内也按在宗族的地位来分享权力。这些虽然并不普遍，但值得引起各级党政部门的高度警惕[②]。

(2)乡镇党政对农村民主治理的越权干预。根据《中华人民共和国村民委员会组织法》的规定，乡镇政府与村民委员会的关系只是指导、支持和帮助村民委员会的工作，但由于国家宏观治理的制度安排与基层政府的治理机制未能与农村民主治理微观机制的变革相配套，乡—村的治理体制仍然是行政命令式的治理体制。乡镇政府需要村民委员会落实日益增多的行政任务。而经村民民主选举产生的村民委员会干部只对村民负责，对于乡镇下达的为村民所反对或拒绝的行政任务采取消极懈怠甚至积极对抗的措施，乡镇党政的权威被村干部消解。为了政令的贯通，乡镇党政采取各种行政措施控制村民委员会干部和村的公共治理，将村民委员会行政化，作为自身的执行机构，村干部成为主要完成乡镇任务的“准行政干部”。村民委员会行政化的必然后果是村民的民主权利被“悬空”和“虚置”，村民满腔热情地参与村民委员会选举，但村民委员会并不能按照村民的意志开展工作[③]，这严重削弱了村庄治理的民主性。

(3)农村党支部与村民委员会的关系不协调。1998年全国农村普遍实行村民委员会直选以后，不少地方农村党支部与村民委员会的关系出现不协调。经常的表现是村支书

① 广州市农村基层民主自治课题组：《广州市农村基层民主自治过程研究》，http://ccrs.org.cn/big/gzsc-mzzfzb.htm。

② 于建嵘：《要警惕宗族势力对农村基层政权的影响》，《江苏社会科学》，2004年第4期，第7-8页。

③ 徐勇：《村民自治的深化：权利保障与社区重建——新世纪以来中国村民自治发展的走向》，《学习与探索》，2005年第4期，第63页。

无视村民委员会的法定职权，个人专权，架空村民委员会，使之长期无法管理村内公共事务。

需要指出的是，在农村民主治理的格局中，农村党支部与村民委员会并非天生的对立面，不存在结构性的不可调和的矛盾。在一定的条件下，“两委”也可以进行协商、合作。“两委”的矛盾主要肇因于相关法律与制度对“两委”关系缺乏清晰的界定，党支部独揽专权、党支部书记与村民委员会主任的个人矛盾、宗族组织的影响及农村黑恶势力的渗透等具体因素①。

除了上述的问题外，我国农村民主治理还存在着贿选、黑恶势力干预选举、村民参与民主治理的积极性不高及“民主选举、民主决策、民主管理、民主监督”的程序存在瑕疵的问题，有待在实践中不断完善。

(二)农村社区民主治理的前景

(1)农村社区民主治理的制度化、规范化水平将越来越高。2010 年 10 月 28 日闭幕的第十一届全国人大常委会第十七次会议上，第三次提交审议的《中华人民共和国村民委员会组织法(修订草案)》获得表决通过，并从当日开始实施。修订之处包括完善民主议事制度、明确村应当建立村务监督机构、规范村民选举委托投票行为、明确对村民委员会成员的罢免程序、明确村民委员会每届任期 3 年、明确村民委员会成员候选人资格条件、增加选民登记的有关规定等内容。

(2)农村社区民主治理的协商民主特征将日趋明显。如前文所述，我国社区民主治理的一个主要特征是政府、非政府组织、社区居民所代表的国家权力与社会权力的协商、合作与共治，而非西方式的社区自治。相应的，我国农村民主治理也并非是把国家权力“驱逐”出村的过程，而是两者相互合作、相互促进的过程。农村民主治理离不开行政权力与资源的支持，政府也不能借农村民主治理而推卸其在农村的责任。二十多年的农村民主治理实践已构建了良好的民主架构，激发了农民的民主意识，提高了民主素质，为提升农村民主治理绩效奠定了坚实的基础，必将促进农村民主治理水平进一步提升。

➢复习思考题

1. 治理与善治理论对我国社区民主治理有何启示?
2. 社区利益相关者包含哪些对象?
3. 社区民主治理的客体是什么?
4. 协商民主理论对我国社区民主治理有何启示?
5. 社区民主治理的手段与目标是什么?
6. 我国社区民主治理普遍存在的问题是什么?
7. 我国城市社区民主治理的代表性模式是哪些? 各有何特点?
8. 城市社区民主治理的主体是什么?
9. 如何协调社区居民委员会、党组织与街道党政三者之间的关系?

---

① 王金红:《对“两委矛盾”概念的经验辨析与理论批评》,《华中师范大学学报》(人文社会科学版), 2005 年第 10 期，第 22-24 页。

10. 农村社区民主治理与城市社区民主治理的区别何在？

11. 如何解决目前农村民主治理所出现的主要问题？

参考文献

博克斯 R D. 2005. 公民治理：引领21世纪的美国社区 . 孙柏瑛，等译 . 北京：中国人民大学出版社 .

何包钢 . 2000. 乡村选举实证研究的四个问题及其分析 . 浙江社会科学，(1)：107.

贺雪峰 . 2005. 论村治模式 . 江西师范大学学报(哲学社会科学版)，(2)：6.

胡位钧 . 2005. 20世纪90年代后期以来城市基层自治制度的变革与反思 . 武汉大学学报(哲学社会科学版)，(3)：353.

吉登斯 A. 2000. 第三条道路——社会民主主义的复兴 . 郑戈译 . 北京：北京大学出版社 .

江泽民 . 2002. 江泽民论有中国特色社会主义(专题摘编). 北京：中央文献出版社 .

李腊生，李金红 . 2010. 社区民主与社会和谐 . 北京：社会科学文献出版社 .

梁莹 . 2010. 基层政治信任与社区自治组织的成长：遥远的草根民主 . 北京：中国社会科学出版社 .

刘晔 . 2003. 公共参与、社区自治与协商民主——对一个城市社区公共交往行为的分析 . 复旦学报(社会科学版)，(5)：39-48.

刘祖云 . 1987. 中国都市居民委员会的历史沿革及其特点——中国都市社会基层居民组织的结构与功能研究之一 . 社会学研究，(6)：64-72.

乔新生 . 2015. 把准社区自治与民主决策的逻辑关系 . 国家治理，(9)：24-28.

唐亚林，陈先书 . 2003. 社区自治：城市社会基层民主的复归与张扬 . 学术界，(6)：7-22.

谢庆奎，商红日 . 2011. 基层民主与社区治理 . 北京：北京大学出版社 .

徐勇 . 2005. 村民自治的深化：权利保障与社区重建——新世纪以来中国村民自治发展的走向 . 学习与探索，(4)：61-67.

尹田，任自力 . 2005. 中国村民自治典范模版评析 . 北京：法律出版社 .

于建嵘 . 2004. 要警惕宗族势力对农村基层政权的影响 . 江苏社会科学，(4)：7-8.

袁方成 . 2014. 从村民自治到社区自治：基层民主的新发展 . 北京：中国社会科学出版社 .

第七章

社区环境建设与管理

社区环境状况直接或间接地制约着社区的建设和发展。加强社区环境建设，对于促进社区建设，强化社区管理，实现社区经济与社会的协调发展，促进社区全面进步有着重要的现实意义。

第一节　社区环境概述

社区居民总是生活在特定的环境之中。任何社区首先要有一个适宜于社区居民进行劳动、学习和生活的环境，并设置必要设施，以保证居民安全、健康，使居民能够合理地、积极地进行劳动、学习和生活。社区居民对社区环境质量需求的变化，是社区环境建设的内在动力，也是社区环境建设的依据和出发点。加强社区建设和管理必须高度重视环境保护工作。

一、社区环境的含义与内容

(一)环境的概念及特征

1. 环境的概念

人的一切行为都离不开环境，环境是人类生存、发展的首要条件。在环境科学中，一般认为环境是围绕着人类的生存空间，及其中可直接、间接影响人类生活和发展的各种自然因素的总和。但也有些人认为，环境除自然因素外，还包括有关的社会因素，如《大不列颠国际大百科全书》认为“环境是包括人类，并对其生活和活动给予各种影响的外部条件的总和”。而1989年颁布实施的《中华人民共和国环境保护法》则指出：“本法所称环境，是指影响人类生存和发展的各种天然的和经过人工改造的自然因素的总体，包括大气、水、海洋、土地、矿藏、森林、草原、野生生物、自然遗迹、人文遗迹、自然保护区、风景名胜区、城市和乡村等。”

2. 环境的特征

环境是一个复杂的，有时、空、量、序变化的动态系统和开放系统，系统内外存在物质和能量的变化和交换。环境构成一个系统，是因为在各个子系统和各组成成分之间，存在着相互作用，并构成一定的网络结构。正是这种网络结构，使环境具有整体功能，形成集合效应，起着协调作用。人类环境存在连续不断的，巨大和高速物质、能量和信息的流动，因此环境表现出其对人类活动的干扰与压力，具有整体性、有限性、不可逆性、隐显性、持续反应性、灾害放大性等特征。

(二)社区环境的含义及构成

在研究社区环境时，由于考察角度和范围的不同，人们对社区环境的理解有广义和狭义之分。广义的社区环境，也可称之为一般意义上的社区环境，即把社区作为主体，研究社区的外部环境状况对社区的影响，从这种视角出发，我们可以把社区环境简单地界定为“社区的外部环境”。狭义的社区环境也可称之为特殊意义上的社区环境，即把居住在某一特定社区的居民作为主体，研究社区范围内一切与居民生活密切相关的各种环境因素对社区的影响。从这个视角出发，我们可以把社区环境界定为“影响社区居民生活的各种环境要素”，本章我们主要从狭义的角度来研究社区环境。

1. 社区环境的含义

所谓社区环境是相对于作为社区主体的社区居民而言的，它是社区主体赖以生存及社区活动得以产生的自然条件、社会条件、人文条件和经济条件的总和。可理解为承载社区主体赖以生存及社会活动得以产生的各种条件的空间场所的总和。

2. 社区环境的构成

根据对社区环境的定义，我们可以把社区环境归纳为自然环境、社会环境、人文环境和经济环境等几个方面。

(1)自然环境是构成社区的地理基础，它为社区实体提供一定的空间区域，是社区赖以存在的自然条件。所谓自然环境，是人类生存和发展所依赖的各种自然条件的总和，它包括地理区位、地形、地质、气候、土壤、水文、资源、动物、植物、微生物等(图 7-1)。

(2)社会环境是构成社区的必要条件，是指社区范围内与人们从事社会活动有关的各种条件的总和，它包括整个社区的人口分布及动态、服务设施、娱乐设施和社会生活设施等。

图 7-1 社区及其环境

(3)人文环境主要包括历史背景、意识形态、行为规范、文化传统、教育科技的发展水平、文化交流的状况、文化模式、价值观念、生活方式、风俗习惯等。除了精神性的条件之外，还包括物质性条件，即人工环境，如生产设施(厂房、机器等)，生活设施(住宅、商店等)，基础设施(道路、供暖、供电、供气、排水、照明、电话、邮政、停车场等)。

(4)经济环境与社区成员关系最为密切，是社区存在和发展的基础，具体包括社区范围内的资源条件、市场条件、就业情况、收入水平、经济设施及技术水平。

二、社区环境的保护与建设

(一)社区环境污染

1. 社区环境污染的含义

社区环境污染是指社区居民在生产、生活和一切社会活动中将产生的废弃物和有害物质排入环境，导致环境质量下降，而对社区及人类生存、生态环境产生影响和危害的现象。

社区环境污染主要是由人为因素造成的。环境污染根据污染源大体可分大气污染、水污染、固体废弃物污染和噪声污染。

2. 社区污染的分类

(1)社区空气污染。社区空气污染是指社区居民在从事生产和生活活动中，某种物质进入了大气，使大气的化学、物理、生物等方面的特性改变，影响人们的生活、工作，危害人体健康，直接或间接损害各种建筑物和设备等现象。空气污染主要有颗粒物、粉尘、二氧化碳、氮氧化合物、一氧化碳、碳氢化合物和各类工业废气、交通工具尾气等。空气污染主要来源于人类的生产和生活，主要污染源有生活污染源、工业污染源、交通污染源等。社区空气污染对社区居民身体健康、社区植物和小气候都会产生严重的危害。

(2)社区水污染。社区水污染是指因社区居民在生活和生产活动中向社区内的江河湖海排放有毒有害液体，改变了天然水的物理、化学和生物学的性质与组成，影响人类对水的利用，从而危害了人体健康和水体中的生物的现象。社区水污染会造成严重的危害，对人体的危害主要表现在可引起急慢性中毒，可诱发癌症，可引发各种传染病。

(3)社区固体废弃物污染。社区固体废弃物污染是指社区居民在生产和生活活动中丢弃的工业固体废渣、城市生活垃圾和农业固体废弃物等造成的周边环境污染。固体废弃物对人体和环境均会产生较为严重的危害。

(4)社区噪声污染。社区噪声污染是指社区居民在生活和生产活动中，人为造成的妨碍人们学习、工作和休息，危害人体健康，并超过一定分贝的高强度声音。噪声通过空气等物质传播到人的听觉感官，危害人体健康，妨碍学习、工作和休息，是影响社区环境的一大公害。常见的噪声有工业噪声、建筑施工噪声、交通噪声和社会生活噪声(广播喇叭、各种音响声)。噪声对人体健康、睡眠和心理均会产生不良影响。

(二)社区环境的保护

1. 社区环境保护的含义

环境保护是指国家和政府通过运用行政、法律、经济、教育和科学技术诸方面的手段，防止环境污染和生态破坏，以保护和改善人们的生活环境和生态环境，使之有利于人类生存和发展而开展的各项活动。其主要包括环境保护理论和技术研究、环境保护管理制度的制定和实施、环境保护的立法、环境保护的知识教育、环境污染的防治等。

国家环境标准体系如图 7-2 所示。

所谓社区环境保护，是指基层政府和社区自治组织运用各种手段来防止社区环境污

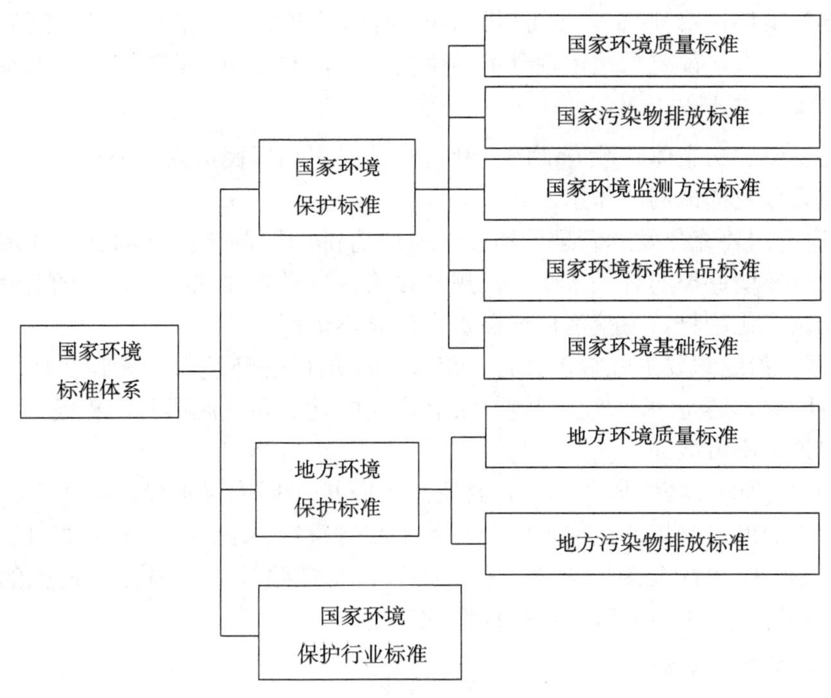

图 7-2 国家环境标准体系

染和生态破坏，以保护和改善社区居民生活及生态环境而开展的各种活动。从某种意义上说，社区环境保护实质上是社区环境的管理，它具有综合性、整体性和持久性的特点。

(1)综合性。社区环境保护涉及面广，既关系到农业、工业、商业、交通运输等各个行业，又关系到社区居民生活的方方面面。所以，搞好社区环境管理，不只是一个纯技术问题，而是一个综合性的社会问题，需要动员全社区的力量，尤其是要在基层政府和自治组织的指导下，采取行政、法律、经济、教育和科技等多种手段，进行综合治理。

(2)整体性。社区作为社会生态系统的一个子系统，同整个社会及其他子系统之间是相互联系、相互制约的，这些子系统共同构成一个有机整体。因此，搞好社区的环境管理，必须注意社会生态系统的整体性，尤其是在治理社区环境污染和其他公害的过程中，要遵循生态规律，树立全局观念。

(3)持久性。社区环境保护是一项长期的任务。对于那些环境污染比较严重的而经济实力又有限的地区，更要注意树立长期保护的观念。

2. 社区环境保护的原则

(1)“三同时”原则，又称为“三同步”原则，是指在新建、改建、扩建的基本建设项目、技术改造项目、区域自然资源开发项目中，防止污染和其他公害的设施，必须与主体工程同时设计、同时施工、同时投产。

(2)协调发展原则，是指在社区建设与管理中，要注意使社区的经济建设同环境保护之间协调起来，实现经济效益、社会效益和环境效益的统一。

(3)“谁污染谁付费”原则，也称“谁污染谁治理”原则，是指凡造成社区环境污染和破坏的单位与个人，都要承担治理环境污染的责任，并按照国家有关规定缴纳排污费。

3. 社区环境保护的措施

社区环境保护的主体是政府部门、社区自治组织和居民群众，要搞好社区环境保护工作，必须充分发挥他们的作用。

(1)政府部门要充分发挥管理职能。一是政府部门要制定科学的社区环境规划；二是要严格执行环境保护的有关法律、法规和政策；三是要加强社区环境的监测，掌握社区环境状况及变化趋势，为社区环境保护提供科学依据。

(2)社区自治组织要加强宣传教育，提高社区居民的环境保护意识。环境问题不只是一个经济问题，还是一个社会问题，没有广泛的动员和社区居民的积极参与，要搞好社区环境保护是不可能的。

(3)采取必要的经济手段。第一，要注意不断扩大环境保护投资的比例。要采取多渠道、多元化的形式筹集环境保护资金。除了政府每年要增加环保投入之外，还要注意引入市场机制，吸引社会闲散资金或引入外资，来加强社区环境保护设施的建设。第二，要加强环境保护资金的管理，确保专款专用。

(三)社区环境的建设

1. 社区环境建设的意义

社区环境代表着社区的形象，而社区形象又反映着一个社区的政治、经济、文化和科学技术的发展水平。加强环境建设，对于加强社区建设，加强现代化管理，实现经济与社会协调发展，促进社区全面进步有着十分重要的意义。

(1)社区环境建设是社区建设的基础。社区环境是社区建设中最基本的组成部分，是居民社会活动不可缺少的物质前提，它制约着社区居民的社会实践和变迁。社区环境开发与保护的好坏，直接影响社区居民经济活动和生活质量的高低；同时，社区环境建设还为人们的审美活动提供了对象，为人们的工作、休闲提供了特定的活动场所。社区要发展，必须重视环境建设，营造良好的投资环境。

(2)社区环境建设是提高居民生活质量的需要。不断提高社区居民生活质量是社区建设的重要任务。研究表明，人体在25%左右的绿色环境中，皮肤温度可降低1～3℃，脉搏的跳动次数可减少4～8次；社区绿化环境搞好后，阳离子就会增多，这有利于调节人体内的血清浓度和神经系统。

(3)社区环境建设有助于精神文明建设。社区环境的改善有助于社区居民积极生活和勤奋工作，有助于爱惜与维护环境的卫生与整洁，有助于社区居民增强自豪感和凝聚力，从而促进社区物质文明和精神文明的良性发展。

2. 社区环境建设的内容

(1)净化环境，建设卫生社区。净化环境，主要是指搞好社区的环境卫生。环境卫生是社区公共卫生的一部分，它对于防止和消除环境对人体造成的危害、改善居民的卫生条件、预防疾病有重大意义。同时社区环境卫生水平的高低，也反映了社区经济发展水平和居民的精神面貌与文化素养的高低。

(2)绿化环境，建设绿色社区。绿化环境是建设环境优美社区的重要环节，也是美化环境的重要内容。社区环境的绿化建设主要包括有计划地种植花草树木，积极扩大地表、空间的绿色植被，发展小区公园。

(3)美化环境，建设美好社区。美化环境是在净化、绿化的基础上，实现社区环境优美的更高层次的要求和目标。美化社区的基本要求是社区环境，如房屋建筑、街道、园林街心、花坛、雕塑等要做到整齐、清洁、协调、美观，形成优雅清新、赏心悦目的社区景观，培养高尚美好、奋发向上的居民精神。

3. 社区环境建设的措施

(1)搞好社区环境规划。社区环境规划主要包括社区环卫基础设施规划和社区公共绿地规划。

(2)做好社区环境管理。

(3)加强环境执法队伍建设。社区环境管理的实施需要公安、工商、城管、卫生、环保等具有社会管理职能的有关部门的执法队伍分配到社区，综合行使环境卫生、园林绿化、环境保护、建筑工地等管理职能。

第二节　城市社区环境建设与管理

城市社区是指在特定的区域内，由从事各种非农业劳动而有各种社会分工的密集人口所组成的社区。由于城市住宅小区是城市社区的主要构成部分，因此，研究城市社区环境建设与管理，应紧密结合住宅小区的实际情况来开展。

一、住宅小区的概念、特点与功能

(一)住宅小区的概念及特点

住宅小区是指有一定人口和建筑规模，能满足住户日常物质与文化需要，为城市干道所分割或自然界限所包围的相对独立的区域(图 7-3)。

住宅小区就其个性而言有如下特点。

(1)规划建设集中化，使用功能多样化。新建的住宅小区大多集中了商业、服务业、文化教育、卫生、办公用房、住宅及配套建筑和设施，组成了完整的、功能齐全的多功能区。

图 7-3　住宅小区

(2)楼宇结构整体化，公共设施系统化。住宅小区的房屋是以住宅的主体及与之相应的各类服务用房，并与区院的建筑、道路、绿化等配套建筑组成统一整体，贯通各家各户的水、暖、电和气等组成的一个网络体系。从而使住宅小区的各类房屋，各种专业设备形成一个多层次、多功能的大系统。

(3)产权多元化，管理复杂化。由于住宅建设投资渠道多样化及住宅商品化的逐步推广，房屋的产权结构发生了重大变化。房屋的产权由单一的全民所有制变为多种所有制，一个住宅可以分属国家、集体和个人等不同的产权所有人。住宅小区的整体性要求统一管理，而产权又为多元化，则将导致住宅小区的各项管理工作复杂化。

(二)住宅小区的功能

(1)居住功能。根据居民家庭不同的经济收入和不同的人口构成，小区为居民提供不同类型和不同档次的住宅，满足居民对住宅的使用需求。

(2)服务功能。住宅小区的公用配套设施能为住户提供多项目、多层次的服务。

(3)经济功能。住宅小区的经济功能主要体现在交换功能和消费功能两个方面。从房地产行业看，住宅与其他用房的出售或出租，都体现商品交换关系，同时，住宅也是人们使用时间长、价值量大的消费品。住宅小区的经济功能是城市经济的一个组成部分，并受其制约。

(4)社会功能。住宅小区居民与为之服务的各种行政、商业、文化等因素相互联系，共同组成了住宅区的社会关系，形成了住宅区的社会网络，相互影响和相互制约。

二、住宅小区的环境建设

住宅小区环境建设是为了满足社区居民居住、工作、休息、文化教育、生活服务、交通等方面的要求，它的任务是为住户创造一个满足日常物质与精神生活需要的宁静、卫生、方便和优美的环境。

(一)住宅小区环境建设目标

住宅小区环境建设目标概括起来有以下四个方面。

1. 社会效益

住宅小区建设的社会效益主要体现在为居民提供一个安全、舒适、和谐、优美的生活空间，它包括社区的治安、交通、绿化、卫生、文化、教育、娱乐等方面，它对调节人际关系、维护社会安定团结有着十分重要的意义。

2. 经济效益

住宅小区环境建设，一方面能够提高物业的价值，有利于物业的后续销售，从而使开发商获取更多的销售利润；另一方面能够延长物业的使用寿命。前者往往是讲经营单位的利益，后者主要是权益人的利益。

3. 环境效益

住宅小区的环境状况与居民的身心健康有着密切的关系，因此，创造一个良好的生活环境，不仅有助于人的身心健康，还对整个城市风貌产生积极的影响。

4. 心理效益

这是上述效益反映在居民心态中的一种主观感觉，如果住宅和环境的舒适、优美的程度已达到了心理定位，居民会有一种满足感、幸福感。

住宅小区环境建设的目标是要达到以上四种效益的统一，这四种效益的实现必须依赖于良好的小区环境的建设与管理。

(二)住宅小区环境建设的实施

物业管理公司在实施小区建设与管理的职能时，主要体现在两个方面：一是参与开发前的规划设计，以保证小区环境建设的需要；二是入住后的各种设施的完善及软环境建设(主要是人际整合和文化环境建设)。

1. 住宅小区规划

搞好住宅小区规划，为小区居民提供一个优美、舒适、安宁、方便的居住环境，是住宅小区环境建设的基础，也是建设现代化文明小区、文明社区和文明城市的基础。图 7-4 为城市住宅小区规划图。

图 7-4 城市住宅小区规划图

按照城市规划的总体要求和住宅小区建设的标准，住宅小区规划主要包括：①住宅小区用地规划；②住宅小区建筑规划；③住宅小区公共建筑规划；④住宅小区道路规划；⑤住宅小区绿地规划；⑥住宅小区活动场地规划；⑦住宅小区环境小品规划。

2. 住宅小区环境建设

住宅小区的环境建设应立足于两个方面：一是配套设施的不断完善，创造一个整洁优美、舒适方便的居住环境；二是通过完善的管理，建立良好的社区文化环境，加强社区的整合，创建文明小区。

(1)配套设施的完善。配套设施的完善是给物业管理提供物质基础，是管理阶段不可缺少的环节。

(2)建立社区文化环境，加强社区的整合。社区文化环境的建立，一方面包括各种场所、设施的建设；另一方面也包括软环境建设，即精神文明建设。

三、住宅小区的环境管理

如果说住宅小区环境建设是住宅小区建设的物质基础的话，那么住宅小区环境管理则是住宅小区环境建设的核心。只有有效的住宅小区的环境管理，才能使住宅小区环境建设的成果得以保持与维护，才能为社区的长远发展奠定基础，为居民提供长久良好的居住环境。

(一)住宅小区管理机构的建立

1. 健全业主管理委员会，强化管理监督职能

为了做好物业管理，除了要有完善的法律法规，使管理有法可依、有章可循外，更重要的是要使各业主直接参与物业管理，组成业主管理委员会。这是由业主代表组成，代表业主的利益，向社会各方面反映业主意愿和要求，并监督物业管理公司行为的一个民间组织。业主管理委员会的权利基础是其对物业的所有权，它代表着该物业的全体业主，对有关的一切重大事项拥有决定权。

2. 加强物业管理公司的专业化建设，引进竞争机制，提高其管理与服务水平

物业管理公司是按合法程序建立并具备相应资质条件的、对物业进行管理的企业性经济实体，是独立核算、自负盈亏的经济组织。其组建原则是企业化、专业化、社会化；其

经营宗旨是综合管理、全面服务，为业主和用户提供良好的工作环境与生活环境。

3. 处理好小区各管理机构的关系

小区管理机构涉及物业管理公司与业主管理委员会之间的关系，以及二者与街道办事处等行政部门和职能部门的关系。要加强小区环境建设与管理，必须加强小区管理机构的建设，明确各自职责，为社区管理提供组织保障。

(1)完全市场条件下的物业管理公司与业主管理委员会之间有如下几方面关系：业主管理委员会是决策人，物业管理公司是雇员，二者间的委托与受委托是一种合同关系，是一种市场的双向选择；二者独立运作，互不干扰，双方可因发展变化的需要，在协商一致的条件下续签、修改或解除合同，但都无权干预对方的内部活动。

(2)由于住宅小区实行属地管理，小区业主管理委员会与物业管理公司应当接受当地政府与街道办事处的领导与管理。

(3)房产、城建、煤气、电信、电业、自来水、公安等管理部门，对住宅小区实行行政管理和行业管理，并对小区业主管理委员会和物业管理公司实行指导、检查和监督。

(二)各种管理制度的建立

一方面，借助物业管理制度的法律、法规形式，明确物业管理主体的权责内容，约束和规范管理主体行为，以提高物业管理的整体水平。另一方面，物业管理内容的制度化有助于建立对物业管理实施监督机制，正确发挥物业管理公司为全体业主和租户服务的行业职能，以便更好地贯彻以创造优美、舒适、安全、方便的生活环境为宗旨的社会职责。

从物业管理者的角度来看，管理制度的建设包括对外与对内管理制度两大类。对外管理制度的建立可协调住户、租户、管理者的行为关系；对内管理制度的建立是约束物业管理公司的内部行为。而小区环境的管理则侧重于前一种制度的建立，它包括以下几个内容。

1. 住户手册

住户手册是物业管理公司发给住户并由住户保存的文件。制定住户手册的目的是为了让住户了解物业的概况，物业管理公司的职责权限，管理的主要内容和主要规定，住户的权利和义务，以及应注意的事项等。通过住户手册，加强物业管理公司与住户的关系，发挥双方的积极性，共创良好的环境。住户手册内容包括物业概况、物业管理、业主与租户须知、日常管理与维修、综合服务、电话号码及其他应注意事项等。

2. 物业管理公约

物业管理公约也称公共契约，属于合同性质。它是由物业业主或使用者和物业管理者共同参与而订立的协议，它将业主或使用者及管理者双方的权利和义务以文件的形式予以确定，并对全体业主或使用者及管理者均有约束力。物业管理公约一般由物业管理公司拟定，但需经各方签署认可后方能生效。

3. 住宅小区管理规定

住宅小区管理规定是一份综合性的管理文件，制定的目的是保证住宅区房屋及公共设施的正常使用，为住户创造一个良好的社区生活环境。

4. 住户的行为规范

物业管理的成功与否，其前提条件之一是住户是否密切配合。作为物业的业主或使用人在享受自己的权利时，不能损害其他人的利益。为管好住宅小区的环境，就必须有全体住户共同遵守的行为规范。

5. 业主管理委员会章程

社区管理委员会章程对成立业主管理委员会的目的、宗旨、权利与义务、成立的方法、主要职责进行规定，明确业主管理委员会在小区环境管理中的作用及地位。

6. 物业管理公司职能制度

其主要是明确物业管理公司各部门的职责范围，使物业公司真正为社区服务。

7. 物业管理公司岗位制度

其主要是明确物业管理公司所设立岗位的职责范围，规定某一岗位对从业人员的要求，包括基本素质、应知应会、岗位职责、工作量规范等方面。

总之，在小区环境管理中，应促使各种管理制度的建立，并在实践中不断地丰富。同时，在运行中必须严格执行，即物业公司、住户等必须遵守各项规定，共同创造小区的优美环境。

第三节 农村社区环境建设和资源保护

农村社区的发展，不应当只是表现为物质财富的增长和人民生活水平的提高，而且要表现为能够创造和维护一个最适合人类生存的良好环境。也就说要达到经济、社会和生态三种效益的有机组合，离开任何一个方面，农村社区的发展都是不协调的、不全面的。

一、农村社区生态环境建设

(一)生态环境的含义

生态环境在农村社区中有着重要的意义。所谓生态环境是指由生物群落及非生物自然因素组成的各种生态系统所构成的整体，主要或完全由自然因素形成，并间接地、潜在地、长远地对人类的生存和发展产生影响。生态环境的破坏，最终会导致人类生活环境的恶化。因此，要保护和改善生活环境，就必须保护和改善生态环境。

(二)农村社区生态环境建设面临的主要问题

改革开放以来，我国农村在经济建设获得高速发展的同时，在农村社区生态环境保护方面也取得了巨大的成就，但也要看到，农村社区生态环境保护方面仍存在一些不足，这些问题不解决，农村社区生态环境就难以持续发展。

(1)绿色植物遭到严重摧残，水土流失日益严重。对绿色植物的摧残，是对环境最大的破坏。长期以来，不少农村把森林视为采伐业基地，重采轻育或只采不育，致使采伐量大于生产量。以森林为主体的生态系统遭到严重破坏，水土流失现象日益加重，生态服务功能持续下降，生态灾害加重，生态问题复杂化(图 7-5)。

(2)生物资源遭到严重破坏，珍稀动物面临绝种危险。生物资源、野生动植物的存在，具有维持生态系统动态平衡的功能。目前，由于对野生动物的肆意捕杀，许多野生动物面临绝种的危险。而有机杀虫剂的长期不合理使用、粮食等品种单一性的选择等，

图 7-5 水土流失严重的西部农村社区

资料来源：水土流失严重，河西走廊深陷生态危机．中国宁波网—图片频道，http://pic.cnnb.com.cn，2007-12-06

则使许多野生的和人工栽培的植物品种日渐减少。

(3)矿物资源和水资源的不合理开采和利用，使生态系统被破坏的状况越来越突出。矿物资源属于不可再生资源，现在农村社区不少乡镇企业技术装备落后，原料、能源浪费大，如果不合理开发、利用，很快会面临矿物资源枯竭的严重问题。水资源虽然是可再生资源，但如果我们既不珍惜地上的水，又盲目地无节制地利用地下水，不按照地下水资源的多少合理布井，盲目超量开采，将导致地下水位急剧下降，最终也必将影响人们的生产生活用水。

(4)污染越来越严重，水质不断下降，空气质量不容乐观。随着城市环境的恶化和乡镇工业的迅速发展，农村社区的环境污染越来越突出了。现在，工业污水和生活污水的排放量不断增多，这些污水中含有粪便、污物、细菌、毒素等，不经过任何处理直接排到江河湖海。随着城市环境污染的辐射和乡镇工业的发展，广大农村也正成为污染的受害者。许多农村社区以煤炭为主要能源，燃烧煤炭占据了整个燃料排放量的95%。煤烟型污染是城市大气污染的主要特征，现已扩散成为农村社区大气污染的重要特征；土炼焦、土炼硫、小化工等行业所排放的有毒气体也成为农村社区大气污染的重要特征，农村社区空气质量已经越来越不容乐观。

(三)影响农村社区生态环境建设滞后的主要因素

(1)公众环境意识水平较低。所谓环境意识，是指人们在认知环境状况和了解环保规则的基础上，根据自己的基本价值观念而发生的参与环境保护的自觉性，它最终体现在有利于环境保护的行为上。目前，仍有许多人对环境问题的客观状况缺乏清醒的认识，对许多根本性的环境问题缺少了解。

(2)环境问题与贫困等其他社会问题交叉、重叠，加大了环境建设的难度。贫困地区由于经济基础薄弱，难以保证环境建设上的投入，同时恶劣的环境状况又加剧了贫困状态，形成恶性循环。

(3)人口众多，环境资源压力大。环境问题和人口问题有密切的互为因果的联系。在一定社会发展阶段、一定地理环境和生产力水平的条件下，人口增长应有一个适当比例。人口数量过快增长对环境有一定程度的压力。

(四)加强农村社区生态环境建设的措施

(1)全面实施农村能源工程。全面实施农村能源工程主要涉及：大力发展农村沼气(图 7-6)，加强沼气技术与种植、养殖等适用技术的有机结合，形成以沼气为纽带的生态种养发展模式；加强农村节能工程建设和新能源开发，全面普及节柴、节煤灶具和技术，积极发展太阳能、风能等其他新型能源；加快农村小水电建设。

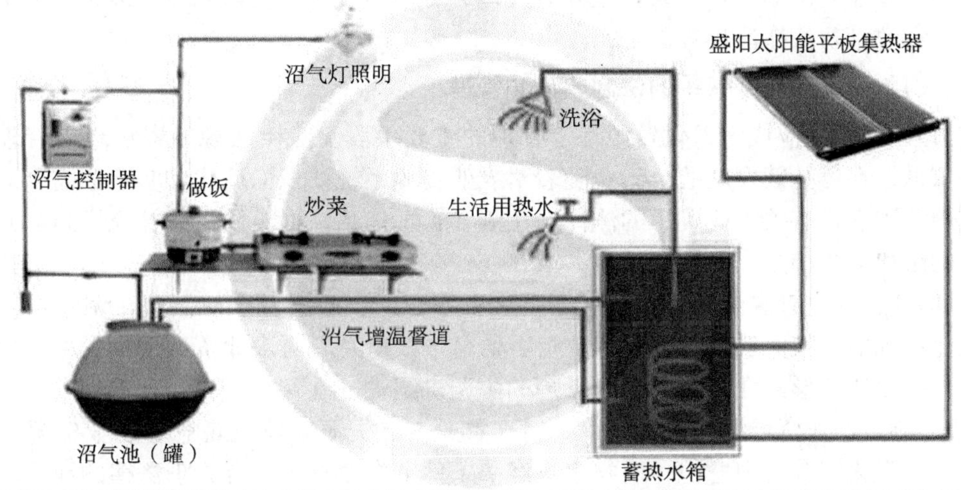

图 7-6　农村沼气运用示意图

(2)全面实施生态移民工程。充分利用扶贫开发、退耕还林和自然保护区等项目建设的契机，把生活在自然条件恶劣、自然灾害频发村寨的贫困人口和自然保护区核心区内人口，逐步搬迁到生产生活条件较好的地方，实现异地脱贫(图 7-7)。

图 7-7　青海省部分“生态移民”迁入新居

(3)全面实施农村社区环境保护工程。改善农村社区能源结构，淘汰高能耗、高污染的小型企业，提高农村社区大气环境质量，抓好农村社区水环境质量控制工程。加快农村社区污水集中处理设施及矿山生态环境治理工程建设。

二、农村社区的资源保护

农村社区的资源保护主要是农业资源保护。农业资源是指人们从事农业生产或农业经济活动中可以利用的各种资源，包括农业自然资源和农业社会资源。农业自然资源主要指自然界存在的，可为农业生产服务的物质、能量和环境条件的总称。它包括水资源、土地资源、气候资源和物种资源等。农业社会资源指社会、经济和科学技术因素中可以用于农业生产的各种要素，主要有人口、劳动力、科学技术和技术装备、资金、经济体制和政策及法律法规等。

(一)加强农业资源保护的法制建设和管理

(1)法律管理应成为强化资源环境管理的主要手段。法律法规是资源环境管理的基础和依据。在可持续发展的今天，随着对农业资源系统认识的深化和实践的需要，应全面审理我国现行有关农业资源的法律、法规和管理体系，提出修订和补充措施，并制定相应的法律实施细则、条例和管理办法。

(2)建立并完善农业资源产权制度。建立并完善农业资源产权制度，调整并划分各类农业资源的产权关系，从法律上支持、监督产权所有者对农业资源保护的稳定性和持久性，并以法律形式强化农业资源管理的协调机制。

(3)制定农业资源综合管理法律。树立农业自然资源整体化观念和农业资源立法的前瞻性，强化综合管理意识；确立市场经济条件下农业资源综合管理法律的地位；建立农业资源综合管理法律体系，实现对农业资源的综合管理。

(二)调整农村产业结构，优化资源和生产要素的组合

进一步扩大生态农业和持续农业的试点，及时推广应用。积极稳妥地调整农业生产结构，形成结构合理的农、林、牧、副、渔全面发展的大农业格局，发展农业产前、产后的延伸产业，形成种、养、加和农、工、贸相配套的农业产业化体系。

(三)合理开发农业资源，加强资源的保护利用政策

(1)保护耕地(图 7-8)。国土资源部公布的 2011 年度全国土地利用变更调查数据显示，我国人均耕地面积由 2004 年的 1.41 亩(1 亩≈666.67 平方米)进一步减少到 1.4 亩，仅为世界平均水平的 40%。截至 2005 年 10 月 31 日，全国耕地面积为 18.31 亿亩，人均耕地面积已由 1995 年的 1.59 亩和 2004 年的 1.41 亩，逐年减少到 1.4 亩。2011 年，全国耕地减少 532.7 万亩，其中建设占用耕地 485.0 万亩，灾毁耕地 33.5 万亩，生态退耕 14.2 万亩；同期耕地增加 483.7 万亩，增减相抵，耕地面积净减少 49.0 万亩。2011 年年底，全国耕地保有量为 18.247 6 亿亩[①]。今后我国各项建设都应力求少占地、占坏地，坚持有偿用地，有借有还，尽可能利用各种空闲地，减少占地损失，有计划地开垦边远地区的宜农荒地。

(2)改善农业资源环境。防止工业“三废”直接排入农业环境而造成危害，严格控制

① 国土资源部网站，http://www.mlr.gov.cn/xwdt/jrxw/20121213_1165052.htm，2012-12-13。

图 7-8　基本农田保护区

资料来源：潮州市国土资源局．做好基本农田划定工作　实行永久保护．http://gd.6262988.com/bosshowtemp/CustomTemplate/UserDefined/Index.aspx?id=560683&MenuId=1&dt=1&pn=1153744&Aid=523889

乡镇企业的污染源；同时要控制农业自身的污染源，即减少化学农药的使用量，尤其是高残毒农药的使用，防止过量使用氮素化肥，避免农用水体富营养化等。

(3)注意引进、吸收发达国家有关农业资源的节能、资源保护和环境修复的先进技术，重视农业资源的高效利用和资源替代等。

(四)开展农业自然资源评估和评价工作

长期以来农业资源的无偿使用已经造成资源的严重浪费，这对农业资源保护和开发利用非常不利。在市场经济条件下，若不能及时扭转资源无价和价格扭曲现象，就会加重对资源的浪费。因此，必须规范农业资源作为一种特殊资产的评估方法，加强农业自然资源的估价和评价工作，推行有偿使用及社会补偿制度、资源开发的申报和审批制度，以便加强对农业资源的管理，保护农业资源环境。

➢复习思考题

1. 环境的概念和特征是什么?
2. 社区环境的含义及构成?
3. 简述环境污染的类型及其危害。
4. 环境保护的原则及措施是什么?
5. 如何进行住宅小区的环境建设?
6. 农村社区生态环境建设面临的主要问题及其成因。
7. 为什么说农村社区在环境保护中具有特殊的地位?

参考文献

陈昕，张龙江，蔡金榜，等．2014．公众参与环境保护模式研究：社区磋商小组．中国人口资源与环境，(S1)：42-45.

董傅年．2004. 社区环境建设与管理．北京：机械工业出版社．
格林 C，凯利特 R. 2010. 小街道与绿色社区：社区与环境设计．范锐星，梁蕾译．北京：中国建筑工业出版社．
王国平．2004. 环境保护与中国农村社区机制的选择．求索，(4)：7-11.
乌东峰．2005. 论农村社区机制与农村生态环境保护．学术论坛，(1)：81-85.
吴峰．2003. 新城市主义理论与社区环境规划设计研究．西安建筑科技大学硕士学位论文．
谢晶莹．2003. 在全面建设小康社会中进一步优化农村社区环境．决策探索，(7)：20-21.
谢晶莹．2005. 湖南西部民族地区农村社区生态环境建设探析．民族论坛，(12)：18-19.
张坤，李景珍．2014. 经济对农村社区生态环境保护的作用．环境与发展，(Z1)：7-8.

第八章

社区服务与管理

社区服务，又称社区社会服务，是社区工作中的一项核心内容，与广大社区居民的日常生活密切相关，也是社区诸多社会功能中最基础、最根本和最重要的功能之一。社区服务通常面对社区辖区内的居民及单位而开展，既丰富和方便了普通社区居民的日常生活，又有助于解决老年人、残疾人、失业人群等社会弱势群体的切身困难，同时还能较好地协助辖区单位开展工作。本章对社区服务的概念、性质、意义及我国社区服务的发展历程进行了介绍，同时结合我国城市和农村建设中的成功实践经验，对目前我国比较有代表性的城市和农村社区服务类别、管理方式做了较为详细的说明。

第一节　社区服务概述

一、什么是社区服务

(一)社区服务的概念

关于社区服务的概念，国内学者存在着不同的观点，不过这些定义就其实质而言并无太大差异。结合目前学术界的共同看法，我们可将社区服务定义为在政府规划、指导和扶持下，依托街道办事处、居民委员会和社团等社区组织机构，发动和组织社区成员，利用和开发社区资源，为满足社区成员的各种需求而开展的具有社会福利和公益性质的居民服务。

(二)社区服务的基本内涵

(1)社区服务的主体。社区服务的主体，即服务者，包括了所有支持、组织和参与社区服务的政府、组织和个人。

在社区服务中，政府的作用非常关键，它既为社区服务提供宏观的政策指导，又为社区服务组织的建立运转提供人员、物质和资金的扶助，起着规划、指导和扶持的作用。

社区服务以社区组织作为依托。社区组织在我国城市主要指街道办事处和居民委员会，农村主要指村民委员会，此外还包括各类社会团体，如帮扶小组、志愿者组织、同乡会、非政府组织等。街道办事处和居民委员会是社区服务的主要组织机构。各类社团是社区服务的有益补充，它们充分发挥自身机制灵活、运转高效的特点，为社区服务增添了活力。

社区服务主体中的个人主要指社区服务的管理者、各类专职或兼职社区工作者及广大志愿工作人员，他们分属于不同的社区组织，是社区服务的具体操作者和执行者。

(2)社区服务的客体。社区服务的客体，即被服务者、服务对象，包括了辖区内的全体社区居民和单位组织。

作为一项社会福利措施，社区内的居民都有权享受社区服务，其中老年人、残疾人、青少年、社区矫正对象、贫困者、下岗失业工人等弱势群体是社区服务的重点对象，他们由于自身生理、心理和社会条件上的局限而更加需要社区服务。此外，随着社区服务的广泛开展，辖区单位和组织也成为社区服务的重要对象，通过为辖区单位提供餐饮、娱乐等“后勤”服务，能够密切社区与辖区单位的联系，有助于共同建设社区、发展社区。

应该重视的是，大多数社区居民既是社区服务的客体，又同时是社区服务的主体，也就是说他们既可以接受他人的服务又可以力所能及地为别人服务，从而达到权利和义务的统一。任何成功的社区服务都是建立在社区居民的广泛认同和积极参与基础上的，这就要求我们在开展社区服务时，注意调动社区居民的参与性和积极性，真正在居民心中树立“社区是我家，文明建设靠大家”的观念。

(3)社区服务的目的。社区服务的目的在于满足社区成员的各种生活需要，这既包括物质生活的需要也包括精神生活的需要。前者如衣食住行等便民生活服务项目、劳动就业项目、卫生体育项目、特殊群体服务项目等；后者则包括了文化娱乐服务、社区教育服务、治安调解服务等内容。社区服务如此众多的项目和内容，正是由社区居民丰富而广泛的生活需要所决定的。

(4)社区服务的性质。社区服务是社会公益性的，或称公共福利性的，福利性、公益性是社区服务的本质属性。商业服务与社区服务尽管在服务的具体事项上相似，但两者的性质是不同的：商业服务是营利性的，注重企业的经济效益；社区服务是非营利性的，更加注重社会效益。当然，社区服务并不排斥提供有偿社区服务的可能。不过即使有偿，也应当遵循便民微利的原则，所收费用主要用于补偿服务成本、维持和改善服务方面。社区服务的性质要求必须始终把社会效益放在第一，不能因为经济效益的考虑而削弱、损害或取消社会效益。

(三)社区服务的特点

社区服务具有以下四个特点。

(1)福利性，体现在它把社会效益放在首位，以满足社区居民生活服务需求为目标，而不是以营利为目的。福利性是社区服务最本质的特点，其他几个方面的特点都是由此派生和衍生出来的。

(2)群众性，体现为发动社区居民的参与性和积极性，社区的事情让居民自己组织或参与，体现了社区服务是居民群众的自我服务形式。

(3)互助性，体现在通过组织发动社区成员开展社区互助服务，从而体现“人人为我，我为人人”的社区精神风貌。

(4)地缘性，体现在社区服务只能存在于社区居民生活的范围中，存在于社区服务组织和设施直接发挥作用的区域内。

二、我国社区服务的发展历程

20世纪初，在早期社会活动家梁漱溟、陶行知、晏阳初等所倡导的乡村建设运动中已经有了现代社区服务的雏形。而在当时中国共产党领导的革命运动中，也有社区服务的内容。

新中国成立后，我国的社区服务重点在城市展开。20世纪50年代初，各地政府、各单位，在机关大院、街道、居民区兴建了一批托儿所、幼儿园，设置了互助组、医疗组等服务组织，同时广泛开展爱国卫生活动。一大批热心公益事业、不计报酬的干部群众积极投身于社区服务，这对良好社会风气的形成起到了十分重要的作用。但20世纪50年代末到70年代末，由于极左思想的影响，适宜分散经营的修补、缝纫、零售、餐饮、手工劳动的个体户等被取消，代之以集体生产的各类合作社，这些不切实际的义务服务很快难以为继，导致此后相当长一段时间内社区服务无人过问。

随着1978年党的十一届三中全会的召开，我国进入社会主义现代化建设的新时期，我国社区服务也进入了蓬勃发展的大好阶段。一般认为，我国现代社区服务的产生和发展大体经历了以下三个阶段。

(一)倡导和起步阶段：1987～1989年

20世纪80年代以来，随着计划经济向市场经济的转化，社会流动加剧，城市人口急剧膨胀，家庭结构日趋小型化，原先由政府、企业承担的问题越来越多转向由社会承担。为了配合国家经济体制改革和社会保障制度建设，1987年年初民政部率先提出了“社区服务”概念，倡导在城市基层开展以民政对象为服务主体的社区服务活动。同年9月，民政部在武汉市召开全国社区服务工作座谈会，对具体开展社区服务做了研究，提出了工作要求，这标志着社区服务正式倡导发动。

(二)推广与普及阶段：1989～1993年

1987年民政部在武汉市召开全国社区服务工作座谈会议之后，社区服务在全国逐渐得到普及。1989年民政部在杭州市召开全国城市社区服务工作经验交流会，总结和交流了武汉会议以来社区服务工作的经验，要求在全国的街道办事处和居民委员会普遍开展社区服务。1989年12月全国人大通过的《中华人民共和国城市居民委员会组织法》指出居民委员会应当提供便民利民服务，并且第一次将“社区服务”的概念以法律条文的形式固定下来。1991年11月，有关部门再次在北京市召开全国社区服务工作研讨会，就社区服务的内涵和外延、地位和作用、组织和管理、发展和提高等方面，从理论上进行了探讨。1992年7月，中共中央、国务院在《关于加快发展第三产业的决定》中，要求社区服务向产业化和行业化方向发展，这一政策有力地推动了社区服务的开展。

(三)迅速发展、不断提高的阶段：1993年至今

1993年8月，民政部、国家计划委员会、国家体制改革委员会、财政部、人事部、劳动部等14部委联合颁布《关于加快发展社区服务业的意见》(简称《意见》)的文件。作为社区服务发展的第一个政策性文件，《意见》要求将社区服务业纳入第三产业发展统筹规划，为社区服务业的发展提出了明确的目标、要求和基本任务，这一文件推动了全国社区服务的迅猛发展。1994年年底，有关部门在上海市召开了全国社区服务经验交流会，重申了社区服务的福利服务宗旨和坚持社会效益为主的基点，对社区服务进行了重新定位。1995年，民政部颁布了《全国社区服务示范城区标准》，在全国布置开展创建示范城区的活动，为社区服务在全国城镇的广泛普及和整体水平的提高提供了规范性指导和示范性样板。到2011年，全国共建成综合性的社区服务站30 021个、街道社区服务中心3 515个、村级组织活动场所53.9万个，便民利民服务网点69.3万个。还建有社区卫生服务中心(站)、社区文化中心(室)等专项社区服务设施(图8-1)。社区服务内容不断拓展，劳动就业、社会保障、生活救助、文化娱乐、社会治安等政府公共服务事项逐步向社区覆盖。广泛推行社区志愿者注册登记制度，社区志愿互助服务蓬勃开展。超市、菜场、早餐等生活保障性商业网点得到重点配套，家政服务、物业管理、养老托幼、食品配送、修理服务、废旧物品回收等便民利民服务项目逐步进入社区，极大地方便了社区居民生活，提高了生活质量①。

图8-1 现在的社区服务中心

值得注意的是，2006年4月9日，国务院发布了《国务院关于加强和改进社区服务工作的意见》(国发〔2006〕14号)(见本章末附录)。这是我国社区服务发展历史上第一次以国务院名义下发的文件，明确提出了加强和改进社区服务工作的指导思想、主要任务和基本要求，充分反映了我国政府对新时期社区服务工作的重视。

三、开展社区服务的意义

(一)发展社区服务顺应了我国现代化、城市化进程的需要

当前我国正在由传统社会转型为现代化社会，一个突出表现就是城市化进程加快。所谓城市化，就是人口向城市集聚，城市规模膨胀，城市数量增多的过程。在促进社会现代化的同时，城市化又相应引发人口、治安、老龄化、残疾人等一系列社会问题，推进社区建设，发展社区服务，完善社区功能，是既顺应城市化进程又克服其负面效应的有效途径。

(二)发展社区服务是适应社会功能分化的需要

社会功能的分化、专门化，是现代社会设置的特点，是社会进步的标志。政府的功能分化后，经济功能放归企业，社会功能下移基层；企业的功能分化后，社会服务、社

① 民政部：《城乡社区服务体系建设"十二五"规划公开征求意见》，民政部网站，2011年1月31日。

会保障等功能回归社会；家庭的功能分化后，一部分服务功能向社会转移。社会功能分化的结果使“单位人”向“社区人”转变，必然催生社区服务，使分化后的社会功能得到补足、完善。

(三)发展社区服务是满足广大社区居民需要的必然选择

在改革开放和发展社会主义市场经济的新形势下，我国城市人口流动进一步加剧，居民由于生活水平的提高对社区有了更多更新的不同层次的要求，直接导致社区服务出现了许多新的变化。例如，家庭小型化问题、人口老龄化问题、下岗失业人员问题等，都直接促进了社区相关服务业的开展。

第二节　城市社区服务及其管理

在我国，城市社区的发展相对较为成熟，类型极为丰富和广泛。我们通常按照服务对象的不同把城市社区服务的内容分为以下三类，即面向特殊群体的社区服务、面向全体社区居民的社区服务及面向辖区单位的社区服务。

一、面向特殊群体的社区服务

面向特殊群体的社区服务，又被称作社会福利服务，它主要指针对社区内的老年人、残疾人、青少年、贫困者、下岗失业工人等弱势群体开展的福利服务。

(一)社区老年人服务

随着人口老龄化，老年人的需求日益引起社会的关注，面对着汹涌的“银发浪潮”，如何做到“老有所养、老有所为、老有所乐、老有所学”也就成了社区老年人服务的主要内容。所谓社区老年人服务，就是指针对本社区老年人在衣、食、住、行、医、学、乐等方面的特殊需求而开展的福利服务。

在社区服务中我们通常把为老年人提供的服务分成以下几个方面。

1. 养老服务

养老服务是指为老年人提供必要的生活服务，满足其物质生活和精神生活的基本需要。目前我国养老服务方式主要有社会养老和家庭养老两种，其中社会养老主要针对无依无靠的老年人，而大多数老年人受观念和条件所限更多选择家庭养老作为主要养老方式。社区服务可以较好地把这两种养老方式结合起来，发挥自身的积极作用。

在养老场所和设施方面，社区养老主要依靠敬老院、康复中心、社区文化活动室等来开展工作，为孤寡老人、高龄老人及子女照顾困难的老人提供便利(图 8-2)。

在基本生活来源方面，可以通过孤老院供养、发放最低生活保障等方式为失去供养的孤寡老人提供服务，可以为尚未落实养老金发放的老年人提供相应的法律咨询服务，可以为家庭拒绝赡养的老年人提供家庭调解或法律援助服务，可以为享受养老金的老年人开展养老金存储和领取服务，还可以利用志愿者和社会捐助渠道为老年人开展日常服务工作、捐赠工作和年节慰问工作。

在日常生活照料方面，社区服务可以较好地解决老年人日常饮食起居方面的困难。

图 8-2　社区养老服务中心的志愿者为老人服务

资料来源：从养儿防老到居家养老．桐乡新闻网，http://txnews.zjol.com.cn/txnews/system/2014/01/07/017572606.shtml，2014-01-07

例如，社区可以提供洗澡理发、清扫卫生、衣物洗涤、商品代购代送、寻医问药等服务。

社区养老不是要取代家庭养老，而是着眼于家庭的整体需要，所提供的服务既针对需要照顾的老年人，同时也针对老年人的其他家庭成员，以减轻由于照顾老人而给家庭成员带来的生活压力。

2．医疗保健服务

身体健康是老年人最大的心愿，社区可以从生理健康和心理健康两方面对老年人开展医疗保健服务工作。

生理健康服务方面，社区可以借助社区医疗站及辖区医院解决老年人慢性病康复、日常疾病护理服务的费用、人员和场地等问题；还可以通过定期体检、建立老年人健康档案、举办医疗保健讲座、组织体育健身活动等方式来提供老年人日常保健服务。心理健康服务方面，社区可以邀请周边高校或科研机构的专家举办心理健康讲座、子女培训讲座等活动，使老年人及其家庭成员更好地了解老年心理的基本知识，也可以通过开设心理咨询门诊或者热线，为老年人排除心理障碍。

3．文化娱乐服务

随着人民群众生活水平的提高，城市老年人的服务需求不仅表现在物质生活上，而且越来越多地表现在精神生活上。特别是近几年在城市老年人的构成中，退休职工和离退休干部逐年增加，离开了原来的单位或职业往往会给他们带来失落感、孤独感。

对此，社区可以通过兴办老年人活动中心、老年大学、老年茶社、老人之家、寿星乐园等方式为老年人提供健康安全的活动场所，将老年人吸引到社区活动中来；还可以针对不同层次的老年人，举办书画展览、戏曲协会、老年舞会、诗歌欣赏、音乐欣赏、楹联猜谜、开展大众化普及性的老年人活动，以保证老年人按照多年形成的习惯和意愿度过自己的晚年。

4．其他服务

除了上述较为普遍的老年人服务之外，社区还可以为老年人开展多种特殊需求的服务。例如，针对侵害老年人合法权益的问题，居民委员会及所在单位可以予以调解、仲裁，或提供法律咨询与援助；针对离婚和丧偶老年人，可以提供婚姻介绍服务，使得孤身老年人获得幸福的晚年生活；开办老年人用品专卖店，解决购买老年人专用商品的不便等。

(二)社区残疾人服务

残疾人是指在生理上、心理上、智力上存在组织功能残障的特殊人群，这些问题会给残疾人带来超出常人的困难。为了让残疾人更好地自强自立、融入社会，平等地享受社会生活，社区应该对他们予以专门的照顾和服务。

1. 社区康复服务

社区康复服务，指的是通过接受过相关培训的社区工作者和残疾人家属来帮助残疾人减轻或消除身心障碍。与康复费用较高、开展地区有限的专业康复服务相比，社区康复费用低廉、覆盖面广、简便易行，让更多的残疾人有机会得到康复服务；而且在熟悉的社区环境里参加康复活动，也更有利于残疾人心理上的稳定，有助于其更好地康复。

2. 济贫与就业服务

由于身心障碍，残疾人往往在基本谋生手段上存在困难，社区对此应提供相应的服务(图 8-3)。

图 8-3　为残疾人设立的工疗站

资料来源：东城街道残联、社区为残疾人就业牵线搭桥．黄岩新闻网，http://hynews.zjol.com.cn/hynews/system/2011/12/02/014522297.shtml，2011-12-02

社区居民委员会应对辖区内的残疾人进行登记，目前常用的登记表有残疾人登记表、贫困残疾人登记表、扶残解困志愿者登记册、残疾人就业登记册、走访残疾人登记簿、残疾人求助登记簿等。通过准确的登记，以便及时为生活困难的残疾人提供最低生活保障等福利服务。

提供就业岗位。就业通常可分为集中就业和分散就业两类，前者包括街道福利工厂、盲人按摩中心等组织；后者则包括社区为残疾人提供的小商店、小报亭等场所，此外国家也通过减免税收等方式鼓励企业接收残疾人工作。

职业培训服务。针对残疾人在技能上的困难，社区可以有针对性地开展计算机、烹饪、编织等职业培训班，提高残疾人的文化水平，使其掌握一定的科学技术和劳动技能，最终成为自食其力的劳动者。

3. 特殊教育服务

特殊教育是指通过特殊方法技巧对残疾人进行教育，使其具备必要的文化知识和技能。社区可以开展的特殊教育包括对伤残婴儿、智障儿童的启智教育，对轻度精神病人进行的行为教育，对身体残疾者进行的肢体、语言、听力功能训练等。这些工作一般可以依托社区内的相关机构或社区服务中心来开展。

4. 日常生活服务

社区残疾人日常生活服务的内容非常广泛，常见的有家庭医护照顾、帮残“结对子”等志愿者服务，婚姻中介、家政服务等家庭服务，修建盲道、坡道等社区无障碍设施服务，法律咨询、政策辅导服务等。在服务中我们要着重建设由“家人亲戚—朋友邻里—社会志愿者”构成的三级社区非正式支持网络，也要注意发挥残疾人自身的积极性，培养其独立能力。

(三)社区贫困者和再就业服务

随着我国经济体制改革的深入，城镇失业人数逐年增加，贫困问题和再就业问题成为失业者的极大困扰，两者往往相互关联同时出现。社区服务在扶困济贫和再就业方面，可以发挥自己的积极作用。主要包括配合政府给贫困者提供最低生活保障服务；利用社区条件开展就业辅导和培训；以社区再就业服务中心为中介，积极和周边的人才劳务市场、公共事业部门及中小型企业联系，拓宽就业渠道。

(四)社区少年儿童服务

与上述几类人群不同，少年儿童的弱势主要不是体现在身体上、智力上或是经济上，而是在于经验和能力上。随着双职工的增多、独生子女数量的增加，少年儿童的日常生活照顾和教育就成为不少家庭面临的重要问题。对此社区可以充分发掘资源来开展工作。

由于青少年的年龄跨度较大，为了更好地开展服务，我们应该针对不同年龄层面的少年儿童开展不同类型的服务活动。例如，针对0～3岁婴儿，可以开展婴儿保姆、婴儿托管和家政服务；针对12～18岁少年，可以开展青春期教育、亲子沟通服务、社区公益服务、边缘青少年辅导、特殊家庭青少年辅导等。除了少年儿童之外，对于18岁以上的青年群体，还可以开展心理辅导、职业选择辅导、两性关系辅导等服务，使青年人在社区里接受走上社会前的必要培训。

二、面向全体社区居民的社区服务

面向全体社区居民的社区服务，又被称为便民利民服务，它是针对社区普通居民生活中的普遍需求而开展的旨在提高其生活质量的社区服务。这一服务与社区居民联系最密切、最能体现社区一般居民的生活需求，同时也最能反映社区经济的广度和深度。在服务项目上通常可以分为以下几大类。

(一)日常家居生活服务

其包括日常生活服务和家政劳动等内容。具体可以开发的服务项目有日常生活用品的购置与配送、家用电器维修、卫生清理、服装制作拆洗与熨烫、代收公用事业费等。可以建立与之配套的服务设施有便民商店、早点铺、家电维修部、服装加工部、干洗店、理发室、钟点工介绍所等。

(二)社区环境综合治理服务

其包括绿化面积的维护和扩大、“四害”治理、环境噪声的控制、垃圾的袋装与分类、居民楼道及门前环境卫生的保护、违章搭建的控制、民事纠纷的调解、火灾隐患的消除、辖区内刑事案件的防范、外来人口的管理等。

(三)社区医疗卫生服务

具体可以开发的社区医疗卫生服务项目包括疾病预防、医疗诊断、病人护理、健康咨询、卫生宣传和防疫等。可以建立与之相配套的服务的设施有社区医疗诊所、便民医疗服务信箱、家庭病床、家庭医生全程服务、居民健康资料信息库等。

(四)社区文体娱乐服务

其包括文化、教育、科普、咨询、培训、体育、娱乐、健身服务等。相应需要的组织和设施有文化活动中心、市民学校、科普实践基地、各类知识讲座班、业余特长培训班、图书阅览室、法律咨询室、运动场、健身房等。

三、面向辖区单位的社区服务

面向辖区单位的社区服务，又叫做社企双向服务，是指社区和驻社区的机关、企事业单位等相互之间开展的社区服务。在服务中社区应遵循共建共享原则和互惠互利原则，一方面配合单位“后勤社会化”的改革要求积极开展相应的服务；另一方面努力借助驻社区单位的资源，为己所用来开展社区工作，最终实现双赢。

具体操作上，社区要为辖区单位创造良好的社区环境，这既包括卫生、绿化、治安等硬环境，也包括与辖区内工商、税务、卫生、环保、计量等部门开展联合办公审批、联合执法检查、代征代缴等合作项目的软环境。此外，社区应该积极寻求单位与社区居民的共同需求，为辖区单位员工提供餐饮、娱乐、文体服务等社会后勤服务，一方面解决单位的后顾之忧，另一方面也有助于解决社区就业问题。

四、城市社区服务的管理

为使社区服务运作规范、收效良好，必须对其进行有效的管理。广义上来说社区服务管理属于社区管理的一部分，但又有自身特有的管理要求。下面我们从社区服务组织的管理、人员的管理和资金的管理三个方面进行说明。

(一)社区服务组织的管理

社区服务组织的管理应该是一个在政府有关部门领导下，由居民委员会等组织直接管理并动员社区居民广泛参与的过程。

1. 政府部门的宏观管理

作为社区服务的决策者，政府应当在宏观指导方面发挥积极作用。一方面通过把社区服务纳入城市发展规划，及时解决社区服务发展中遇到的难题；另一方面及时出台与社区服务发展相关的政策法规，创造一个良好有序的制度环境。具体到各个政府部门的分工上，社区建设在党委和政府的统一领导下，由民政部门牵头。各级民政部门应当认真履行职责，做好社区居民委员会和社区民间服务组织的建设，做好社区服务工作的指导，协调相关部门之间的关系并对社区服务进行监督。

2. 社区组织的直接管理

在直接管理层面上，社区服务是由相关的社区组织具体开展的，其中居民委员会通常是最主要的管理部门。居民委员会的主要工作如下：一是制定本社区服务的发展规划；二是根据居民需求不断增加新的服务项目；三是提升现有服务项目的水平；四是协调社区内各部门、单位和其他服务组织之间的关系；五是及时上传下达政府和居民之间的信息。

3. 社区居民的参与管理

社区居民既是社区服务的客体，也是社区服务的主体，任何成功的社区服务都是建立在社区居民的广泛认同和积极参与基础上的。可以说居民委员会对社区服务的直接管理，正是居民对社区服务管理的体现。同时居民还可以监督居民委员会的社区服务工作，组织群众团体参与社区服务管理，向政府有关部门提出意见建议等。这些都体现了社区居民对社区服务的参与管理。

(二)社区服务人员的管理

拥有一支能力较强的社区服务人员队伍，是社区服务赖以存在和发展的重要条件。经过长期的摸索实践，我国已经初步形成了一个以专职社区服务人员为服务骨干、以兼职社区服务人员为服务主体、以社区服务志愿者为有益补充的社区服务人员管理体系，从各方面积极开展社区服务工作。

1. 专职社区服务人员

专职社区服务人员是指从事社区服务职业的人，通常由社区服务组织里的专业人员组成。常见的专职社区服务人员包括居民委员会、社区服务中心、福利院、社区文化站等组织内的工作人员。

专职社区服务人员是社区服务的领导者、组织者，因此也是社区服务的骨干，社区服务发展程度的高低与其素质的高低关系很大。由于历史的原因，我国目前的专职社区服务人员虽具有一定的实践操作经验，但整体文化层次偏低，年龄偏大，在社区管理的专业素养上存在欠缺。随着时代的发展，社区居民的需求不断增长且日新月异，提高专职社区服务人员的专业素质就成为迫切需要解决的问题。

2. 兼职社区服务人员

兼职社区服务人员就是兼任社区服务工作的人，一般由热心社区服务的社会各界人士组成。他们从事于社区服务，但并不从业于此。兼职社区服务人员包括居民职工、机关干部、专家教师等，所从事的服务内容主要有知识讲授、病人护理、医疗咨询、残疾人及老年人看护、劳动维修等方面。

目前在我国，兼职社区服务人员主要来自于与社区建设有关的辖区单位。与专职社区服务人员相比，兼职社区服务人员总体上文化素质较高，组织协调能力较强，具有比较丰富的社区服务经验和技巧；尤其当某项社会服务正好与其自身职业相符时，这种水平和技能会表现得更为突出。从人数上来看，兼职社区服务人员的数量也往往多于专职社区服务人员，因此兼职社区服务人员参与社区服务可以有效缓解社区服务人力资源不足的问题。当然这也表明我国的社区服务尚不成熟，专职社区服务人员数量和素质亟待提高。目前我国已在北京、上海等地开展大学生街道挂职锻炼活动，经过选拔，合格的大学生将在各街道办事处担任兼职干部，协助全面开展各项工作。这些做法在一定程度上解决了基层干部短缺的问题，提高了街道办事处的工作效率和服务质量，是较为成功和值得借鉴的。

3. 社区服务志愿者

社区服务志愿者，是指为增进社会公益或解决社区问题而不计任何报酬参与社区服务，自愿奉献自己时间、精力和技能的人。随着社会的进步和观念的发展，人们希望选择更有意义的生活方式，更好地参与到社会生活中，志愿者的出现也就成为现代社会的重要标志。

志愿者的发动可以有多种形式，如可以与街道办事处团委合作，利用社区内的青年志愿者资源；也可以与社区内或周边的高校学生会、社团合作，开展校区共建活动。目前在很多地方还开设了社区服务的“时间银行”，即任何成员在为他人提供志愿服务后可将服务时间存入社区账户，今后有需要时可以获得同等时间的志愿服务。这也是市场经济社会下，遵循市场交换原则，以服务换服务的一种方式。

志愿者服务具有双赢的功能。一方面社区志愿服务有助于志愿者了解社会、接触社会，为志愿者尤其是青年志愿者提供了社会化的有效途径。另一方面社区志愿服务是社会保障体系的重要补充，有助于实现社会公平，维护社会稳定，是社会弱势群体的重要支持因素。此外，社区志愿服务也有助于增进社区居民的互动，从而具有社会整合功能。近年来志愿者服务活动在我国蓬勃发展，引人瞩目，在将来它将进一步成为社区服务的重要参与方式。

(三)社区服务资金的管理

在当今市场经济的大环境下，社区服务作为一项具有福利性的服务项目，同样需要资金的筹集、运作和管理。可以说，社区服务资金的管理直接关系到服务组织的正常运转，作用重大。

1. 社区服务资金的筹集

社区服务资金的筹集方式比较灵活，来源多样。从目前我国的现状来看，多数资金来自政府拨款，这一款项一般来自彩票收入和财政拨款。例如，各地社区兴建的社区服务中心、老人公寓、图书阅览室、残疾人康复中心、老年大学等大都依靠政府拨款。

随着社会民众公益意识的提升，社会捐赠也开始成为社区服务资金筹集的重要手段，这包括辖区内的企业捐赠、个人捐赠及特定活动的社会募捐。

除上述两点之外，很多社区还因地制宜开展经营活动自筹资金。这类经营方式相对比较多样：有的由社区居民委员会或社区服务中心统一经营；有的社区则开展资产租赁承包，将闲置房屋租赁承包给经营者收取租金；有的社区还开展市场中介服务，通过提供居民所需的服务信息将居民和辖区内服务机构连接起来，适当收取费用。

最后，随着我国改革开放步伐的加快，一些地区还尝试引入非政府组织(nongovernmental organizations，NGO)或非营利组织(non-profit organization，NPO)来开展专业的机构服务，这种方法也可以较好地筹集资金。

2. 社区服务资金的管理

在资金的管理上，应有较为严格的财务管理规定，包括服务组织与银行之间的存贷关系，服务组织与有关单位、个人之间的资金往来结算关系，服务组织与服务人员之间的薪酬支付关系等。同时，在社区服务的开展过程中要注意管理和运用好资金，尽量降低成本。

应当注意的是，由于社区服务的社会福利性质，对于某些服务项目的盈利，应本着取之于民用之于民的原则，将其投入到维持和提高服务上，以便更好地为社区居民开展服务工作。

第三节 农村社区服务及其管理

一、农村社区生产服务

农村社区居民以农业生产为主要生活来源，社区生产服务事关广大村民的经济收入和生活水平，因而如何促进农业生产，就成了农村社区服务的重要内容之一。

(一)市场信息服务

农村社区居民的经济生产活动与市场供求、销售渠道等问题息息相关，迫切需要大量的市场信息作为指导。目前我国大部分农村虽然解决了基本的道路交通和通信设施问题，但长期封闭，居民文化素质偏低，对市场信息的捕捉能力不强，经常导致农产品产销不对路，或是缺乏销售渠道。对于农村乡镇企业、个体工商户的生产经营活动，以及农村剩余劳动力的转移，及时的市场需求信息也是非常必要的。因此，市场信息服务就成为社区服务的重要内容。

在农村地区开展市场信息服务，必须因地制宜。有条件的地区可以通过兴建农村社区服务中心来协助解决，即借助服务中心的人才优势和信息优势，充分发挥电视、广播和网络等媒体的作用，提供诸如农药、种子、化肥、农机购买的市场信息，提供农产品销售的正当渠道的信息。而在条件相对有限的地区，乡镇政府、农业科技部门应该发挥更大的作用，广泛收集相关资料并定期公布最新的农业科技与生产信息，定期到农村基层开展科技下乡活动。村民委员会也应主动发挥上传下达的作用，一方面及时将上级政府和有关部门的信息通过村广播、公告栏等方式公布；另一方面应及时将当地的生产信息反馈给有关部门，以供其制定政策时参考。最后村民委员会还应该积极邀请有关专家、组织来当地考察培训，给广大农民群众提供一个与专家面对面了解信息的机会。

(二)知识技术服务

现代化农业早已摆脱了“靠天吃饭”的局面，高效的农业生产需要有专业的农业技术指导，而目前我国广大农民由于文化教育水平较低，科技知识尤其是与现代农业生产和市场销售有关的知识较为有限，这些成为制约农业高速发展的一个“瓶颈”。针对这一问题，社区虽然限于条件不能直接给予知识技术服务，但可以发挥自身在资源联系上的优势开展服务工作。

首先，可以大力开展农业技术推广工作。这一工作主要以各地的农业厅、农业院校、农科院为骨干，以各县、乡、镇的农业技术推广站为中心进行农业技术推广服务，要积极联系和促进先进的信息下乡、先进的技术下乡、先进的人才下乡，促进先进的农业科学技术成果转化为生产力。这应该是现阶段农村社区服务的一个重要内容，见图 8-4。

图 8-4 技术下乡

其次，举办相关的科技知识讲座、培训和辅导班，邀请有关专家、技术人员来社区考察，可以采取实地指导、集体讲授、操作示范、交流经验、互通信息、议事恳谈等多种教育方式。

再次，对本地乡镇企业、个体企业提供更多技术支持和信息渠道，努力采用先进技术改造传统产业，用现代企业管理理念更新农村家族企业管理模式，创造通畅的产品销售渠道。

最后，针对当地农村劳动力外出打工的情况，可以有针对性地对其进行电脑、维修等基本技能培训，提升劳动力的技术水平，促使其更好地在城市立足。

二、农村社区生活服务

(一)抚养赡养服务

随着我国经济社会发展水平的提高，农村社区居民的老龄化趋势也已到来，传统的家庭养老如今已经不能满足需求。特别是在我国部分农村青壮年劳动力大量外出打工，造成老人、小孩和部分妇女留守农村，带来了较多的家庭困难。对于农村的抚养赡养服务，我们应该将家庭保障与社会保障尤其是社区服务结合起来，对发生各种困难的农村居民给予帮助或对已出现的农村社会问题采取应急措施。

2006 年，国务院颁布了《农村五保供养工作条例》，明确规定对于符合条件的农村老年人、残疾人和未成年人等五保对象，农村集体经济组织应负责提供经费和实物，实施以下保障内容：①供给粮油和燃料；②供给服装、被褥等用品和零用钱；③提供符合基本条件的住房；④及时治疗疾病，对生活不能自理者有人照料；⑤妥善办理丧葬事宜。五保对象是未成年人的，还应保障他们依法接受义务教育的权利。由于是村集体经济负责，这一工作已经带有社区服务的成分。

在有条件的地区，可以充分发挥农村敬老院在养老方面的作用，有偿吸收一些非五保对象入院供养，以增加敬老院的收入，改善五保对象的生活(图 8-5)。由于农村地区尚未被纳入最低生活保障体系，我们鼓励在条件具备的地区率先推进农村最低生活保障制度，分步推进低保制度，切实保障农村特困人口的基本生活。针对农村五保户的医疗救助制度，我们可以通过建立农村新型合作医疗体系或设立专门的医疗救助基金来加以解决。在城市近郊农村，我们还可以考虑将农村居民纳入城市社区服务体系，在某些方面享受城市居民待遇。

图 8-5 农村敬老院的文化活动

(二)便民生活服务

农村社区往往社会结构相对简单，家庭的地位作用相对突出，具有较大的同质性，是一个典型的熟人社会。但随着经济的发展、社会流动的加快和农村观念的变革，传统的自给自足的生活方式也在发生变化，农村便民生活服务也就应运而生。

和城市相比，农村社区的便民生活服务往往有更强的农业特色。例如，我国苏南地区的一些农村在政府和村集体经济支持下成立了社区服务中心，服务功能多达一二十项，包括连锁便民超市、农资供应点、农机维修点、庄稼医院、医疗卫生室、老年人活动室、书报阅览室、理发室、饮食小吃店、宣传橱窗、文娱健身场所等，可以说基本服务功能一应俱全，给附近村民的生产生活带来了极大的便利，也很好地增加了社区服务组织的收入。

此外，农村社区也有许多服务内容与城市社区类似。例如，对于年老体衰、生活自理能力较差的农村五保对象，除了给他们提供足够的现金补助外，社区还可以给予必要的日常照顾和上门服务；对于青壮年劳动力外出的家庭，在农业机械修理、家政服务等工作方面社区也可以给予服务；至于环境管理、社区保安、代缴水电费、代购车船票等措施，都是社区服务可以介入的项目。

鉴于目前农村社区建设滞后，专业化的社区服务较为匮乏的现状，今后一段时间内应加强村组织集体的建设，使村组织集体在协调人力、物力，提供必要服务方面发挥作用。此外，在有条件的地区，也可以鼓励专业服务组织将服务延伸到农村，延伸到服务对象家里，一些必要的支出可以由当地政府支付。另外针对农村社区居民互动频率高、人际关系好、社区认同感和归属感较强的特点，可以尝试村民的自我组织，鼓励互帮互助，自我服务；还要充分发挥各地志愿者的作用，鼓励各地专业民间组织和专业社会工作者深入农村，为农村居民提供适当的服务。

(三)文化娱乐服务

一般而言，农村与城市相比，物质相对贫乏，文化生活比较单调。据文化部统计，2010 年全国有行政村 59.7 万个，有文化室的才 25 万个。作为公共文化服务的终端，村级文化建设有很大的发展空间，文化服务建设一方面可以弥补我国农村文化生活的不足，强化村民的集体主义精神，增强凝聚力，营造昂扬向上的集体主义氛围；另一方面，可以使村民有一个交流学习、沟通信息的场所，提高村民的素质，以更好地满足农村社区居民的物质和精神生活需求。这些都有利于社区整合，增强社区的凝聚力，繁荣和发展农村社区文化。

具体在农村社区服务中，我们一方面要大力扶持文化生活服务设施建设，依托村镇文化宫、农村社区图书阅览室、农业科技站和老年活动室等阵地，积极开展形式多样、喜闻乐见的群众性文化活动，不断丰富群众的精神生活；另一方面应针对农民群众较为缺乏的文化内容建立农民学习培训班，为不同年龄、不同层次的村民进行相关法律、科技和教育文化知识的普及；社区还应与当地政府有关部门积极联系，争取诸如“文化下乡”、“电影下乡”和大学生志愿者“三下乡”等活动，营造良好的文化氛围，充分给予村民归属感。

(四)医疗保健服务

由于农村医疗卫生条件相对较差，加强社区文化和卫生建设就显得极为重要。关于农村社区的医疗卫生服务和体育服务，本书将在下一章中专门介绍，这里不予赘述。还要说明的是，上述服务只是针对我国具有普遍意义的普通农村社区而言，在一些经济发达的地区，其农村建设已经城镇化、现代化，社区服务方式与城市社区非常相似甚至优于城市；还有一类城市中的“城中村”社区，村民由于失去耕地而脱离农业生产转变为城市居民，也有自身特殊的社区服务方式，在本章限于篇幅不做介绍。

三、农村社区服务管理

农村社区服务管理与城市社区服务管理有许多相近之处，都是在政府的宏观指导下，依靠社区组织直接管理，发动群众参与的过程；志愿者在社区服务中都发挥着重要作用等。但由于农村经济和环境的不同，农村社区服务管理有着自己的特点，也有一些需要完善的地方。

(一)农村社区服务的组织管理

目前我国农村社区的工作主要以村为单位，由村民委员会负责组织管理。传统意义上村民委员会的工作主要以行使行政管理职能和经济管理职能为主，农村社区化的开展使其还要参与社区的社会服务职能，工作非常繁重。这就对以村民委员会为主的社区管理班子提出了更高的要求。

首先，新形势要求村民委员会工作逐步从权威型、管理型转变为民主型、服务型。其次，还要加强村民自治功能，推行一事一议、村务公开等制度，做到公开内容、公开时间、公开形式、公开程序、公开档案、公开结果。最后，还应改革干部考核评价方式，变组织考核为组织和社区群体双向考核，真正把干部融入社区服务之中。只有健全村党组织领导下的充满活力的村民自治机制，才能真正让群众满意，才能建设和谐稳定的社会主义新农村社区。

(二)农村社区服务的体系管理

社区服务是一个覆盖面广、内容丰富的体系，因此必须有相配套的基础设施，而农村社区在这一方面往往比较薄弱。从已有经验来看，可尝试建立以社区服务中心为核心，各类社区服务机构为辅助的服务格局。将功能齐全的社区服务中心作为本社区乃至周边乡村的服务核心，这样可以有效改变农村地区经营服务网点小、散、差的状况，强化服务功能，为农民需求提供“一站式”服务。而其他社区基础设施建设还应包括社区办公室、治安警务室、综合活动室、社区社保救助服务站、医疗卫生站和室外文体活动场等。通过配套建设各类相关生活、娱乐、医疗设施，形成一个便利村民生产、生活的良好环境。

在具体工作中，努力在社区中建立镇、村—社区理事会—社区农户三级社会化服务网络，将农村工作具体到社区。可以尝试依托村民委员会建立社区理事会，理事会在镇、村党组织及村民委员会的领导下按照社区理事会章程，以议事恳谈会为主要工作运作方式，组织基层社区农户进行自我教育、自我管理、自我服务、自我发展，开展具体的建设服务活动。同时有条件的地区可以大力兴建文化、科技、法律、文体等方面的专业协会，鼓励村民积极参与，以协会活动配合社区管理。

现有的农村社区服务体系主要应履行以下几个方面的职责，即组织社区农户开展互助活动和生产经营活动，组织农户规模生产，调整产业结构；组织本社区农户开展科技培训、现场示范、交流经验、互通信息、议事恳谈等活动；组织文体娱乐活动，丰富村民业余精神文化生活；组织社区农户履行村规民约，加强法治、德治宣传教育；准确反映社情民意，协调解决农户生产生活中的实际困难和问题；组织开展便民生活服务，积极解决困难户和全体村民的不同需求等。

(三)农村社区服务的资金和人才管理

资金的筹集一直是社区服务的难点，目前农村社区的资金筹集有多种方式，有的地区以政府拨款为主，余额由村镇自筹资金补足；有的地区以村集体经济出资为主，鼓励个人或社会力量参与；还有的地区采用农村供销社牵头为主，社会力量共同参与、政府扶持、镇村共建的方式，在辐射功能较强的村庄兴办，如江苏省苏州市、山东省德州市都采用了这种方法兴建农村社区服务中心，开展“一站式”综合服务，取得了很好的效果。随着我国经济的发展，新的资金筹集方式还会不断涌现。

专业人才的缺乏同样困扰着农村社区发展，相对城市而言，农村社区在人才的吸引上更为困难。首先，在专业农村社区服务人员有限的情况下，我们应该积极鼓励兼职社区服务人员的参与。兼职社区服务人员可以包括乡镇政府工作人员、村民委员会成员、农业科技工作者，也可以是热心社区事业的普通村民。他们在开展工作的同时，可以发挥自身职业的优势，广泛进行社会联系，为社区服务争取更多的资源。其次，志愿者队伍同样是农村社区的重要人才来源，目前我国正在大力开展大学生支援西部、支援农村地区的活动，越来越多的大学生愿意到农村施展才干，他们的知识和热情将给社区建设带来新鲜血液。最后，应该发挥农村社区人际关系较好、互帮互助的优良传统，培养村民的社区观念和自主意识，调动起村民参与社区服务的积极性，这对工作的开展会起到事半功倍的效果。

总之，社区作为农村的基本单元，是农村发展环境的重要组成部分。只有推动传统农业地区向现代农村社区转变，建立农村新社区，让村民享受温馨的家园生活，才能为全面建设新农村创造一个好的环境。

➢复习思考题

1. 什么是社区服务？社区服务有哪些基本内涵？
2. 社区服务有哪些基本特征？
3. 按照服务对象不同，城市社区服务可以分为哪几类？简述其基本内容。
4. 简述残疾人社区康复的基本内容。
5. 如何针对不同年龄段的少年儿童开展社区工作？

6. 开展城市社区服务如何筹集资金?

7. 农村社区如何开展知识技术服务?

8. 农村社区服务应如何进行人才使用和管理?

9. 通过走访调查或文献查阅,谈谈你所熟悉的某个城市社区或农村社区在养老服务方面有何不足,应该如何改进。

参考文献

陈云山 . 2011. 社区服务 . 北京:中国人民大学出版社 .

傅忠道 . 2001. 社区工作基础知识 1000 答 . 北京:中国青年出版社 .

国务院 . 2006-05-07. 国务院关于加强和改进社区服务工作的意见 . 新华网 .

李长健 . 2013. 中国农村社区发展研究 . 北京:法律出版社 .

夏建中 . 2005. 社区工作 . 北京:中国人民大学出版社 .

谢志敏 . 2005-06-28. 杨林桥模式:农村社区服务的运行机制新探索 . 北斗星社区,http://vvvz.dd.mm.k7/.

徐永祥,孙莹 . 2004. 社区工作 . 北京:高等教育出版社 .

岳海菁 . 2006-06-09. 打造现代农村新社区 . 大江网,http://www.jxnews.com.cn.

附　　录

国务院关于加强和改进社区服务工作的意见[①](节选)

(国发〔2006〕14 号)

各省、自治区、直辖市人民政府,国务院各部委、各直属机构:

随着社会主义市场经济的发展和城镇化进程的加快,城市社区在经济社会发展中的地位越来越重要,社区居民对社区服务的需求越来越多,要求越来越高。做好社区服务工作对于提高居民生活质量、扩大就业、化解社会矛盾、促进和谐社会建设都具有重要意义。现就加强和改进社区服务工作提出以下意见:

一、加强和改进社区服务工作的指导思想、基本原则和主要任务

(一)指导思想。……推进社会主义和谐社会建设,以不断满足社区居民的物质、文化、生活需要为出发点,充分发挥政府、社区居委会、民间组织、驻社区单位、企业及居民个人在社区服务中的作用,整合社区资源,健全服务网络,创新服务方式,拓宽服务领域,强化服务功能。

(二)基本原则。1. 坚持以人为本。着眼于居民多层次、多样化的物质文化需求,特别是对居民最关心、最需要、通过努力又可以解决的问题及时提供服务,为社区居民排忧解难。2. 坚持社会化。发挥政府、社区居委会、民间组织、驻社区单位、企业及个人在社区服务中的作用,政府提供公共服务,鼓励、支持社区居民和社会力量参与社区服务。3. 坚持分类指导。按照政企分开、政事分开原则,区分不同类型的社区服务,实行分类指导。既要整体推进,又要解决薄弱环节、重点项目和关键问题;既要坚持广

① 新华社北京 2006 年 5 月 7 日电。

受居民欢迎的传统服务方式，又要善于运用现代科学技术手段，不断提高社区服务水平。

(三)主要任务。通过努力，逐步建立与社会主义市场经济体制相适应，覆盖社区全体成员、服务主体多元、服务功能完善、服务质量和管理水平较高的社区服务体系，努力实现社区居民困有所助、难有所帮、需有所应。

二、大力推进公共服务体系建设，使政府公共服务覆盖到社区

(四)推进社区就业服务。加强街道、社区劳动保障工作平台建设，通过提供就业再就业咨询、再就业培训、就业岗位信息服务和社区公益性岗位开发等，对就业困难人员提供针对性的服务和援助。结合居民物质文化生活需要开发就业岗位，挖掘社区就业潜力，创建充分就业社区，提高就业稳定性。探索建立信用社区、创业培训与小额担保贷款联动机制，为下岗失业人员自谋职业和自主创业创造条件。建立就业与失业保险、城市居民最低生活保障工作联动机制，促进和帮助享受失业保险、城市居民最低生活保障待遇的相关人员尽快实现就业。

(五)推进社区社会保障服务。加强企业离退休人员社会化管理服务工作，加快老年公共服务设施和服务网络建设。具备条件的地方，可开展老年护理服务，兴建退休人员公寓。充分发挥劳动保障工作平台的作用，促进和帮助城镇居民按规定参加各项社会保险。

(六)推进社区救助服务。加强对失业人员和城市居民最低生活保障对象的动态管理，及时掌握他们的就业及收入状况，切实做到“应保尽保”。积极开展基层社会救助服务，帮助群众解决生产生活中的实际困难。进一步推进社会福利社会化，加快发展社区居家养老服务业。大力发展社区慈善事业，加强对社区捐助接收站点、“慈善超市”的建设和管理。

(七)推进社区卫生和计划生育服务。坚持政府主导、社会力量参与，建立健全以社区卫生服务中心(站)为主体的社区卫生和计划生育服务网络，以妇女、儿童、老年人、慢性病人、残疾人、贫困居民等为重点，为社区居民提供预防保健、健康教育、康复、计划生育技术服务和一般常见病、多发病、慢性病的诊疗服务。大力培养社区卫生服务技术和管理人员，加强对社区卫生服务的监督管理，保证服务质量。实施国家政策规定的计划生育基本项目免费服务。建立民主监督制度，把社区居民满意程度作为考核社区卫生服务工作人员业绩的重要标准。完善社区卫生服务运行机制，发挥社区卫生服务的健康保障功能，努力实现人人享有初级卫生保健的目标。

(八)推进社区文化、教育、体育服务。发展面向基层的公益性文化事业，逐步建设方便社区居民读书、阅报、健身、开展文艺活动的场所，加强对社区休闲广场、演艺厅、棋苑、网吧等文化场所的监督管理，促进社会主义精神文明建设。调动社区资源和力量支持和保障社区内中小学校开展素质教育和社会实践活动，为青少年健康成长创造良好的社区环境。落实《全民科学素质行动计划纲要》，不断提高居民科学素质。统筹各类教育资源，充分发挥社区学院、市民学校的作用，积极创建各种类型的学习型组织，面向社区居民开展多种形式的教育培训和科普活动，建立覆盖各类人群的多渠道、全方位的社区学习服务体系。培育群众性体育组织，落实《全民健身计划纲要》，配置相应的健身器材，不断增强居民体质。

（九）推进社区流动人口管理和服务。按照“公平对待、合理引导、完善管理、搞好服务”和“以现居住地为主，现居住地和户籍所在地互相配合”的原则，实行与户籍人口同宣传、同服务、同管理，为流动人口的生活与就业创造好的环境和条件。简化办事程序，减少相关手续，取消不合理收费，为流动人口提供优质服务。

（十）推进社区安全服务。深入开展基层安全创建活动，加强社区警务室（站）建设，大力实施社区警务战略，建立人防、物防、技防相结合的社区防范机制和防控网络。依托社区居委会等基层组织，挖掘和利用社区资源，加强群防群治队伍建设。深入开展法制宣传教育和咨询服务活动，建立完善收集、反馈社情民意的工作机制，组织开展以社区保安、联防队员为主体，专职和义务相结合的巡逻守望、看楼护院等活动。建立及时有效的矛盾纠纷排查、调处工作机制，加强对刑释解教人员、监外执行人员和有不良行为青少年的帮助、教育和转化工作。做好社区消防工作，提升社区消防安全水平。深入开展打击“黄赌毒”和禁止传销等工作。健全社区环境保护管理制度，建设资源节约型、环境友好型社区。建立传染病、食品安全、灾害事故的应急反应机制，不断提高社区应对突发事件的能力。

（十一）不断改进政府公共服务方式。整合政府各部门在城市基层的办事机构，积极推进“一站式”服务，提高为社区及其居民提供公共服务的水平。政府有关部门不得将应由自身承担的行政性工作摊派给社区组织。对有些社区组织做起来有优势的行政性工作，可依法采取“权随责走、费随事转”的原则，委托社区组织承担。积极探索通过政府“购买服务”、项目管理等多种形式，调动社会组织参与社区服务的积极性，促进公共服务社会化。梳理、整合各类服务热线、呼叫热线，形成社区公共资源共享机制。建设社区信息化平台，提高社区公共服务的自动化、现代化水平。

三、充分发挥社区居委会在社区服务中的作用

（十二）支持社区居委会协助城市基层政府提供社区公共服务。充分发挥社区居委会在了解社区居民需求、提供便民服务方面的独特优势和重要作用。城市基层政府及有关单位要妥善解决社区居委会开展有关服务所必需的房屋、设施和工作经费。要积极指导社区居委会定期听取居民对社区公共服务的意见，并积极向政府反映，促进社区公共服务质量的不断提高。

（十三）支持社区居委会组织社区成员开展自助和互助服务。鼓励并支持社区居委会组织动员驻社区单位和社区居民开展邻里互助等群众性自我服务活动，为居家的孤老、体弱多病和身边无子女老人提供各种应急服务，为优抚对象、残疾人及特困群体缓解生活困难提供服务；倡导社区居民和驻社区单位开展社会捐赠、互帮互助，对社区困难群体实行辅助性生活救助；管理、利用好社区公益性服务设施，方便社区成员生活。有条件的地方，社区居委会可以根据居民需要，建立热线电话救助网络、社区智能服务网络、社区服务站、社区公共服务社等服务载体，开展非营利服务。

（十四）指导社区居委会为发展社区服务提供便利条件。鼓励并指导社区居委会组织居民参与文化、教育、科技、体育、卫生、法律、安全等进社区活动；支持社会各方面力量利用闲置设施、房屋等资源兴办购物、餐饮、就业、医疗、废旧物资回收等与居民生活密切相关的服务网点，并维护其合法权益；引导和管理各类组织和个人依法有序开展社区服务；正确处理好社区居委会与社区物业管理企业的关系，支持和指导物业管理企业依法经营。

四、培育社区服务民间组织，组织开展社区志愿服务活动

(十五)大力培育社区生活服务类民间组织。……

(十六)积极组织开展社区志愿服务活动。……

五、鼓励和支持各类组织、企业和个人开展社区服务

(十七)鼓励和支持有关单位服务设施向社区居民开放。……

(十八)鼓励和支持各类组织、企业和个人开展社区服务业务。……

六、加强领导和政策指导，强化社区服务监管

(十九)加强组织领导。……

(二十)加强社区服务工作队伍建设。……

(二十一)加强社区服务的统筹规划和政策指导。……

(二十二)加强对社区服务活动的监督管理。……

各省、自治区、直辖市人民政府要按照本意见精神，结合实际，制订贯彻落实的具体措施。国务院有关部门要加强对本意见贯彻执行情况的监督检查。

国务院

二〇〇六年四月九日

第九章

社区卫生、体育与管理

社区卫生和体育是社区服务和社区建设的重要组成部分。它们的建立和发展，使全体人民共享改革发展成果，体现了以人为本的要求，有利于从基层促进居民身心健康，缓解社会矛盾和问题，推动经济社会发展，提高人民生活水平。

本章第一节首先对社区卫生和社区体育的概念、特征、内容、机构及发展趋势等进行一般性的理论阐释，之后，用三节的篇幅分别对城市社区卫生及其管理，城市社区体育及其管理，农村社区卫生、体育及其管理进行论述。

第一节　社区卫生、体育概述

社区是百姓安居乐业所在，居住地和工作场所是为自然人群提供包括社区卫生和社区体育等在内的最适宜的专业健康服务的场所。传统上，我国的社区具有很强的社会管理职能，将社会管理与专业卫生及体育服务结合起来是健康管理的核心内容。

一、社区卫生概述

(一)开展社区卫生服务的必要性

第一，开展社区卫生服务是深化医疗制度改革，合理配置卫生资源的需要。我国现行的按部门、地方的行政隶属关系设置的医疗卫生机构导致卫生资源配置严重不平衡。由于缺乏健全、完善的社区卫生服务机构，许多群众不得不去大医院诊治基层社区卫生机构就能够解决的常见病、多发病问题，这造成了本已紧缺的医疗资源的进一步浪费。世界卫生组织早已指出，居民80%以上的健康问题可以在基层得到解决。这就要求通过建立社区卫生服务体系，理顺社区医疗与大医院之间的关系，来构建城市与乡村医疗机构合理布局的新网络。

第二，开展社区卫生服务是适应疾病谱和医学模式转变的需要。据统计，1997年，我国城市地区前十位死因顺位为恶性肿瘤、脑血管病、心脏病、呼吸系统疾病、损伤和中毒、消化系统疾病、内分泌、营养和代谢及免疫疾病、泌尿与生殖系统疾病、身心疾病。

面对疾病谱的这些变化，急需发展以人的健康为中心，以慢性非传染性疾病患者为重点，以预防为主的社区卫生服务事业。与此同时，从20世纪80年代开始，医学模式就由生物医学模式转变为社会—心理—生物医学模式，促使人们健康观念发生变化。人们正在跳出“防病治病”的小圈，追求保健、康复、精神愉快、健康长寿的具有综合性和连续性的健康服务，这就从客观上要求建立新的卫生服务模式，即社区卫生服务。

第三，开展社区卫生服务是最大限度地满足居民的医疗卫生保健需求，减轻其经济负担，解决“看病难、看病贵”的医疗卫生难题的需要。以往居民不管大病小病都奔大医院，致使患者增加经济、时间等多方面的负担。社区卫生服务能使居民小病就在家里诊治，大病可通过转诊制度到大医院诊治，减少一些不必要的就诊程序，极大地方便居民就医。通过“六位一体”的社区卫生服务，群众受益的不仅仅是健康，还有高标准的、文明的生活环境和生活质量。

第四，开展社区卫生服务是解决经济社会发展中出现的一些新情况新问题的需要。随着经济建设和市场的繁荣，人口大量流动等社会因素对预防疾病的传入和流行带来了新问题。一些原来在城市或乡村很难流行的传染病已在城市或乡村流行；一些由于生活行为因素而传染的疾病，如性病、艾滋病也呈逐年上升趋势，再加上儿童计划免疫工作、妇幼保健工作越来越深入，预防传染病和健康人群的卫生保健工作将成为社区卫生服务的重点。

(二)社区卫生服务的概念及类型

社区卫生服务是社区建设的重要组成部分，是在政府领导、社区参与、上级卫生机构指导下，以基层卫生机构为主体，全科医师为骨干，合理使用社区资源和适宜技术，以人的健康为中心、家庭为单位、社区为范围、需求为导向，以妇女、儿童、老年人、慢性病人、残疾人等为重点，以解决社区主要卫生问题、满足基本卫生服务需求为目的，融预防、医疗、保健、康复、健康教育、计划生育技术服务等为一体的，有效、经济、方便、综合、连续的基层卫生服务。我国社区卫生服务主要包括社区预防、社区医疗、社区康复、社区保健、社区健康教育、社区计划生育技术服务六项内容，分为疾病预防服务、疾病治疗(含小病治疗和大病转诊等)服务、健康教育和卫生指导服务等类型。

社区卫生服务管理是指运用现代管理学原理和方法，计划、组织、领导、控制和协调卫生资源的开发、分配和利用，并通过社区卫生服务系统向个人、家庭和社区提供各类卫生服务，创造有利于健康的物质环境和社会心理环境，解决社区主要卫生问题，满足社区人群基本综合卫生服务需求，提高社区人群多维健康水平。

(三)社区卫生服务的对象、性质与特点

社区卫生服务的对象是社区内的全体人群，它包括健康人群、亚健康人群和病人三大类型，以妇女、儿童、老年人、慢性病人、残疾人、贫困居民等为服务重点，以主动服务、上门服务为主，开展健康教育、预防、保健、康复、计划生育技术服务和一般常见病、多发病的诊疗服务。社区卫生服务机构提供公共卫生服务和基本医疗服务，具有公益性质，不以盈利为目的。

社区卫生服务有以下几个方面的特点。

(1)社区卫生服务是社区人群为其健康问题寻求卫生服务时最先接触、最经常利用的医疗、预防、保健服务。它能以相对方便、经济、有效的技术和方法解决社区居民80%左右的基本健康问题，并根据需要安排病人(包括部分健康人群)及时进入其他级别或类别的医疗、预防、保健服务机构，具有基层性。

(2)社区卫生服务是一种就地、就近及时的服务。社区居民不用离开各自的居民区或者不必跑较远的路程就能享受到专业卫生服务，特别是在出现突发性疾病时，社区卫生工作人员可以在最短的时间内到位进行救护，具有方便性和及时性。

(3)社区卫生服务并非单纯的治疗疾病，而是通过服务提高人群的健康水平。它在服务对象上不分年龄、性别和疾患类型，只要是社区居民，就属于社区卫生服务对象；在内容上涵盖医疗、预防、保健、康复和健康教育与维护等领域，并且涉及生理、心理和社会文化各个方面；在资源利用上需要组织社区内外的各级各类医疗卫生及其他资源，涉及卫生、民政、教育、劳动、财政、残联、妇联、计生委、宣传等部门及非政府组织、个人服务等，服务于社区居民，具有综合性。

(4)社区卫生服务就服务对象的个体而言是一种从出生到死亡的连续性服务，是一种从疾病预防到疾病的发生、发展、演变，再到病人的康复、预后等各个阶段在内的服务，具有持续性。

(四)社区卫生服务的机构和配置

社区卫生服务机构是社区卫生服务工作的主要载体，它是非营利性、公益性的医疗卫生机构，主要由社区卫生服务中心和服务站组成。2012 年年底，全国已设立社区卫生服务中心(站)33 562 个，其中，社区卫生服务中心 8 182 个，社区卫生服务站 25 380 个。社区卫生服务中心人员 34.7 万人，平均每个中心 42 人；社区卫生服务站人员 10.7 万人，平均每站 4 人[①]。整体状况见表 9-1。

表 9-1 全国社区卫生服务状况

类别	2012 年	2011 年
街道数/个	7 282	7 194
社区卫生服务中心数/个	8 182	7 861
床位数/张	163 556	157 322
卫生人员数/人	346 816	328 676
卫生技术人员/人	292 362	276 252
执业(助理)医师/人	124 634	117 608
诊疗人次/亿人次	4.5	4.1
入院人数/万人	266.5	247.3
医师日均担负诊疗人次/人次	14.8	14.0
医师日均担负住院床日	0.7	0.7

① 卫生部：《2012 年我国卫生和计划生育事业发展统计公报》，http://www.moh.gov.cn/mohwsbwstjxxzx/s7967/201306/fe0b764da4f74b858eb55264572eab92.shtml，2013-06-19。

续表

类别	2012 年	2011 年
病床使用率/%	55.5	54.4
出院者平均住院日/天	10.1	10.2
社区卫生服务站数/个	25 380	24 999
卫生人员数/人	107 344	104 247
卫生技术人员/人	94 590	91 720
执业(助理)医师/人	42 780	40 946
诊疗人次/亿人次	1.4	1.4
医师日均担负诊疗人次/人次	14.0	13.8

健全社区卫生服务体系要依托现有基层卫生机构，形成以社区卫生服务中心、社区卫生服务站为主体，其他医疗卫生机构为补充，以上级卫生机构为指导，与上级医疗机构实行双向转诊，条块结合，以块为主，使各项基本卫生服务逐步得到有机融合的基层卫生服务网络。

社区全科医生是社区卫生服务的主体，他们由接受过全科医学的专门训练，熟悉全科医学的基本观念、基本原则，具备整体性的思维方式和足够的诊疗能力，集预防、治疗、康复、保健、健康教育等工作技能于一身，能为社区成员提供连续性、协调性、综合性、个体化和人性化的医疗保健服务的专业技术人员组成，是社区卫生服务人员队伍中的骨干力量。社区卫生服务队伍主要由全科医生、社区护士、公共卫生人员及有关专业和管理人员组成。

(五)发展社区卫生服务的总体目标和基本原则

20 世纪 90 年代，有关政府部门曾确定了我国发展社区卫生服务的总体目标，即满足人民卫生服务需求，与经济社会发展相同步，构筑面向 21 世纪的、适应社会主义初级阶段国情和社会主义市场经济体制的现代化城市卫生服务体系。到 2000 年，基本完成社区卫生服务的试点和扩大试点工作，部分城市应基本建成社区卫生服务体系的框架；到 2005 年，各地基本建成社区卫生服务体系的框架，部分城市建成较为完善的社区卫生服务体系；到 2010 年，在全国范围内，建成较为完善的社区卫生服务体系，成为全国卫生服务体系的重要组成部分，使城市居民能够享受到与经济社会发展水平相适应的卫生服务，提高人民健康水平。“十二五”卫生发展规划设定的总体目标是，到 2015 年，覆盖城乡居民的基本医疗卫生制度初步建立，力争在每个街道办事处范围内设置一所政府办的社区卫生服务中心，形成以社区卫生服务为基础、社区卫生服务机构与医院和专业公共卫生机构分工合理、协作密切的新型城市卫生服务体系。

发展社区卫生服务应遵循以下基本原则。

(1)坚持为人民服务的宗旨。依据社区人群的需求，正确处理社会效益和经济效益的关系，把社会效益放在首位。

(2)坚持政府领导，部门协同，社会参与，多方筹资，公有制为主导。

(3)坚持预防为主，综合服务，健康促进。

(4)坚持以区域卫生规划为指导。引进竞争机制，合理配置和充分利用现有卫生资源；努力提高卫生服务的可及性，做到低成本、广覆盖、高效益，方便群众。

(5)坚持社区卫生服务与社区发展相结合，保证社区卫生服务可持续发展。

(6)坚持实事求是。积极稳妥，循序渐进，因地制宜，分类指导，以点带面，逐步完善。

虽然我国目前的社区卫生服务工作已经取得了一定成效，但还存在三大问题，见图 9-1。

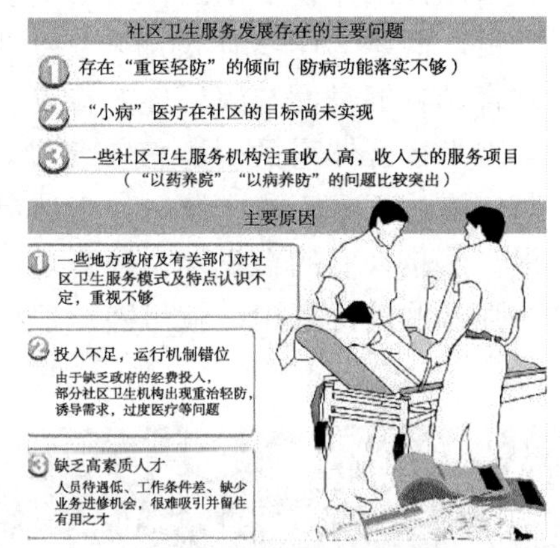

图 9-1 社会卫生服务发展存在的主要问题

资料来源：中央政府门户网站，http://202.123.110.3/ztzl/jjshjd/content_554426.htm

二、社区体育概述

社区体育开展水平是衡量一个国家体育水平的重要标准之一。社区体育在社区发展中具有重要的地位。随着改革开放的深入和人民生活水平的提高，人们在社区生活的时间将大大延长，人们的体育活动主要在社区生活时间内展开，社区体育将成为城乡居民体育的最基本组织形式。

(一)社区体育的概念

在我国，社区是全民健身计划落实到基层的主要载体。社区体育和社区体育服务是体育社会化的产物。社区体育主要是指在基层社区范围内，以自然环境和体育设施为物质基础，以全体社区成员为主要对象，以满足社区成员的体育要求、增进社区成员的身心健康为主要目的，就地就近开展的区域性群众体育。这也是一种针对自身情况，以其身体运动为基本手段，以获得健康、美丽、快乐为目标的一种社会文化现象。社区体育以开展经常性健身活动为主，常以业余的、自愿的、因地制宜、因人而异的形式开展小型多样的体育健身活动，注重传统健身养生法与现代健身方式相结合，个人锻炼与集体活动相结合，健身娱乐与医疗保健相结合，健身活动与节假日活动相结合。

社区体育是我国体育事业的重要组成部分，直接关系人们的身心健康、体格健美与快乐幸福的生活。它既是社区建设的重要内容，也是社区文化的重要组成部分。开展社区体育不但能增强居民的体质，丰富业余文化生活，改善生活方式，提高生活质量，而且对密切人际关系、培养社区感情、增强社区凝聚力、强化社区意识、促进社区的安全和稳定、加强社区的精神文明建设等都有重要意义。由此可见，发展社区体育既是体育事业的需要，也是社区建设、社区管理和社区服务的需要。

(二)我国社区体育的特征

我国是一个大国，幅员辽阔，民族众多，习俗各异，各地社区体育从内容到形式都存在不平衡。就共性而言，社区体育具有如下特点。

第一，健身性与娱乐性。参加社区体育活动的社区成员参与体育锻炼的目的，不是为了提高运动技术水平当运动员，而是为了身体健康，为了形体美、姿态美、动作美，为了娱乐，这就决定了社区体育具有健身性与娱乐性的特点。

第二，随意性与自觉性。因为社区体育的对象极其复杂，所以活动内容极其丰富，形式不拘一格，千变万化，其实施过程难于集中统一，必然灵活分散，这使社区成员中的个体显得十分随意，其前提自然是人们的自觉性。换言之，在社区的每一个角落，凡有人群的地方，只要人们具有强烈的健身意识，就可随意选择与之相应的内容与形式进行身体锻炼(图 9-2)。

图 9-2　社区体育运动会

资料来源：沙河街举办社区体育运动会．广州市天河区政务网，http://www.thnet.gov.cn/zxzx/jdxx/200711/t20071119_209150.htm，2007-11-19

第三，针对性与自控性。社区体育的实践活动，是社区成员利用其业余时间，在自觉、自愿、主动、经常的基础上展开的。由于社区成员在性别、年龄、生活习惯、兴趣爱好、体质健康、个人需求、业余时间，以及所处的地位、社会环境等均存在着较大的差异，因此社区成员在开展健身活动时，表现出针对个人体质、健康、需求、心情、兴趣爱好及特长等具体情况，选择合适的内容与形式，在允许的时间与环境条件下的自我调控。

第四，地域性与多样性。社区成员多以参加喜闻乐见的、熟悉的、具有本地区传统和地域特色的体育活动项目，体现出较强的地域性特点。例如，东北的大秧歌、南方的划龙船、西部的赛马、山区的登山等，都各具强烈的地域特色。社区体育活动地点的多样化，决定了社区体育活动项目的多样化，不同人群能够参加自己喜欢的体育活动。

(三)社区体育管理与社区体育服务管理

社区体育管理是目前使用非常频繁的一个词，它经常和社区体育建设连用。主要有社区体育组织管理和社区体育服务管理。社区体育在组织机构上，主要由市(县、区)人民政府有关部门牵头，以城市街道办事处(乡、镇)为主体，以居民委员会(村民委员会)为依托，以体育活动站为基地，共四个层次构成的完整体系。这种“条块结合，以块为主”的社区体育管理体系，为我国社区体育的普遍化、生活化提供了组织保证。社区体育管理应遵循立足居民体育需要，因地制宜，从本社区特点出发的原则；坚持把社会效益放在首位的原则；社区体育社会办的原则；注重科学性、实效性的原则；硬件建设与软件建设并重的原则。

社区体育服务管理的主要职能是根据社区居民的需求，设立、健全社区体育服务网络，完善社区体育服务体系，广泛开展社区体育服务，并对服务质量进行监督、保证，以提高社区居民对社区体育的满意度，提高居民的生活质量。社区体育服务具有公益性、群众性、互助性、地域性四大特点。公益性是不以盈利为目的，而以社会效益为主，以满足社区居民的生活服务需求为目标；群众性是群众的事情让群众自己去办，以自我服务的方式来进行；互助性是提倡“人人为我，我为人人”的精神风尚，发动社区成员广泛参与到社区体育中去，以互相帮助的方式来开展社区体育服务活动；地域性是社区体育服务的对象稳定，并有一定的区域范围的限制。

(四)我国社区体育的成就与不足

中国共产党历来重视群众性社区体育运动的开展。毛泽东早在 23 岁时就在其所撰写的《体育之研究》中提出：“体育之效，至于强筋骨，因而增知识，因而调感情，因而强意志。”1952 年，他又给中华全国体育总会题词，“发展体育运动，增强人民体质”。改革开放以来，党和政府更加重视社区体育运动。1995 年 6 月，国务院颁发的《全民健身计划纲要》第九条指出积极发展社区体育，街道办事处要加强对体育工作的组织，发挥居民委员会和基层体育组织的作用，做好社区体育工作。体育行政部门要给予支持和指导。2002 年 7 月 22 日，中共中央、国务院发布的《关于进一步加强和改进新时期体育工作的意见》指出：“开展全民健身活动，增强人民体质，是体育工作的根本任务，是利国利民、功在当代、利在千秋的事业。体育工作一定要把提高全民族的身体素质摆在突出位置。”

新中国成立以来，尤其是近十年来，我国社区体育取得了不小的成就。城乡各地，大街小巷，到处都可看到健身路径和健身器材，大中城市更能见到规模不等的健身中心(图 9-3)。这十年，是我国社区体育发展速度最快的时期。同时也应注意到，我国社区体育还存在有城乡发展不平衡、部分领导和群众认识不足、组织管理体制和运行机制不完善、专业人才严重不足、经费不足、场地器材设施缺乏等问题，需要逐步加以克服。

图 9-3　社区健身中心

第二节　城市社区卫生及其管理

一、我国城市社区卫生事业的发展

城市社区卫生是当前我国卫生服务体系的主要组成部分，它兴起于 20 世纪 90 年代。针对城市卫生发展存在的资源配置不合理及社区卫生服务的发展比较滞后、发展的水平不高、预防保健功能弱化、不能适应群众的基本医疗卫生服务需要等问题，1997 年《中共中央、国务院关于卫生改革与发展的决定》明确提出来，要“改革城市卫生服务体系，积极发展社区卫生服务，逐步形成功能合理、方便群众的卫生服务网络”。1999 年卫生部等 10 个部门制定了《关于发展城市社区卫生服务的若干意见》，提出了发展社区服务的具体政策措施和 2010 年的发展目标。2002 年，卫生部等 11 个部门制定《关于加快发展城市社区卫生服务的意见》，鼓励社会力量参与建设社区卫生服务网络。同时，国家也出台了一些与社区卫生服务制度标准相关的配套文件。从 2003 年开始，卫生部、民政部、国家中医药管理局联合启动创建全国社区卫生服务示范区活动，涌现出像天津、上海、北京、沈阳、银川、成都、武汉、深圳、宁波、杭州、广州、贵阳等一批具有一定工作特色的城市和地区。2004 年卫生部在天津市召开了全国城市社区卫生服务工作经验交流会，进一步推动社区卫生服务在全国各地的广泛开展。2006 年 2 月，国务院又颁布了《关于发展城市社区卫生服务的指导意见》，明确发展社区卫生服务的指导思想、基本原则和工作目标，提出完善发展社区卫生服务的政策措施，并决定成立国务院城市社区卫生工作领导小组，指导协调全国城市社区卫生服务工作。并且要求地方各级政府和有关部门建立相应的领导协调机制，层层明确责任，密切配合，推动社区卫生服务健康持续发展。

经多年努力，我国在城市社区卫生服务工作方面取得了以下进展。

(1)理念广为传播。据 2003 年随机调查，城市居民对社区卫生服务的知晓率达到 70%以上。社区卫生服务的理念和做法，正被农村地区借鉴。

(2)网络正在形成。到 2011 年，全国城市 7 194 个街道办事处共设置社区卫生服务中心 7 861 个，床位数 157 322 个，工作人员 328 676 人，其中卫生技术人员 276 252

人，社区卫生服务站 24 999 个，卫生技术人员 91 720 人，地级以上城市 2008 年已经实现全覆盖，县级市覆盖面 90%以上，见图 9-4。

(a)

(b)

图 9-4　城市社区常见的卫生服务中心和服务站

(3)队伍素质得到提高。全国已有 15 万余名执业医师、近 12 万名护士和 36 万余名其他卫生技术人员从事城市社区卫生服务工作，多数参加了全科医师和社区护士岗位培训。全国已有 2 000 多名社区医师取得全科主治医师技术资格。

(4)功能得到改善。社区卫生服务机构普遍开展社区门诊、家庭出诊、家庭护理、家庭病床等服务。87%的卫生服务中心和 57% 的卫生服务站开展了计划免疫接种，89%的卫生服务中心和 81%的卫生服务站为 35 岁以上患者首诊测量血压，89%以上的卫生服务中心和近 50%的卫生服务站参与了孕产妇系统管理和儿童保健系统管理，近半数卫生服务中心(站)为居民提供健康管理。

(5)受到群众欢迎。2011 年，全国城市社区卫生服务机构为城市居民提供约 5 亿人次的社区门诊，247.3 万人入院，床位使用率 54.4%。社区卫生服务在“小病”医疗方面已成为不容忽视的力量。

(6)得到各级政府重视。

总之，以社区卫生服务中心为主，社区卫生服务站为辅，医疗诊所、医务室为补充的社区卫生服务体系框架，正在全国城市里逐步形成。各地社区卫生服务机构普遍开展社区门诊、家庭出诊、家庭护理、家庭病床等便民医疗护理服务及健康干预和健康教育活动，在抗击“非典”、禽流感等重大传染病的斗争中，社区卫生服务机构发挥了不可替代的作用。

二、城市社区卫生服务事业的不足与发展建议

我国城市社区卫生服务事业面临的主要问题是：①卫生部门对发展社区卫生服务的重要性、紧迫性认识不足，主要精力仍然集中在办大医院上。②缺乏稳定的筹资机制。目前，有半数以上的社区卫生服务机构处于完全自收自支状态，即使有政府补助的机构，补助额度也很小；多数社区卫生服务机构靠自己租借或购买房子开展工作。③“多面手”式的全科医学人才匮乏。④服务功能与行为有待进一步完善和规范，不合理用药、不规范执业问题也不容忽视。⑤社区卫生服务在地区间发展不平衡。

发展我国城市社区卫生服务事业，必须着重做好以下几项工作[①]。

第一，完善社区卫生服务网络建设。一要将社区卫生服务网络建设纳入当地经济和社会发展计划，纳入区域卫生规划，纳入社区建设规划，纳入公共卫生体系建设，纳入财政预算，纳入医保定点医疗机构，纳入政府工作目标考核。二要加快卫生资源向社区的转移。城市市、区两级卫生事业基本建设投资要打破框框，向社区倾斜。在省会以下城市，区级政府要集中卫生财力发展社区卫生服务。三要用好现有资源，按社区卫生服务要求对公立一级医院和部分二级医院进行结构和功能的改造，发挥公有制社区卫生服务机构的主导作用。四要引进优质资源，允许、鼓励大中型医院举办社区卫生服务机构，发挥企事业单位医疗机构的作用，提升社区卫生服务机构、人员和技术水平的档次。五要引进竞争机制，实行公开招标，鼓励社会其他方面的力量参与建设多样化的社区卫生服务网络。六要优化社区卫生服务网络的内部结构，加强社区卫生服务中心建设，发挥综合功能。七要加强预防保健机构对社区卫生服务机构预防保健工作的指导，实行分工协作。八要发挥中医药的特色和优势，进一步推动中医药服务进社区。

第二，抓好社区卫生服务人才队伍建设。通过大力推进全科医师、社区护士和管理人员的岗位培训等工作，壮大全科医师队伍。加强大中型医院、预防保健机构对社区卫生服务的业务技术指导。提高社区卫生服务人员的待遇，改善其业务工作条件，形成吸引人才进社区的良好环境。

第三，要加强和改进社区卫生服务的管理。一要着眼于保证社区卫生服务的有效供给，实现社区卫生服务社会总需求和总供给的基本平衡。二要依法加强社区卫生服务机构、从业人员和技术的准入管理，对违反有关规定的社区卫生服务机构和人员要依法取消其执业资格。三要合理规划社区卫生服务机构的布局。四要加强社区卫生服务机构的标准化、规范化、科学化管理，加强日常检查指导和定期考核评价。五要注意建立健全社区卫生服务中介组织，引导它们在业务技术建设及行业维权、行业自律方面发挥作用。

第三节　城市社区体育及其管理

我国自20世纪八九十年代兴起发展的城市社区体育，作为一种特殊的社区文化活动和新的社会体育形态，为我国城市社区服务和社区建设注入了新的活力，弥补和完善了我国社会体育组织管理结构体系的不足，推动了体育社会化的进程，促进了城市社区建设。在我国社会体育和城市管理中发挥了独特的作用。

一、城市社区体育的概念和构成要素

城市社区体育是指以居住在城市社区(或街道办事处、居民委员会辖区范围)的居民为主体，以满足自身体育需求、增进身心健康、巩固和发展社区居民情感为主要目标，就近就便开展的区域性群众体育活动，包括社区体育组织、社区成员、场地设施和经

① 蒋作君：《发展城市社区卫生服务事业　努力解决“看病难”“看病贵”问题》，《求是》，2005年第5期，第55-57页。

费、管理者和指导者、社区体育活动5个构成要素。

二、我国城市社区体育的发展

我国城市社区体育活动开展的时间比较早，但真正大规模的发展开始于20世纪90年代初期。

1995年6月，国务院颁发了《全民健身计划纲要》，要求在推行全民健身计划的启动阶段，每人每天参加一次健身活动，每人学会两种以上健身方法，每人每年进行一次体质测定，每个家庭拥有一件健身器材，每年全家参加两次户外体育活动，每个家庭拥有一份(本)体育健身报刊图书；每个社区提供一处以上群众健身活动场所，每年开展两次群众体育活动，建立一支社会体育指导队伍等。实施这些要求的行动被称为"一二一工程"(这是借用体育术语"一二一，齐步走")。1997年4月2日，国家体委、国家教委、民政部、建设部、文化部联合颁发《关于加强城市社区体育工作的意见》，明确提出："社区体育工作的主要任务是：采用多种方式，发动、引导、组织社区成员开展经常性的体育健身活动，提供门类众多的体育服务，满足社区成员的体育需求，增强体质，提高身心健康水平和生活质量，建立文明、健康、科学的社区生活。"2002年，中央文明办等九部门联合发出了在全国开展"四进社区"活动的通知，对社区体育和社区体育服务提出了新要求、新任务。通知要求各地多渠道筹集资金，合理布局，建设包括健身路径、健身广场、公园、健身中心等在内的形式多样、与本社区地理条件和环境相和谐的体育设施，为开展社区体育健身活动提供物质条件，营造安定、优美的社区环境。

经过10余年的发展，我国城市社区体育和社区体育服务取得了明显成绩(图9-5)。一是兴建了一大批社区公益性体育场地和体育设施。许多城市都建有社区体育中心、社区体育站、社区健身苑、社区健身点，设置健身器材，使半数以上的居民委员会辖区有了一处以上群众体育场所和场地。二是建立了一大批社区体育组织。许多街道办事处、居民委员会成立了社区体育协会(分会)、社区全民健身指导中心、指导站及群众性健身俱乐部等。三是社会体育指导员队伍和志愿者队伍不断壮大，经常参加社区体育活动的人数不断增加。四是创造了具有中国特色的社区体育的发展模式，即建群众身边的场地，抓群众身边的体育组织，搞群众身边的体育活动。

图9-5 北京房山区长阳体育公园

资料来源：北京市试点社区体育场地管理新模式．中国广播网，http://china.cnr.cn/gdgg/201405/t20140519_515545470.shtml，2014-05-19

三、进一步发展城市社区体育服务，提高居民健康水平

(一)改革城市社区体育管理体制

目前，我国在城市社区体育管理上存在着行政化倾向，政社不分的缺陷导致社区组织管理和基层政府在社区体育组织管理上存在"都在管，都不管"的局面。社区体育要健康长足发展，必须明确政府和社区在社区体育管理上的职责，要从管理体制上的"政社分离"入手，改变街道办事处作为社区建设和管理主体的观念，将对社区公共事务和公益事业的综合管理权赋予民选的社区居民委员会，而政府则履行综合协调、动员和宏观调控的职能，帮助社区解决一些自身无力解决的问题，如社区体育的长远规划，培训社区体育管理者、指导者，建立多元化的社区体育资金投入体系，帮助建设社区体育活动的配套设施等，见图 9-6。

图 9-6 理想的室内社区体育场地

(二)加大对社区体育的投入力度

各级政府在发展群众体育问题上，应逐步增加群众体育事业的经费投入，各级地方政府在群众体育事业上的投入应与当地的经济发展速度相同步。同时，鼓励、争取社会企事业单位对社区体育的投入，实行互惠互利，谁投资谁收益原则。体育行政部门发行的体育彩票也是筹集社区体育事业经费的重要资金来源，从 1994 年全国统一发行体育彩票以来，截至 2012 年 12 月 4 日，体育彩票累计发行 5 600 亿元，筹集公益金 1 650 亿元，其中 60%用于全民健身事业。

(三)培养合格的社会体育指导员

社会体育指导员在社区扮演了导师、教师或策划者、组织者、裁判员等角色，对社区体育的推广普及过程起到重要的作用。他们用所掌握的体育锻炼理论知识与方法，对社区进行体育活动给予组织和指导，帮助社区成员学会科学锻炼的方法，掌握正确的运动技术；帮助不同人群制订符合自己情况的体育健身计划，做到有的放矢；对社区成员

进行健康测定评价和体质测定评价；通过举办讲座、教学活动，宣传、发动不参加体育活动的人参加到体育活动中来；开展群众体育研究，同时还要对社区内商业体育设施指导和管理。有资料表明，目前我国社会体育指导员不管是人员数量、综合素质、指导能力、理论水平等，都还不能满足发展中的社区体育的需求，不能满足人们用科学方法锻炼身体的强烈愿望，距社会需求有较大差距。1993 年我国开始实行社会体育指导员制度，到 2014 年全国已经有 147 万名社会体育指导员，这为社区体育事业的发展奠定了人才基础①。

(四)不断丰富社区体育活动方式和活动内容

社区体育以经常性健身活动为主，坚持业余、自愿、小型多样，遵循因地、因时、因人制宜和科学文明的原则，实行传统健身养生法与现代健身方式相结合，个人锻炼与集体活动相结合，健身娱乐与医疗保健相结合，平时活动与节假日活动相结合，讲究科学，重在参与，不断丰富社区体育的活动形式和活动内容。尤其要注重开展具有强烈娱乐色彩的大众化体育活动。这些体育活动不仅可以提高人们的生活健康水平，满足精神需要，而且有利于建立完整的人格，增强社区亲和力、凝聚力。

(五)正确处理普及与提高的关系

就全国而言，我国城市社区体育的发展应以普及为主，兼顾提高。要把普及作为现阶段的主要任务，在大、中、小城市的各个社区普遍建立社区体育场所和体育设施，普遍开展大众化的社区体育活动，普遍达到《全民健身计划纲要》所规定的近期目标。与此同时，在那些社区体育起步较早，已基本普及，并且具备了相当设施的地方，要注重提高社区体育发展水平。

(六)整合与开发社区体育资源

一是要整合现有的社区体育资源，如社区体育中心(站)的体育设施，社区内机关、企事业单位的体育设施，提高其利用效率(图 9-7)。

(a)

(b)

图 9-7 住宅小区中设置的健身点

① 李硕、范佳元：《我国社会体育健身指导员：人数多 结构不均衡》，《人民日报》，2014 年 8 月 2 日，第七版。

二是要完善老社区体育设施建设，建设新社区体育设施。

三是要挖掘传统公共设施的潜力，扩大社区体育资源的范围。例如，发挥社区公园的体育功能。作为城市中的大型绿化空间，社区公园环境好，有一定的空间容量，又靠近居民集中的生活小区，是城市居民进行体育锻炼的理想场所。

四是要健全社区体育组织，如体育协会等，充分发挥其积极性。同时创建社区体育健身俱乐部，满足广大社区居民日益增长的多样化体育健身需求。

第四节 农村社区卫生、体育及其管理

我国的改革是从农村开始的。经过三十多年的改革开放，农村经济社会发展有了非常大的进步，同时改革的进行也对农村社会各个方面造成了很大的影响。农村社区卫生和体育的发展呈现出不同于城市的特点和发展趋势。

一、农村社区卫生

农村社区卫生是社区卫生的基本分支。农村社区卫生服务部门是整个农村卫生服务体系的最基层，是直接为社区居民提供卫生服务的第一线组织。

(一)开展农村社区卫生服务的重要性

农村卫生工作面临诸多严峻挑战，如新老传染性疾病严重威胁、慢性非传染性疾病危害日趋严重、职业病和环境污染所致疾病明显增多、农村卫生服务基础设施条件差、城乡居民医疗保健服务利用和健康水平存在明显差距等，农民“看病难”“看病贵”问题尤为突出。为适应农村居民对医疗卫生服务的需求，适应医学模式和疾病谱变化的需求，适应城镇化和人口老龄化的需求，适应建设现代化农村的需要，适应我国城乡协调发展的战略需要，应当大力开展农村社区卫生服务工作。

开展农村社区卫生服务，促进卫生管理体制、卫生机构内部运行机制等方面的改革，是卫生服务功能调整和卫生结构调整的重要举措，有效利用基层卫生资源，充分发挥适宜卫生技术的作用，为社区居民提供综合、连续、及时、便利、经济、有效的卫生服务，较好地实现防病治病、保护和增进人们身心健康的各项任务和职能，将是农村卫生改革的方向和必然趋势。

(二)开展农村社区卫生服务基本要求及现状

在农村开展社区卫生服务工作，应坚持以乡(镇)村卫生服务中心一体化管理为前提，以合作医疗为基础，以人民健康为中心，以预防保健工作为主导，使服务方式连续性、服务关系相对固定性、服务内容综合性、服务价格优惠性，使群众真正受益。

开展农村社区卫生服务应坚持四个结合：一是与乡镇卫生院的改革相结合，乡镇卫生院要转变观念，走出院门，变“等病人”为送医送药送健康保健知识上门，开展全方位的医疗卫生服务；二是与乡、村一体化建设相结合，合理布局村卫生服务站；三是与合作医疗制度相结合，扩大合作医疗的覆盖面；四是与全科医学教育和全科医生培养相结合，当地卫校加快人才的培训，使农村社区卫生服务可持续发

展(图 9-8)。

(a)

(b)

图 9-8 农村社区卫生服务站

开展农村社区卫生服务还应实现四项转变，即社区卫生服务站(中心)服务功能从单一型医疗服务向疾病预防、健康促进、基本医疗和社区康复转变；服务对象从为患者服务向为群体(家庭、社区)服务转变；人才培养和岗位培训从临床医学向全科医学服务转变；工作方式从在站(中心)内坐堂向走出站(中心)，为社区、家庭服务转变。

截至 2011 年，全国有 2 637 个县(区、市)开展了新型农村合作医疗，参合人数达 8.32 亿人，参合率为 97.5%。全国 3.33 万个乡镇共设 3.7 万个乡镇卫生院，床位 102.6 万张，卫生人员 116.6 万人(其中卫生技术人员 98.1 万人)，见表 9-2。

表 9-2 农村社区医疗服务情况

类别	2011 年	2010 年
乡镇数/万个	3.33	3.40
乡镇卫生院数/个	37 225	37 836
床位数/万张	102.6	99.4
卫生人员数/万人	116.6	115.1
其中：卫生技术人员/万人	98.1	97.3
内：执业(助理)医师/万人	40.9	42.3
每千农业人口乡镇卫生院床位/张	1.16	1.12
每千农业人口乡镇卫生院人员/人	1.32	1.30
诊疗人次/亿人次	8.66	8.74
入院人数/万人	3 449	3 630
医师日均担负诊疗人次/人次	8.5	8.2
医师日均担负住院床日	1.4	1.3
病床使用率/%	58.1	59.0
出院者平均住院日/日	5.6	5.2

截至 2011 年年底，全国 59.0 万个行政村共设 66.3 万个村卫生室。村卫生室中，执业(助理)医师 19.3 万人、注册护士 3.1 万人、乡村医生和卫生员 112.6 万人(其中乡村医生 106.1 万人)，见表 9-3。

表 9-3 村卫生室及人员数

类别	2011 年	2010 年
行政村数/万个	59.0	59.4
村卫生室数/万个	66.3	64.8
人员总数/万人	135.0	129.2
执业(助理)医师数/万人	19.3	17.3
注册护士数/万人	3.1	2.7
乡村医生和卫生人员数/万人	112.6	109.2
其中：乡村医生/万人	106.1	103.2
每千农业人口村卫生室人员/人	1.53	1.46

注：村卫生室执业(助理)医师和注册护士数包括乡镇卫生院设点的数字

资料来源：2011 年我国卫生事业发展统计公报．卫生部统计信息中心，http://www.chinacdc.cn/tjsj/gjwstjsj/201205/t20120517_60848.htm

(三)农村社区卫生服务存在的问题及努力方向

农村卫生服务说到底是以社区服务为本、农民健康为本的社会公共服务。同城市社区卫生服务形成鲜明对比的是，城市居民比较多地存在小病到大医院的现象，造成紧缺卫生资源的浪费。而在农村社区中，61%的农村病人会选择在村一级医疗机构就医，对基层社区卫生组织的依赖性比较强，只有在无奈之下才会到乡镇、县市甚至省城的大医院就医。但目前农村社区卫生服务还存在不少问题：①农村社区卫生服务内容单一，尚处在以医疗服务为主要内容的初始阶段，离医疗、预防、保健、康复、健康教育和计划生育技术指导(六位一体)的全方位服务还有较大的距离；②农村社区卫生服务补偿机制不合理，缺乏规范的多渠道筹资保障和政府支持系统，限制了农村社区卫生服务的开展，挫伤了从事农村社区卫生服务工作人员的积极性；③目前的农村社区卫生服务人员以专科医生为主，知识面窄，不具备全科医学知识，亟待加强培训全科医学人才这一支撑社区卫生服务的重要力量；④乡村医药市场秩序混乱，游医药贩充斥乡村医药市场，不仅破坏了正常的乡村医药市场秩序，而且给农村社区卫生服务的发展造成很大的阻力；⑤农村社区卫生服务和农村合作医疗结合不紧密，降低了农民健康保障力度；等等。

为此，需要加强农村社区医疗服务体系建设，巩固和完善县乡村三级医疗服务网络；积极推行新型农村合作医疗制度，加大财政投入，完善管理办法，使农民获得更多的利益；加强农村社区卫生人才培养，扩大农村卫生人才定向招生，继续组织城市医生对口支援农村工作；加强对农村医疗机构的监督管理，完善运行机制；建立适应农民经济水平的农村医药价格管理体系和医疗服务规范，为农民提供安全、低价的基本医疗服务①。

① 高强：《卫生工作：目前的形势和“十一五”的任务》，《求是》，2006 年第 1 期，第 15-17 页。

二、农村社区体育

(一)农村社区体育的概念与特点

农村社区体育是社区体育的一个分支。农村社区体育就是在社区委员会的指导下，以自然村庄为基本单位，以村庄自然资源和社会资源为基础，为增强居民体质，丰富社区文化生活，提高居民生活质量，就近开展的社区居民主动参与的区域性体育活动。

农村社区体育具有如下特点。

第一，地域特征的多样性。我国农村地域辽阔，民族众多，在不同的历史时期、不同地区、不同的民族形成了形式多样的传统的区域性体育文化。例如，盛行于内蒙古的赛马，南方各省的赛龙舟，东北的大秧歌，陕北的腰鼓，晋北的摔跤等。所有这些体育活动都是经过人们的长期实践、演变和丰富后流传下来并受当地居民崇尚和喜爱的，也是同他们的生产生活密切联系的。正是这些地域性的乡土特色明显的体育活动成为农村社区体育的重要内容，见图 9-9。

图 9-9 我国南方少数民族普遍开展的体育项目射弩

资料来源：云南网，http://special.yunnan.cn/feature3/html/2010-11/12/content_1407942.htm

第二，群体活动的季节性。在我国农村，虽然居民的闲暇时间在增加，但还是受传统农业生产方式的限制，不像城市社区居民，有正常的上下班时间和节假日，便于每天或经常定时开展社区体育活动。农村居民的生产生活具有很强的季节性，农忙时节主要从事农业生产，社区委员会主要通过社区广播宣传一些诸如饮食卫生、健身防病等方面的理论知识，农闲时节才能有计划地组织一些全民体育锻炼、体育竞赛等活动。在一些传统民俗中的重要节日，如元宵节、端午节、重阳节等也是农村社区体育活动比较集中的时候。

第三，服务对象的同质性。农村社区体育的服务对象为全体社区居民，而这些居民由于祖祖辈辈生活在相对稳定的地域空间，他们具有相同的文化背景、相同的生产生活方式、相同的村规乡俗，形成一定的邻里、血缘、朋友、亲属等各种互动关系。在社区体育活动中，差异性比较小，甚至有些传统体育项目家庭性的特征比较明显。

(二)丰富多彩的民间体育是农村社区体育发展的重要基础资源

我国民间体育是各族人民在历代生产和生活斗争中逐渐创造出来的，用来强健身体、娱乐心灵的重要手段，一般都有悠久的历史，健身方法简单易行。我国民间体育项目除武术、摔跤遍及全国城乡地区外，又有各自特色，特别是在节假日最为活跃。春节期间我国农村各地的舞龙灯、舞狮子、踩高跷，清明前后的郊游，端午节江南地区的赛龙舟，重阳节登山，都是广大人民群众喜欢参加的运动。另外民间还盛行举石担、石锁以练力气，爬竿、爬绳不仅是生活技能，也是群众中开展比较普遍的健身娱乐活动，拔河是我国城乡人民非常喜爱的对抗性运动，跳板、荡秋千盛行于北方农村。全国各地还有踢毽子、跳牛筋、跳绳、放风筝、抽陀螺等民间体育健身娱乐活动，这些都被《国家体育锻炼标准》列为锻炼项目。

(三)当前我国农村社区体育面临的问题

新中国成立 60 多年来，我国的农村经济得到了长足的发展，人们对业余文化生活的要求提高了，健身意识越来越强，但农村的体育健身设施却尚未达到人们的要求，有很多地方甚至找不到可健身之处。由此导致的问题是，我国农村无论是人均体育场地，还是经常参加体育活动人数及组织化程度，与城市相比均处于较低水平。农村经济在得到发展的同时，居民的体育和健身观念相对滞后，场地短缺、资金不足、缺乏科学指导，这些都使农村体育活动的开展严重落后于城市。

制约农村社区体育发展的因素通常有农村经济发展水平落后于城市，它制约着社区体育的开展。有的地方，人们的温饱问题尚未解决，谈何进行体育锻炼。大力发展生产力是促进农村社区体育发展的动力。农村学校体育发展的不平衡也是影响社区体育发展的因素，提高农村学校体育教学质量是促进农村社区体育发展的基础。政府部门的不重视，也是限制农村社区体育发展的关键。政府部门领导思想陈旧，觉得农村体育可有可无，甚至认为体育是多余的，这些错误的思想严重阻碍农村社区体育的发展。农村人口向城市的流动对农村社区体育的稳定开展也具有很大冲击力。农村体育指导员基本没有。农村社区体育工作面临着体育普及要求与体育基础落后的矛盾、社会经济发展高要求与农村体育低地位的矛盾、新的思维理念与旧的思想方式的矛盾等。

针对农村社区体育存在的问题，国家体育总局在“十二五”规划里也加大了对农村和欠发达地区的资金支持，继续实施“农民体育健身工程”[①]“雪炭工程”[②]，要求 50%以上的农村社区建有体育健身站，各级政府也应该拓宽农村体育经费来源渠道，加大基础设施建设(图 9-10)。实施“农村体育以乡、镇为重点”发展战略，同时，开展乡镇单项体育协会和健身指导站(点)的建设，形成县、乡、镇体育组织网络；构建合理的农村体育竞赛体

图 9-10 农村体育设施不断完善

① 农民体育健身工程，指通过在农村兴建经济实用的公共体育场地设施，推动包括体育组织、体育活动在内的农村体育事业全面发展的工程。农民体育健身工程列入了《国民经济和社会发展第十一个五年规划纲要》，从 2006 年开始正式实施，目前已经建成 23 万多个。

② 雪炭工程，指国家体育总局利用本级体育彩票公益金，在老、少、边、穷等地区实施援建经济实用的公共体育场地设施的工程。

制。形成具有地方特色的，集多样性、参与性、趣味性于一体的农村体育竞赛体制。

➤复习思考题

1. 试述我国开展社区卫生服务的必要性。
2. 我国社区卫生服务的概念、对象、性质、特点是什么？
3. 怎样理解发展社区卫生服务的总体目标和基本原则？
4. 试述社区体育的概念和特征及发展方向。
5. 结合你家庭所在的社区，评价我国社区（城市或农村）卫生的发展。
6. 结合你家庭所在的社区，评价我国社区（城市或农村）体育的发展。
7. 了解国务院《关于发展城市社区卫生服务的指导意见》的主要内容。
8. 了解《中共中央、国务院关于进一步加强农村卫生工作的决定》的主要内容。

参考文献

陈晓东 . 2005. 社区体育与社会体育指导员 . 重庆工商大学学报(自然科学版)，(6)：644-646.

国务院 . 2006-02-27. 关于发展城市社区卫生服务的指导意见 . 新华网 .

李旭武 . 2002. 21 世纪我国城市社区体育管理的困境与出路 . 成都体育学院学报，(3)：16-18.

李志新，张杨 . 2009. 社区卫生服务管理与实践 . 北京：人民军医出版社 .

卢祖洵 . 2002. 中、美两国社区卫生服务比较 . 中国全科医学，(4)：292-294.

曲宗湖 . 2001. 21 世纪中国社区体育 . 北京：北京体育大学出版社 .

宋秀丽 . 2010. 新型农村社区体育研究：以东尉社区为个案 . 北京：北京体育大学出版社 .

苏华 . 2005. 我国社区体育发展中的问题与对策 . 体育文化导刊，(12)：45-46.

吴仪 . 2006-02-24. 统一思想　创新机制　积极推进城市社区卫生服务发展——吴仪副总理在全国城市社区卫生工作会议上的讲话 . 中国政府网 .

杨团 . 2006. 加强农村社区卫生服务体系建设势在必行 . 红旗文稿，(2)：10-12.

张开金 . 2010. 社区卫生服务信息化管理 . 南京：东南大学出版社 .

张宇，肖十力，张拓红，等 . 2002. 社区卫生服务机构与医院双向转诊实现途径和管理办法的研究 . 中国全科医学，(2)：123-125.

左文远 . 2005. 大力发展农村社区卫生服务　促进社会和谐 . 中国农村卫生事业管理，(11)：18.

附录 1

国务院关于发展城市社区卫生服务的指导意见①(节选)

（国发〔2006〕10 号）

各省、自治区、直辖市人民政府，国务院各部委、各直属机构：

社区卫生服务是城市卫生工作的重要组成部分，是实现人人享有初级卫生保健目标的基础环节。大力发展社区卫生服务，构建以社区卫生服务为基础、社区卫生服务机构与医院和预防保健机构分工合理、协作密切的新型城市卫生服务体系，对于坚持预防为主、防治结合的方针，优化城市卫生服务结构，方便群众就医，减轻费用负担，建立和

① 新华社北京 2006 年 2 月 27 日电。

谐医患关系，具有重要意义。

改革开放以来，我国城市卫生事业有了很大发展，服务规模不断扩大，科技水平不断提高，医疗条件明显改善，疾病防治能力显著增强，为增进人民健康发挥了重要作用。同时，在城市卫生事业发展中还存在优质资源过分向大医院集中，社区卫生服务资源短缺、服务能力不强、不能满足群众基本卫生服务需求等问题。这是造成群众看病难、看病贵的重要原因之一。为深化城市医疗卫生体制改革，优化城市卫生资源结构，发展社区卫生服务，努力满足群众的基本卫生服务需求，制定以下指导意见：

一、发展社区卫生服务的指导思想、基本原则和工作目标(略)

二、推进社区卫生服务体系建设

(四)坚持公益性质，完善社区卫生服务功能。社区卫生服务机构提供公共卫生服务和基本医疗服务，具有公益性质，不以营利为目的。要以社区、家庭和居民为服务对象，以妇女、儿童、老年人、慢性病人、残疾人、贫困居民等为服务重点，以主动服务、上门服务为主，开展健康教育、预防、保健、康复、计划生育技术服务和一般常见病、多发病的诊疗服务。

(五)坚持政府主导、鼓励社会参与，建立健全社区卫生服务网络。地方政府要制订发展规划，有计划、有步骤地建立健全以社区卫生服务中心和社区卫生服务站为主体，以诊所、医务所(室)、护理院等其他基层医疗机构为补充的社区卫生服务网络。在大中型城市，政府原则上按照3—10万居民或按照街道办事处所辖范围规划设置1所社区卫生服务中心，根据需要可设置若干社区卫生服务站。社区卫生服务中心与社区卫生服务站可实行一体化管理。社区卫生服务机构主要通过调整现有卫生资源，对政府举办的一级、部分二级医院和国有企事业单位所属医疗机构等基层医疗机构进行转型或改造改制设立。现有卫生资源不足的，应加以补充和完善。要按照平等、竞争、择优的原则，统筹社区卫生服务机构发展，鼓励社会力量参与发展社区卫生服务，充分发挥社会力量举办的社区卫生服务机构的作用。

(六)建立社区卫生服务机构与预防保健机构、医院合理的分工协作关系。调整疾病预防控制、妇幼保健等预防保健机构的职能，适宜社区开展的公共卫生服务交由社区卫生服务机构承担。疾病预防控制、妇幼保健等预防保健机构要对社区卫生服务机构提供业务指导和技术支持。实行社区卫生服务机构与大中型医院多种形式的联合与合作，建立分级医疗和双向转诊制度，探索开展社区首诊制试点，由社区卫生服务机构逐步承担大中型医院的一般门诊、康复和护理等服务。

(七)加强社区卫生服务队伍建设。加强高等医学院校的全科医学、社区护理学科教育，积极为社区培训全科医师、护士，鼓励高等医学院校毕业生到社区卫生服务机构服务。完善全科医师、护士等卫生技术人员的任职资格制度，制订聘用办法，加强岗位培训，开展规范化培训，提高人员素质和专业技术能力。要采取多种形式鼓励和组织大中型医院、预防保健机构、计划生育技术服务机构的高、中级卫生技术人员定期到社区卫生服务机构提供技术指导和服务，社区卫生服务机构要有计划地组织卫生技术人员到医院和预防保健机构进修学习、参加学术活动。鼓励退休医护人员依照有关规定参与社区卫生服务。

(八)完善社区卫生服务运行机制。政府举办的社区卫生服务机构属于事业单位，要根据事业单位改革原则，改革人事管理制度，按照服务工作需要和精干、效能的要求，实行定编定岗、公开招聘、合同聘用、岗位管理、绩效考核的办法。对工作绩效优异的人员予以奖励；对经培训仍达不到要求的人员按国家有关规定解除聘用关系。要改革收入分配管理制度，实行以岗位工资和绩效工资为主要内容的收入分配办法，加强和改善工资总额管理。社区卫生服务从业人员的收入不得与服务收入直接挂钩。各地区要积极探索建立科学合理的社区卫生服务收支运行管理机制，规范收支管理，有条件的可实行收支两条线管理试点。地方政府要按照购买服务的方式，根据社区服务人口、社区卫生服务机构提供的公共卫生服务项目数量、质量和相关成本核定财政补助；尚不具备条件的可以按人员基本工资和开展公共卫生服务所需经费核定政府举办的社区卫生服务机构财政补助，并积极探索、创造条件完善财政补助方式。各地区要采取有效办法，鼓励药品生产经营企业生产、供应质优价廉的社区卫生服务常用药品，开展政府集中采购、统一配送、零差率销售药品和医药分开试点。

(九)加强社区卫生服务的监督管理。规范社区卫生服务机构的设置条件和标准，依法严格社区卫生服务机构、从业人员和技术服务项目的准入，明确社区卫生服务范围和内容，健全社区卫生服务技术操作规程和工作制度，完善社区卫生服务考核评价制度，推进社区卫生服务信息管理系统建设。加强社区卫生服务的标准化建设，对不符合要求的社区卫生服务机构和工作人员，要及时调整、退出，保证服务质量。加强社区卫生服务执业监管，建立社会民主监督制度，将接受服务居民的满意度作为考核社区卫生服务机构和从业人员业绩的重要标准。发挥行业自律组织提供服务、反映诉求、规范行为等作用。加强药品、医疗器械管理，确保医药安全。严格财务管理，加强财政、审计监督。

(十)发挥中医药和民族医药在社区卫生服务中的优势与作用。加强社区中医药和民族医药服务能力建设，合理配备中医药或民族医药专业技术人员，积极开展对社区卫生服务从业人员的中医药基本知识和技能培训，推广和应用适宜的中医药和民族医药技术。在预防、医疗、康复、健康教育等方面，充分利用中医药和民族医药资源，充分发挥中医药和民族医药的特色和优势。

三、完善发展社区卫生服务的政策措施

(十一)制订实施社区卫生服务发展规划。地方政府要制订社区卫生服务发展中长期规划和年度发展计划，将发展社区卫生服务纳入当地国民经济和社会发展规划及区域卫生规划，落实规划实施的政策措施。在城市新建和改建居民区中，社区卫生服务设施要与居民住宅同步规划、同步建设、同步投入使用。市辖区人民政府原则上不再举办医院，着力于发展社区卫生服务。

(十二)加大对社区卫生服务的经费投入。各级政府要调整财政支出结构，建立稳定的社区卫生服务筹资和投入机制，加大对社区卫生服务的投入力度。地方政府要为社区卫生服务机构提供必要的房屋和医疗卫生设备等设施，对业务培训给予适当补助，并根据社区人口、服务项目和数量、质量及相关成本核定预防保健等社区公共卫生服务经费补助。政府举办的社区卫生服务机构的离退休人员费用，在事业单位养老保障制度改革前，由地方政府根据有关规定予以安排。地方政府要根据本地实际情况进一步加大力度安排社区公共卫生服务经费，并随着经济发展逐步增加。中央财政从2007年起对中西部地区发展社区公共卫生服务按照一定标准给予补助。中央对中西部地区社区卫生服务机构的基础设施建设、基本设备配置和人员培训等给予必要支持。

(十三)发挥社区卫生服务在医疗保障中的作用。按照“低水平、广覆盖”的原则，不断扩大医疗保险的覆盖范围，完善城镇职工基本医疗保险定点管理办法和医疗费用结算办法，将符合条件的社区卫生服务机构纳入城镇职工基本医疗保险定点医疗机构的范围，将符合规定的医疗服务项目纳入基本医疗保险支付范围，引导参保人员充分利用社区卫生服务。探索建立以社区卫生服务为基础的城市医疗救助制度。

(十四)落实有关部门职责，促进社区卫生服务发展。各有关部门要切实履行职责，共同推进社区卫生服务发展。

……

四、加强对社区卫生服务工作的领导(略)

国务院

二〇〇六年二月二十一日

附录2

中共中央、国务院关于进一步加强农村卫生工作的决定[①](节选)

(中发〔2002〕13号)

农村卫生工作是我国卫生工作的重点，关系到保护农村生产力、振兴农村经济、维护农村社会发展和稳定的大局，对提高全民族素质具有重大意义。改革开放以来，党和政府为加强农村卫生工作采取了一系列措施，农村缺医少药的状况得到较大改善，农民健康水平和平均期望寿命有了很大提高。但是，从总体上看，农村卫生工作仍比较薄弱，体制改革滞后，资金投入不足，卫生人才匮乏，基础设施落后，农村合作医疗面临很多困难，一些地区传染病、地方病危害严重，农民因病致贫、返贫问题突出，必须引起各级党委和政府的高度重视。为进一步加强农村卫生工作，现作出如下决定。

一、农村卫生工作的指导思想和目标(略)

二、加强农村公共卫生工作

3. 明确农村公共卫生责任。各级政府按照分级管理，以县(市)为主的农村卫生管理体制，对农村公共卫生工作承担全面责任。国家针对现阶段影响农民健康的主要公共卫生问题，制定农村公共卫生基本项目和规划，各省、自治区、直辖市制定实施方案，市(地)、县(市)具体组织实施，全面落实农村公共卫生各项任务。

---

① 新华社北京2002年10月29日电。

4. 加强农村疾病预防控制。坚持预防为主的方针，提高处理农村重大疫情和公共卫生突发事件的能力，重点控制严重危害农民身体健康的传染病、地方病、职业病和寄生虫病等重大疾病。到2010年，农村地区儿童计划免疫接种率达到90 %以上；95%以上的县(市、区)实施现代结核病控制策略；75%的乡(镇)能够为艾滋病病毒感染者和艾滋病患者提供预防保健咨询服务；95%以上的县(市、区)实现消除碘缺乏病目标；地方病重病区根据本地区情况，采取改水、改灶、换粮、移民、退耕还林还草等综合性措施，有效预防和控制地方病。积极开展慢性非传染性疾病的防治工作。

5. 做好农村妇幼保健工作。制定有效措施，加强农村孕产妇和儿童保健工作，提高住院分娩率，改善儿童营养状况。要保证乡(镇)卫生院具备处理孕产妇顺产的能力；县级医疗机构及中心乡(镇)卫生院具备处理孕产妇难产的能力。到2010年，全国孕产妇死亡率、婴儿死亡率要比2000年分别下降25%和20%。采取重点干预措施，有效降低出生缺陷发生率，提高出生人口素质。

6. 大力开展爱国卫生运动。以改水改厕为重点，加强农村卫生环境整治，促进文明村镇建设。根据各地不同情况，制定农村自来水普及率和卫生厕所普及率目标，并逐年提高。推进“亿万农民健康促进行动”，采取多种形式普及疾病预防和卫生保健知识，引导和帮助农民建立良好的卫生习惯，破除迷信，倡导科学、文明、健康的生活方式。

三、推进农村卫生服务体系建设

7. 建设社会化农村卫生服务网络。农村卫生服务网络由政府、集体、社会、个人举办的医疗卫生机构组成。打破部门和所有制界限，统筹规划、合理配置、综合利用农村卫生资源，建立起以公有制为主导、多种所有制形式共同发展的农村卫生服务网络。发挥市场机制的作用，多渠道吸引社会资金，发展民办医疗机构，支持城市医疗机构和人员到农村办医或向下延伸服务，对符合条件的民办医疗机构，应一视同仁，并按机构性质给予税收减免等鼓励政策。农村预防保健等公共卫生服务可由政府举办的卫生机构提供，也可由政府向符合条件的其他医疗机构购买。省级人民政府要根据县、乡、村卫生机构功能，制定基本设施配置标准。到2010年，基本完成县级医院、预防保健机构和乡(镇)卫生院房屋设备的改造和建设任务，已有的卫生院以改造为主，保证开展公共卫生和基本医疗服务所需的基础设施和条件。

8. 发挥农村卫生网络的整体功能。政府举办的县级卫生机构是农村预防保健和医疗服务的业务指导中心，承担农村预防保健、基本医疗、基层转诊、急救以及基层卫生人员的培训及业务指导职责。乡(镇)卫生院以公共卫生服务为主，综合提供预防、保健和基本医疗等服务，受县级卫生行政部门委托承担公共卫生管理职能。乡(镇)卫生院要改进服务模式，深入农村社区、家庭、学校，提供预防保健和基本医疗服务，一般不得向医院模式发展。村卫生室承担卫生行政部门赋予的预防保健任务，提供常见伤、病的初级诊治。要注重发挥社会、个人举办的医疗机构的作用。进一步完善乡村卫生服务管理一体化，鼓励县、乡、村卫生机构开展纵向业务合作，提高农村卫生服务网络整体功能。计划生育技术服务机构是农村卫生资源的组成部分。医疗卫生机构和计划生育技术服务机构要按照有关法律法规的规定，明确职能，发挥各自在农村卫生工作中的应有作用，实现优势互补、资源共享。

9. 推进乡(镇)卫生院改革。调整现有乡(镇)卫生院布局，在乡(镇)行政区划调整后，原则上每个乡(镇)应有一所卫生院。调整后的乡(镇)卫生院由政府举办，要严格控制规模，按服务人口、工作项目等因素核定人员，卫生院的人员、业务、经费等划归县级卫生行政部门按职责管理。对其余的乡(镇)卫生院可以进行资源重组或改制。要在全县(市)或更大范围内公开招聘乡(镇)卫生院院长，竞争上岗，实行院长任期目标责任制，保证其相应待遇，并将其工资和医疗保险单位缴费部分列入财政预算。要积极推进乡(镇)卫生院运行机制改革，探索搞活卫生院的多种运营形式，实行全员聘用制，形成有生机活力的用人机制和分配激励机制，提高乡(镇)卫生院效率。在改制过程中要规范资产评估、转让等操作程序，妥善安置人员，变现资金应继续用于农村卫生投入。

10. 提高农村卫生人员素质。高等医学院校要针对我国农村卫生实际需要，通过改革培养模式，调整专业设置和教学内容，强化面向农村需要的全科医学教育，可采取初中毕业后学习 5 年或高中毕业后学习 3 年的高等专科教育等方式，定向为农村培养适用的卫生人才。鼓励医学院校毕业生和城市卫生机构的在职或离退休卫生技术人员到农村服务。建立健全继续教育制度，加强农村卫生技术人员业务知识和技能培训，鼓励有条件的乡村医生接受医学学历教育。对卫生技术岗位上的非卫生技术人员要有计划清退，对达不到执业标准的人员要逐步分流。到 2005 年，全国乡(镇)卫生院临床医疗服务人员要具备执业助理医师及以上执业资格，其他卫生技术人员要具备初级及以上专业技术资格；到 2010 年，全国大多数乡村医生要具备执业助理医师及以上执业资格。

11. 发挥中医药在农村卫生服务中的优势与作用。合理配置卫生资源，加强县级中医医院和乡(镇)卫生院中医科建设，为农村中医药发展提供必要的物质条件，逐步形成中医特色和优势。加强乡村医生的中医药知识和技能培训，培养一批具有中医执业助理医师以上资格的农村中医骨干。鼓励农村临床医疗服务人员兼学中医并应用中医药诊疗技术为农民服务。要筛选推广农村中医药适宜技术，扩大中医药服务领域，在规范农村中医药管理和服务的基础上，允许乡村中医药技术人员自种、自采、自用中草药。要认真发掘、整理和推广民族医药技术。

12. 促进农村药品供应网络建设。支持鼓励大型药品经营企业通过兼并和改造县(市、区)药品批发企业，建立基层药品配送中心，鼓励药品零售连锁经营向农村延伸，方便农民就近购药。逐步推行农村卫生机构药品集中采购，也可由乡(镇)卫生院为村级卫生机构统一代购药品，但代购方不得以谋利为目的。有条件的地区可试行药品集中招标采购。制定乡村医生基本用药目录，规范用药行为。

四、加大农村卫生投入力度(略)

五、建立和完善农村合作医疗制度和医疗救助制度

18. 逐步建立新型农村合作医疗制度。各级政府要积极组织引导农民建立以大病统筹为主的新型农村合作医疗制度，重点解决农民因患传染病、地方病等大病而出现的因病致贫、返贫问题。农村合作医疗制度应与当地经济社会发展水平、农民经济承受能力和医疗费用需要相适应，坚持自愿原则，反对强迫命令，实行农民个人缴费、集体扶持和政府资助相结合的筹资机制。农民为参加合作医疗、抵御疾病风险而履行缴费义务不能视为增加农民负担。有条件的地方要为参加合作医疗的农民每年进行一次常规性体检。要建立有效的农民合作医疗管理体制和社会监督机制。各地要先行试点，取得经验，逐步推广。到 2010 年，新型农村合作医疗制度要基本覆盖农村居民。经济发达的农村可以鼓励农民参加商业医疗保险。

19. 对农村贫困家庭实行医疗救助。医疗救助对象主要是农村五保户和贫困农民家庭。医疗救助形式可以是对救助对象患大病给予一定的医疗费用补助，也可以是资助其参加当地合作医疗。医疗救助资金通过政府投入和社会各界自愿捐助等多渠道筹集。要建立独立的医疗救助基金，实行个人申请、村民代表会议评议，民政部门审核批准，医疗机构提供服务的管理体制。

20. 政府对农村合作医疗和医疗救助给予支持。省级人民政府负责制定农村合作医疗和医疗救助补助资金统筹管理办法。省、市(地)、县级财政都要根据实际需要和财力情况安排资金，对农村贫困家庭给予医疗救助资金支持，对实施合作医疗按实际参加人数和补助定额给予资助。中央财政通过专项转移支付对贫困地区农民贫困家庭医疗救助给予适当支持。从 2003 年起，中央财政对中西部地区除市区以外的参加新型合作医疗的农民每年按人均 10 元安排合作医疗补助资金，地方财政对参加新型合作医疗的农民补助每年不低于人均 10 元，具体补助标准由省级人民政府确定。

六、依法加强农村医药卫生监管(略)

七、加强对农村卫生工作的领导(略)

中共中央　国务院

二〇〇二年十月十九日

第十章

社区文化与管理

社区文化是指一定区域、一定条件下社区成员共同创造的精神财富及其物质形态，它包括文化观念、价值观念、社区精神、道德规范、行为准则、公众制度、文化环境等。其中，价值观念是社区文化的核心。社区文化包括环境文化、行为文化、制度文化和精神文化等方面的内容。这是一种通行于一个社区内的特定文化现象。社区文化的兴起是近年来文化发展的重要标志，也是人们生活的重要内容。社区文化活动以社区为依托，以社区居民为主体，以文化活动本身为载体，以提高社区居民的综合素质和生活水平为目的。本章将对社区文化的概念、特征、意义及城市社区文化和农村社区文化建设与管理进行一些分析。

第一节　社区文化概述

一、社区文化的含义

最早明确地给文化下定义的是英国人类学家泰勒(E. B. Tylor)。他在 1871 年写的《原始文化》中指出，文化“是一个整体，包括人在社会中所获得的知识、信仰、美术、道德、法律、风俗及任何其他的能力与习惯”。此后，不同的学者从不同的角度研究文化，对文化的含义认识也不同。“文化”就成为一个概念和定义相当多的词汇。美国人类学家克鲁伯(A. L. Kroeber)和克罗孔(Clyde Kluckhohn)合著了《文化：关于概念和定义的检讨》一书，书中罗列了 1871～1951 年 80 年间，关于文化的定义，至少有 164 种。我国广泛采用的“文化”概念是 1973 年《苏联大百科全书》对文化的定义，即文化可以从广义和狭义两个方面把握。从广义上说，文化是社会和人在历史上一定的发展水平，它表现为人们进行生产和生活活动的种种类型和形式，以及人们创造的物质财富和精神财富。从狭义上说，文化仅指人们的精神生活领域。社区文化仅是文化的一个领域，它更强调地域性。

20 世纪 80 年代，我国开始了对社区文化的研究，但是，由于研究角度不同，对社区文化的含义认识也不同。有人认为：“社区文化，是在特定的地域范围内，人们所创造、孕育、形成的人文环境、行为模式和生活方式的总和。”①也有人认为：“社区文化指的是特定社会区域当中人们各方面的行为所构成的文化生态系统。它既包括这一区域内人们的生产方式和生活方式，也包括该区域内社会成员的理想追求、价值观念、道德情操、生活习俗、审美方式、娱乐时尚等。”②《中国大百科全书——社会学》对社区文化的定义为：社区文化（community culture），通行于一个社区范围之内的特定的文化现象，包括社区内的人们的信仰、价值观、行为规范、历史传统、风俗习惯、生活方式、地方语言和特定象征等③。

广义的社区文化是指社区居民在特定的区域内，经过长期实践而创造出来的物质文化和精神文化的总和。它对人们的思想观念、道德情操、行为方式及人格理想的形成和发展具有重大影响。狭义的社区文化是指社区文化现象的集成，即社区居民在特定区域内长期实践过程中逐步形成和发展起来的有一定特点的价值观念、生活方式、行为模式和群体意识等文化现象。

社区文化包含物质生活条件、精神风貌、生活规范和社区团体、组织等基本要素。其中社区文化的物质生活条件指的是经过社区居民改造的自然环境和创造出的一切物质财富，主要包括社区内的文化设施及文化场所，如文化活动室、图书馆、人文景观、公园、市政设施等，还有居民所用的服装、用具、生活用品等都属于社区文化的有机组成部分。它们的存在与使用无一不凝聚着社区居民的智慧与价值观念，包含着深刻的文化特色。社区精神风貌则是通过社区群众的文化活动长期培养形成的人们的价值观念、人生观、审美观、艺术修养、生活情趣、伦理道德、宗教信仰等。社区生活规范既包括保证社区各种群众文化活动正常进行所建立的一整套行之有效的规章制度，也包括约定俗成的风俗习惯等行为规范，它是社区居民总体价值观的外在表现。而社区团体、组织则主要是指实现各种关系的结构实体，它是社区其他文化要素的存在基础和保证，如家庭、学校、社区企业、居民委员会、妇女团体及其他非政府组织等。社区文化的基本构成要素各有特点而又相辅相成，共同推动着社区文化的发展。

二、社区文化的特征

(一)地域性

社区文化是一定地理环境、生产方式、社会形态等因素相互作用的产物，它的形成和发展无不带上本社区特有的印记。民俗和民间艺术的地域性特征尤其明显。社区文化传统越悠久，文化积累越深厚，社区文化的地域性特征就越鲜明、独特。这种地域性特征不仅表现在社区居民的文化艺术活动中，而且渗透在每个社区居民的生活习惯和言行举止中。

(二)认同性

社区文化是在社区共同体中间逐渐凝聚起来的相同文化体验和认识。生活在同一社

---

① 高占祥：《论社区文化》，文化艺术出版社，1994年，第2页。

② 龚贻洲：《论社区文化及其建设》，《华中师范大学学报》(哲学社会科学版)，1997年第9期，第1页。

③ 中国大百科全书总编辑委员会：《中国大百科全书·社会学》，中国大百科全书出版社，1991年，第367页。

区的人们之间会建立各种基本联系，这些来自“社会邻居”的联系对社区成员的行为取向、习惯、生活方式等都产生一定的影响。而社区成员的行为取向正是对社区联系的自然认同，是社区文化的重要内容。社区文化认同包括两个方面：一是人们对该社区的文化共性的认识和标志性的总体把握；二是生活在社区里的公众对本社区的共同文化的感知和理解。

(三)开放性

现代社区尤其是城市社区，是一个开放的系统。人口流动的加快，经济活动的频繁，带来人员交往的活跃，使得社区文化的发展无法保持静态的稳定，而会存在多种互动。无论是传统文化，还是现代文化，无论是通俗文化，还是高雅文化，都会经过碰撞、融合，最终融会到现代社区文化中，成为一个有机的整体。

(四)多样性

社区文化在文化形态、运行机制和开展方式上呈现出一种多样性特点。不仅有丰富多彩的内容，如琴棋书画、艺术表演、康体健身等活动，而且引入了多种经营机制，经营主体多元化，经营方式社会化。在开展方式上也是多种多样，有社区机构组织实施的活动，也有非营利组织实施的，还有社区居民自发形成的活动。社区文化以其雅俗共赏、喜闻乐见的形式，满足不同层次居民的精神需求。

三、社区文化在社区建设中的作用

(一)营造“社区精神”，凝聚社区居民

一定的社区文化，在一定时期内，总会强调特定的文化理念，从而规范和影响社区群众的行为模式，一方面它不断引导人们追求高尚的理想和目标，另一方面它排斥其所否定的价值观念和行为方式。这样，社区成员在长期的交往中逐步形成了共同的理想目标、价值观念、风俗习惯、信仰和归属感，即形成了一种共同的“社区精神”。

社区精神的形成有利于提高社区居民的精神境界，使人们拥有高尚的道德情操和美好的心灵，自觉追求真、善、美的东西，抵制不健康的东西，不断提升自身的文化品位。社区精神的形成可以增进社区居民之间的感情，把社区居民紧密地联系起来，加深相互了解，沟通彼此关系，创造出友善、和谐、互助的人际关系。同时，社区居民通过参与不同形式的文化活动，逐渐形成对本社区的认同感，并进而形成对社区的归属感。居民的认同感和归属感越强，就越能够意识到自己作为社区成员所具有的权利和义务，进而更加维护社区，积极参与社区活动。

(二)满足人们的精神需求

社区文化以其最活跃、最生动、最具吸引力、最易于为人们接受的方式满足广大社区群众的精神需求。尤其在现代社会，人们精神压力比较大的情况下，社区通过文化活动，缓解人们的压力，为人们提供宣泄、放松、娱乐，获得精神满足的渠道。凡是社区文化搞得好的地方，社区居民在紧张的工作之后，都能够得到健康的精神享受。社区已不仅仅是人们居住、工作和学习的地方，同时也是人们休闲娱乐的主要场所。社区文化通过发挥文化娱乐功能，在共同居住的空间内，创造人与人之间情感交融、心灵沟通的机会，极大地丰富了个体成员的精神和情感体验。例如，陕西省西安市长延堡街道社区服务中心开展了形式多样、健康向上、丰富多彩的文体活动(图 10-1)。通过组织老年、青年、少年、残疾人等不同形式的演出活动，尤其是代表本社区外出演出，不仅吸引了社区不同成员的积极参与，而且在社区集体演出活动中还增强了社区成员对本社区的认同感和归属感，满足了人们的精神需求。

图 10-1　陕西省西安市长延堡街道社区服务中心开展的木兰扇文艺活动

(三)促进社区发展

社区是文化建设的基层单位，社区文化建设通过凝聚人心为社区建设提供精神动力。同时，通过提高社区人口整体的受教育水平，来提高社区群众综合素质，从而为社区发展提供智力支持。

社区文化产业的建立和发展还可以直接促进社区经济的发展。社区文化产业主要包括文化娱乐业、影视及影像制品业、新闻出版业、文化旅游业及一些与文化相关的美食、美容、时装、休闲等产业。它不仅为社区创造巨大的经济价值，而且能够极大地提高社区的文化品位。

图 10-2　“幸福鼓楼”2012 新年交响音乐会

社区文化搞得好，这本身就是社区发展的一个象征。对于一个社区而言，社区文化就是该社区的内在精神气质，一流的社区必然会建设一流的社区文化。例如，南京市鼓楼区近年来以广场文化为主阵地，融合民间文化、校园文化等内容，以重大节庆为重点，积极开展文化活动，每年有 1 500 场文化活动(图 10-2)。2013 年 6 月 2 日，“幸福鼓楼”社区文化艺术节开幕，仅在社区艺术节期间，该区就有专业互动、群文展演、文化展览、艺术传播、文化遗存的传承和保护、文化交流、社区活动七大板块的系列文化活动，一批主题鲜明，内容丰富，形式多样的文化大餐呈献给辖区居民。

(四)提高社区居民的综合素质

社区文化在提高社区居民综合素质方面的作用主要体现在它的教育功能上。社区针对不同服务对象的特点，开展形式多样的教育活动。例如，开展国家大政方针、法律法规、科技文化知识、医疗、卫生保健等知识的宣传活动，开设服装设计、烹调、缝纫、文艺、健身、机修等培训班，开展群众性的自娱自乐活动等，这不仅可以提高社区居民的社会科学和自然科学知识水平，而且可以使居民在精神上得到慰藉，在思想和道德上受到历练与提升，提高社区居民的综合素质。

四、社区文化建设的途径

(一)开展社区文化活动

社区文化活动多种多样，有琴棋书画、文艺创作、曲艺演奏、武术训练、球类交流、时装表演、保健咨询、烹饪艺术、育儿问答等上百项。社区居民委员会应以社区基层文化站为龙头，以社区各街道办事处、居民委员会、住宅小区及企事业单位的文化活动场所为活动阵地，利用各种载体引导群众广泛参与，开展生动活泼、丰富多彩的社区文化活动，使不同文化修养及情趣爱好的群众都能各展其长，各得其乐。这样，既能满足社区居民求知上进的心理需求，又能增进社区居民对社区的认同感、自豪感和归属感，促进社区的发展。

(二)发展社区文化产业

社区文化产业的发展是社区文化建设长期发展的强大支撑力量，没有发达的文化产业，社区文化就没有源源不断的资金支持，也没有发展的后劲。发展文化产业首先要建设一批公共文化设施，改善城乡文化环境；其次要根据各地的不同情况，发展传媒业、电影产品业、广告业、旅游业等文化产业，形成地方优势；最后，要把文化产业作为一个新的经济增长点，带动相关产业发展，推动社区整体实力的增长。其原则是，满足人民群众日益增长的文化需求，以市场机制来优化配置文化资源。

(三)发挥各种文化组织的作用

在社区文化建设中，除了社区居民委员会、文化企事业单位和文艺团体等政府办的组织外，还有一支生力军就是社区居民自发建立的各种兴趣小组，这些小组对社区文化活动的开展起着组织、协调、促进的作用。我们应以政府在社区文化建设中的主导作用为前提，逐步推动各种居民兴趣小组的建立，提高社区文化建设的社会化程度，扭转我国社区文化建设过度依赖政府的不良局面。社区居民委员会在开展社区文化活动时，应当与各种兴趣小组保持直接、密切的联系，最大限度地发挥每一个居民的积极性和主动性，创造社区文化建设的新局面。

(四)重视社区文化人才队伍的建设

社区文化人才队伍是开展社区文化建设的主力军，他们活跃在社区文化的各个场合，起着带头作用。在社区文化人才队伍的建设中，需要有专业和业余两支队伍。专业队伍由社区管理人员组成，应及时解决他们的编制问题和待遇问题，面向社会招聘高素质人才充实队伍；在业余队伍建设方面，要以社区文化活动积极分子为核心，建立一支社区文化志愿者队伍，加强培训，不断壮大，以发挥其对社区居民的影响力。

(五)加强对社区文化的制度化管理

在社区文化建设中，要结合社区特色，制定切实可行的社区文化发展规划，进一步加大对学校、幼儿园、图书馆、报刊、俱乐部等文化、学习和娱乐场所的管理，加强对开发中的住房、物业、生活小区文化事业的管理。特别是加强对社区文化的法制化管理，杜绝一切不良现象的出现，使社区文化有章可循、有法可依。

第二节 城市社区文化建设与管理

一、城市社区文化建设的主要内容

(一)培育具有现代素质的市民

市民是社区的主体，是社区文明的创造者和体现者，也是社区文化的载体。社区市民的素质如何，直接决定着一个城市的形象。社区文化建设通过有意识地培养居民的道德意识、开放意识、法制意识、崇文意识、现代生活意识，以及健康的心态和良好的行为习惯，进而塑造具有现代素质的市民。

(二)构筑具有特色的城市社区形象文化

社区形象文化主要指社区的外观形象，它包括现代化的基础设施和时尚的外观建筑与装饰。例如，社区的空间布局和建筑的造型、风格、色彩及道路、广场、公园、雕塑、路灯、栏杆甚至路牌、广告等，是否整体和谐，是否有审美情趣，是否有文化个性和艺术感。整体和谐、有审美情趣、有文化个性和艺术感的社区给人一种赏心悦目的感觉，吸引着人们在这里居住和生活，也塑造了整个城市的形象。

(三)充分挖掘城市社区历史文化资源

历史文化资源是一个城市社区文化品位和社区文化个性的体现，它也奠定了一个社区成为文明社区的基础。城市的历史文化资源是构建城市形象的独有资源，是孕育城市精神的母体和根基，是塑造城市文化个性和独特文化身份的稀有珍品，也是城市给人以丰富的文化想象和文化期待的重要载体，因此是一种难以复制的稀缺资源。例如，广州是一座历史文化名城，相传在远古时候，曾有五位仙人，身穿五色彩服、骑着嘴衔稻穗的五色仙羊降临此地，把稻穗赠给百姓，祝愿这里永无饥荒。从此，广州便有“羊城”“穗城”的美称，“五羊”也成为广州的象征。无论人们走到哪儿，提到“羊城”，都会想起广州，现在耸立在街头的五羊雕像就成为广州的象征(图 10-3)。

图 10-3 广州的象征——“五羊雕像”

(四)发展繁荣发达的文化产业

社区文化产业作为社区经济的一部分，既可以有力地促进经济发展，也可以提高社区的文化品位。例如，北京的胡同，上海的里弄，苏州的小巷都发展了旅游业，这些伴随着城市的产生而出现，代表着城市过去生活真实写照的文化产业被开发出来，直接促进城市经济的发展。

(五)开展丰富多彩的群众文化活动

群众文化活动，既指城市市民之间自娱自乐的文化活动，也指一些节庆文化活动、假日旅游活动、休闲文体活动、居民联谊活动等。群众文化是社区文化的重要组成部分，是建设文明社区的重要内容。健康向上、生动活泼、丰富多彩的群众文化活动，不仅可以陶冶人的情操，使居民得到美的享受，还可以提高社区整体文化建设水平。这些文化活动对弘扬我们的传统文化，提高社区居民的文化修养，培育居民的文化意识，增强居民的归属感、认同感、亲情感，都有着不可低估的作用。

二、城市社区文化建设中存在的问题与对策

(一)存在的问题

经过多年发展，我国城市社区文化建设已经取得了丰硕的成果，培育了一批社区文化的先进集体，培养了一批社区文化的优秀人才。但随着社会的发展，知识经济时代的来临，我国城市社区文化建设也出现了一些问题。

(1)城市社区文化活动资源未能得到有效整合。文化资源的所有权、管理权、使用权集中于某些“单位”，缺乏有效的方法予以调整和利用，造成文化资源时而闲置，时而紧张的现象。即使利用现有的社区文化资源，也要“求熟人、托关系”，极其麻烦，还存在着“三多三少”现象，即对有形资源重视多，对无形资产利用少；对现有资源使用多，对潜在资源挖掘少；对自家资源利用多，对盘活资源协商少。所以，有效整合利用社区文化资源是现在城市社区文化建设面临的一个严峻问题。

(2)社区文化设施不足。社区体育文化设施，如健身器材、健身场所、文化馆、图书室等相对不足，很难满足社区居民的需求。截至 2011 年，全国 6 524 个街道办事处中，共有街道文化站 4 545 个，没有文化站的占 30.33%；全国 83 370 个社区居民委员会中，共建有社区文化活动室 37 732 个，没有文化活动室的占 54.74%。即使现有的一些文化设施有的也因经济利益的缘故，转租、转包给了个人，或者移作他用，还有的人借社区文化之名目，投资文化建设项目后移花接木，干起了盈利性经营活动，使社区居民无法使用。这些都在很大程度上限制了社区文化的开展。

(3)社区文化干部队伍人员不稳定，经费短缺。文化干部队伍，是发展社区文化必不可少的人才保证。然而有的街道办事处没有专职的文化干部，有的虽有，却身兼数职形同虚设。现有的社区文化干部队伍，从年龄结构，文化底蕴方面来说，都满足不了社区文化的需求。而社区文化辅导员队伍不足，社区文化骨干队伍缺少专业培训，社区文化志愿者队伍建设刚刚起步，如何提高社区工作人员工资水平，改善他们的待遇是建立社区文化队伍的关键。

在社区活动经费上也存在着较大问题，2011 年的数据显示，全国城市社区文化活动室获财政拨款 4.08 亿元，平均每个活动室仅 1.08 万元，按城镇人口计算人均仅为 0.7 元。

(4)社区文化活动的参与程度低。目前，参加社区文化活动的群众积极性不高，意识不强。许多人认为参不参加对他们来说没有什么影响，他们认识不到自己既是社区文化的创造者，又是社区文化的受益者。这使社区文化的参与度始终处于低水平，如 2012 年，上海市统计局社情民意调查中心利用 12340 社情民意调查专线，对市民对公共文化场所利用状况开展了一次专题电话调查，结果显示，在过去一年中，青年群体中曾经参与过社区文化活动中心活动的比率为 28.6%，中年群体的参与率为 38.5%，老

年群体的参与率为49.2%，从参与频率看，19.4%的老年人表示过去一年中每月都去社区文化活动中心活动，而这个比例在中年群体中只有9.2%，青年群体中只有6.1%①，可见社区文化建设要充分发挥其功能，还有很大改进空间。

(二)解决问题的可行路径

(1)充分利用城市社区资源。针对各个社区资源条块分割的情况，建立资源共享与利用机制。由市区级的文化局等部门对社区文化工作进行专项指导和协调，充分利用各个社区的广场、公园、艺术场馆与基础设施。运用市场经济的办法进行运作，在无偿与有偿、低偿与高偿的使用中寻找一个平衡点和契合点。使每一个社区都成为一个开放的社区，既能享用其他社区的优势资源，也能为社区提供自己的优势资源，形成良性的社区资源利用模式。

(2)投资社区文化设施。建立多种投资体制，特别是依靠社会力量办城市社区文化，改变单纯由政府办文化的方式。政府应该重视利用社区的各种力量，以减免税等优惠政策，鼓励物业公司、企业、学校、居民个人投资或利用现有资源兴办社区图书馆、娱乐室、健身房等社区文化设施，走"共识、共办、共荣、共享"之路，合社会之力办文化。还可以发展社区电脑网络体系，建立网上社区中心。

(3)建立一支高素质、高水平的城市社区文化工作队伍。城市社区文化队伍建设应包括三个方面：一是组织管理队伍的建设；二是文化艺术队伍的建设；三是群众文艺骨干队伍的建设。组织管理队伍要引进高层次人才，逐渐提高其待遇，解决其编制问题，稳定人员。文化艺术队伍是专业文艺人才队伍，他们既是领导力量也是参与力量，对他们的培养也决定着社区文化事业的兴衰。群众文艺骨干队伍是社区居民参与社区文化建设的主要力量，他们会内化为强大的凝聚力，带动社区居民参与文化活动。这三支力量都得到加强，社区文化建设事业才有保障。

(4)充分调动和发挥群众的积极性，引导群众广泛参与城市社区文化建设。城市社区居民是社区文化建设的主体。社区通过深入持久地开展文明家庭、文明单位、军民共建、警民共建等群众性文化活动，调动居民的参与热情。运用多种载体，采取群众喜闻乐见的形式，才能保持社区文化的活力，引导群众广泛参与。

三、城市社区文化建设的管理

城市社区文化建设的管理包括社区党组织对社区文化活动的组织领导、社区居民委员会对社区文化活动的组织实施、对社区文化事业和文化经营单位的工作管理、社区文教部门和学校对社区教育的管理四个方面。

(一)社区党组织对社区文化活动的组织领导

首先，要大力弘扬主旋律文化，充分利用一切文化活动形式，宣传社会主义精神文明。其次，要把握社区文化发展的方向，对行为取向不对的文化活动坚决给予取缔，而

① 上海市统计局：《社区文化活动中心成为本市老年人的新乐园》，http://www.stats-sh.gov.cn/fxbg/201207/245528.html，2012-07-27。

对有益身心健康的文化活动则要大力扶持。最后，依靠社区群众，发挥社区各文化机关团体和工会、妇联、共青团的作用，及时掌握社区文化活动情况，对社区内各类有组织的文化教育活动进行指导，对分散的文化活动进行引导，保证社区文化活动有序开展。

(二)社区居民委员会对社区文化活动的组织实施

社区居民委员会是负责文化工作的主要组织机构，接受街道办事处领导。除此以外，还有设在社区的文化站、文化室等也是具体负责文化活动组织实施的机构，其职责是在社区党组织的领导和部署下，具体安排和协调社区文化活动，向社区单位和居民提供各类文化服务，并对社区文化活动进行检查评比。社区居民委员会应当积极组织实施社区文化活动，形成活跃的文化氛围。

(三)社区居民委员会对社区文化事业和文化经营单位的管理

社区文化事业单位，如图书馆、博物馆、科技馆、文化教育宫、少年宫、俱乐部、展览馆、剧团等，是国家兴建和扶持的文化公益单位。文化经营单位如迪厅、卡拉OK厅、录像厅、书店、书报刊摊点等属于盈利性文化企业，是社区文化建设的重要补充。对于文化事业单位要引入竞争机制，搞好挖潜、革新、改造，为社区群众提供更多更好的服务；对于文化经营单位要健全设施，优化营业环境，提高经济效益。

(四)社区文教部门和学校对社区教育的管理

社区教育也是社区文化建设中的一项重要内容，各类岗位培训，职业技术培训，干部职工继续教育培训，以及各种形式的思想政治教育、道德品质教育、理想前途教育，对提高社区居民素质，美化社区环境有着重要意义。社区文教部门应对社区内分散的社区教育活动进行引导和支持，如提供活动场所、咨询、对外宣传，协助招收学员、调剂场地、聘请师资，推广成功经验等。社区学校本身是教育单位，应当积极主动配合有关方面，为社区提供教室、教具、师资等培训条件，共同提高社区居民素质。

第三节　农村社区文化建设与管理

一、农村社区文化建设取得的初步成就

农村社区文化是由居住在农村的一定地域范围内(非严格的行政区划)的人们，通过一定的纽带和联系而形成的共同的价值观念、生活方式、情感归属和道德规范等。农村社区文化可分为三个层次，即物质文化、制度文化和观念文化。物质文化，指农村社区文化建设所必需的文化设施、文化活动场所等，它是社区文化目标得以实现的依托和保证。制度文化，指社区文化管理制度，它既是社区文化的组成部分，又是社区文化建设的保障。观念文化，指社区居民具有的共同的价值观、社区意识、社区精神等。三者相互联系，相互促进，构成了社区文化统一体。

党的十一届三中全会以后，我国农村率先走上了改革的道路，原有的乡村政治组织结构开始发生变化，人民公社逐渐解体，农民生活的自主性空间增大，乡村社会的公共领域逐渐形成，农民开始有组织地开展各种文化活动。经过三十多年的建设和发展，农

村经济发生了翻天覆地的变化，社区文化建设也取得了长足的进展。

改革开放以来，农村社区文化建设的成就主要是开展了公共文化服务体系建设，截至 2011 年年底，全国共有乡镇综合文化站 34 139 个，共有从业人员 78 148 人，专职人员 52 718 人，全国各级财政对乡镇综合文化站的经费投入力度也大幅增加。2011 年，全国各级财政对乡镇综合文化站的财政拨款达到 42.76 亿元，比 2006 年增加 31.84 亿元，增幅高达 291.6%，年均增长 28.6%。服务能力也大幅提高，2011 年，全国乡镇综合文化站共组织文艺活动 32.6 万次，比 2006 年增长 20.0%；举办训练班 15.0 万次，比 2006 年增长 26%；培训人次 1 232 万人次，比 2006 年增长 230%，见表 10-1。

表 10-1　近年来全国乡镇综合文化站活动情况

年份	组织文艺活动次数		举办展览		举办训练班	
	总量/万次	占群众文化总体比重/%	总量/万次	占群众文化总体比重/%	总量/万次	占群众文化总体比重/%
2006	27.2	54.6	9.2	65.2	11.9	54.3
2007	30.0	55.0	5.8	63.7	10.8	44.6
2008	27.9	58.9	6.5	64.4	15.3	51.0
2009	30.0	54.1	7.1	64.5	15.5	50.9
2010	30.5	52.9	7.6	65.0	15.3	42.6
2011	32.6	52.6	6.7	62.0	15.0	44.2

资料来源：文化部财务司．全国乡镇综合文化站建设和发展情况分析．http://www.mcprc.gov.cn/sjzznew2011/cws/whtj_cws/201211/t20121107_267143.html，2012-11-07

二、农村社区文化建设存在的问题

在看到农村社区文化建设取得的成就的同时，我们不能忽视一个事实，即农村社区文化建设极大地落后于城市。有的农村社区甚至根本没有文化设施，有的虽然有，却没有合理地利用。许多地方有意无意地忽视文化建设，导致文化建设的滞后甚至倒退，这主要表现在以下几个方面。

(一)农村文化机构和人才保障不足

全国约有 3 000 个乡镇没有文化站，大部分省的乡镇文化站处于瘫痪和半瘫痪的状态。有些农村社区在规划建设中，任由商业、工业企业侵占文化设施用地，导致农村的大量文化设施被拆除，文化活动日益贫乏。即使已有的文化设施有的也不能运转和发挥功能。截至 2011 年年底，全国 34 139 个乡镇综合文化站仅有 1 067 个乡镇综合文化站为独立核算单位，仅占 3.1%。这种情况就造成乡镇综合文化站经费全部依托于乡级政府，资金难以有效监管，部分地区还存在挤占和挪用情况。另外，乡镇综合文化站从业人员中拥有正式编制的人员较少，专业人员缺乏。

(二)部分文化产品与基层群众需求不相适应

改革开放以来，我国农村的社会结构发生了重大变革，大量的青壮年劳动力进城务工，留守农村的只剩下妇女、儿童和老人，整体科学文化素质相对偏低。部分乡镇综合文化站花大力气组织的歌曲、舞蹈类节目，难以调动农村留守人员的热情与参与度，效果远不及秧歌、社火等传统文化活动；部分乡镇综合文化站的藏书多是些哲学、艺术等城市图书馆下架的图书，且书籍更新频率低，农民看不懂、用不上，实际效果非常有限。

(三)公共文化资源存在重复建设现象

由于体制原因，乡镇级公共文化服务设施建设存在多头管理、条块分割的问题，造成资源分散，难以整合，设施和产品重复建设，效益低下。例如，乡镇综合文化站和农家书屋，由于隶属不同部门，在农村经常被分别建设，分开管理，无法形成合力。在数字文化资源建设中，也存在多部门建设、管理的问题，导致资源浪费，这加大了基层公共文化的投入和运营成本，难以有效发挥应有效用。

三、加强农村社区文化建设的途径

(一)形成良好的社区文化环境

农村社区文化是以农村地域范围为依托的文化，具有浓郁的地方特色，应该因地制宜，利用乡土资源，乡土教材，开展具有地域特色的社区文化活动(图 10-4)。具体做法如下：一是采用传统文化活动，如民间的舞狮子、玩龙灯、逛庙会、扭秧歌等，调动群众参与社区文化活动的积极性；二是赋予传统文化活动以新内容，使群众在文化活动中接受现代文明；三是通过多种形式的活动，如戏曲、故事、民谣等将农村社区文化从多方面展开，形成良好的社区文化环境。

图 10-4　农村社区的文化大院

(二)加强农村社区文化建设的设施投入和管理

社区只有具备一定的基础设施，才能承担相应的经济文化功能，但从目前大多数农村社区的状况来看，社区文化设施非常简陋，无法真正履行文化供给的功能。因此，必须加强对农村社区文化设施的投入，如办文化大院、图书馆(图 10-5)、文化活动中心等；发挥乡镇政府的主导作用，拓宽文化投资渠道，采取多种形式，吸引民间投资，兴办文化产业。

图 10-5　农村图书馆的建设取得长足进步

资料来源：海南省举行农村社区图书捐赠仪式．湖北省民政厅网站，http://www.hbmzt.gov.cn/qgmzdt/200804/t20080415_26420.shtml，2008-04-15

例如，河南省许昌市农村文化大院就是在农村村级组织领导下，集文化、教育、广播、计划生育、科技、兵、青、妇、卫生等工作为一体，融思想教育、科技普及、信息传递、文化娱乐为一炉的综合文化设施。许昌市农村文化大院创建于1986年。《人民日报》《光明日报》《中国青年报》《河南日报》相继发表了《许昌文化大院红红火火十年不衰》等文章，文化部1992年在许昌市召开了“全国村落文化理论研讨会”。

(三)加强农村社区文化教育

教育是发展农村社区文化的最有效的途径和手段。农村社区文化教育内容应从农村社区实际需要出发，组织村民学习与所在社区有关的基本知识，如环境卫生知识、生产知识和劳动技能、村民公约和村民守则等，以提高村民文化素质。

➤复习思考题

1. 什么是社区文化？
2. 社区文化的特征是什么？
3. 社区文化在社区建设中的作用有哪些？
4. 城市社区文化建设的内容是什么？
5. 如何加强对城市社区文化建设的管理？
6. 农村社区文化建设存在的问题是什么，怎样解决？
7. 试分析你所在的高校社区在文化建设和管理方面存在的问题并提出相应的解决对策。
8. 了解中共中央办公厅、国务院办公厅《关于进一步加强农村文化建设的意见》的主要内容。

参考文献

谷中原，吴晓林．2012. 农村社区建设与管理．北京：北京大学出版社．

李笑．2014. 社区文化建设实务．北京：经济管理出版社．

民政部基层政权和社区建设司．2012. 全国农村社区建设重要资料选编．北京：中国社会出版社．

师坚毅．2010. 新农村社区建设与管理．北京：中国社会出版社．

吴雨才，朱振如，陆守明．2003. 农村社区文化建设的思考．农村经济，(12)：33-34.

杨萍．2014. 城镇化进程中的社区文化建设．合肥：合肥工业出版社．

袁德．2010. 社区文化论．北京：中国社会出版社．

张桂芳．2004. 试论转型期农村社区文化建设．兰州学刊，(5)：213-214.

张堃，何云峰．2000. 社区管理导论．上海：上海三联书店．

附　　录

中共中央办公厅、国务院办公厅关于进一步加强农村文化建设的意见[①](节选)

(2005年11月7日)

为贯彻落实党的十六大和十六届三中、四中、五中全会精神，促进农村文化和经济、政治、社会协调发展，经党中央、国务院领导同志同意，现就进一步加强农村文化

① 新华社北京2005年12月11日电。

建设提出如下意见。

一、充分认识加强农村文化建设的重要性和紧迫性(略)

二、农村文化建设的指导思想和目标任务(略)

三、加强农村公共文化建设

5. 大力推进广播电视进村入户。以提高中央台和省台广播电视节目入户率为重点，采取多种技术手段，加大实施广播电视村村通工程的力度，争取到2010年基本实现20户以上的已通电自然村全部通广播电视。重视完善和发挥现有无线转播台站的作用，利用无线、有线和卫星等多种技术手段，力争使农民群众收听收看到套数更多、质量更好的广播电视节目。中央财政对中部地区国家扶贫开发工作重点县和西部地区村村通的建设给予适当的基建投资支持，对新疆、西藏、内蒙古、宁夏和青海、甘肃、云南、四川藏区的村村通工程运行维护给予适当的经费补助。西新工程要继续重点解决好新疆、西藏等老少边穷地区广播电视覆盖和少数民族语言译制等问题。完善农村广播电视公共服务覆盖体系，做好农村接收广播电视的服务工作，积极探索适合当地实际的运行服务机制，确保村村通长期有效运行。

6. 积极发展农村电影放映。继续实施农村电影数字化放映"2131"工程，加大专项资金投入，重点做好配送电影流动放映车和电影拷贝工作，丰富农村电影片源。加强农村中小学爱国主义教育影片和农村科教影片的放映。采取定点、流动、录像放映等多种形式，积极探索农村电影放映的新方法新模式，到2010年基本实现全国农村一村一月放映一场电影的目标。加强农村影院的更新改造，增加农村电影固定放映点。推广电影数字放映技术，在农村逐步实现由胶片放映向数字放映的转变。

7. 开展农村数字化文化信息服务。加快全国文化信息资源共享工程建设。积极发展文化信息资源共享工程农村基层服务点，重点支持边远贫穷地区乡镇、村基层服务点建设。文化信息资源共享工程要与农村文化设施建设统筹规划，综合利用，使县文化馆、图书馆和乡综合文化站、村文化活动室逐步具备提供数字化文化信息服务的能力。要依托农村党员干部现代远程教育和农村中小学现代远程教育网络，以共建方式发展基层服务点。

8. 推动服务"三农"的出版物出版发行。实施服务"三农"重点出版物出版工程，出版单位选题规划要向农村倾斜，重点支持和培育一批服务"三农"为主的出版单位，增加农民群众买得起、读得懂、用得上的通俗读物的品种和数量。发展农民书社等农民自助读书组织，为农民群众读书提供方便。继续实施送书下乡工程。以政府采购形式，每年集中招标采购一批适用于农村的图书，直接配送到国家扶贫开发工作重点县的乡村文化站(室)，方便农民群众阅读。改进报刊订阅发行工作，缩短发送时间，使农民群众及时看到报刊。

9. 加强乡村文化设施建设。坚持以政府为主导，以乡镇为依托，以村为重点，以农户为对象，发展县、乡镇、村文化设施和文化活动场所，构建农村公共文化服务网络。到2010年，实现县有文化馆、图书馆，乡镇有综合文化站，行政村有文化活动室。县文化馆要具备综合性功能，图书馆要加强数字化建设。乡镇可结合乡镇机构改革和站(所)整合，组建集图书阅读、广播影视、宣传教育、文艺演出、科技推广、科普培训、体育和青少年校外活动等于一体的综合性文化站，配备专职人员管理。村文化活动室可“一室多用”，明确由一名村干部具体负责。在学校布点整顿中腾出的闲置校舍，可改造为村文化活动基地。充分发挥农村中小学在开展农村文化活动方面的作用，提倡中小学图书室、电子阅览室定时就近向农民群众开放，把中小学校建成宣传、文化、信息中心。对西部及其他老少边穷等地广人稀适宜开展流动服务的地区，由政府给乡文化站配备多功能流动文化车，开展灵活、多样、方便的文化服务。

10. 加大文化资源向农村的倾斜。对重要的公共文化资源进行合理调整，逐步增加为农村服务的资源总量。人民日报要加大农村和农业报道的份量，逐步创造条件开办农村版。农民日报等专门面向农村的报刊要不断提高质量，坚持为“三农”服务的方向。中央人民广播电台、中央电视台增加农村节目、栏目和播出时间。农业大省的省级党报要开设农村版，电台、电视台要开办农村频率、频道。有条件的省级党报和电台、电视台也可开办专门的农村版和农村频率、频道。市(地)党报和市(地)县广播电台、电视台要把面向基层、服务“三农”作为主要任务。

四、丰富农民群众精神文化生活

11. 开展多种形式的群众文化活动。农村文化活动要贴近群众生产生活实际，坚持业余自愿、形式多样、健康有益、便捷长效原则，丰富和活跃农民群众精神文化生活。充分利用农闲、节日和集市，组织花会、灯会、赛歌会、文艺演出、劳动技能比赛等活动。紧密结合农民脱贫致富的需求，倡导他们读书用书、学文化、学技能，普及先进实用的农业科技知识和卫生保健常识。以创建文明村镇、文明户等为载体，积极引导广大农民群众崇尚科学，破除迷信，移风易俗，抵制腐朽文化，提高思想道德水平和科学文化素质，形成文明健康的生活方式和社会风尚。根据时代的特点和农民群众精神文化需求的变化，不断充实活动内涵，创新活动形式。

12. 着力发展农村特色文化。加强对农村优秀民族民间文化资源的系统发掘、整理和保护。授予秉承传统、技艺精湛的民间艺人“民间艺术大师”、“民间工艺大师”等称号，开展“民间艺术之乡”、“特色艺术之乡”命名活动。对农村传统文化生态保持较完整并具有特殊价值的村落或特定区域进行动态整体性保护，逐步建立科学有效的民族民间文化遗产传承机制。积极开发具有民族传统和地域特色的剪纸、绘画、陶瓷、泥塑、雕刻、编织等民间工艺项目，戏曲、杂技、花灯、龙舟、舞狮舞龙等民间艺术和民俗表演项目，古镇游、生态游、农家乐等民俗旅游项目。实施特色文化品牌战略，培育一批文化名镇、名村、名园、名人、名品。

13. 提供更多更好的农村题材文化产品。加强选题规划和内容建设，把农村题材纳入舞台艺术生产、电影和电视剧制作、各类书刊和音像制品出版计划，保证农村题材文艺作品在出品总量中占一定比例。宣传文化领域的有关专项资金要加大对农村题材重点选题的资助力度，每年推出一批反映当代农村生活、农民喜闻乐见的文艺精品。购买适合农村需要的优秀剧本版权，免费供给基层艺术团体使用、改编并为农民群众演出。全国性文艺出版评奖要安排一定数额，用于奖励反映农民生活的优秀文艺作品。报刊、电台、电视台对优秀农村题材文艺作品，在刊发、播出、宣传评介等方面给予重点支持。

五、创新农村文化建设的体制和机制(略)

六、动员社会力量支持农村文化建设

20. 继续开展文化科技卫生“三下乡”、文化对口支援活动。积极探索“三下乡”活动的长效机制。对重要项目和产品采取财政补贴，以政府采购的方式，直接送到农村。充分发挥流动文化车、文化小分队的作用，使“三下乡”活动小型化、经常化，努力做到灵活多样、行之有效。鼓励和组织专业文化工作者到农村辅导群众文化活动。把农村文化建设纳入对口扶贫计划，建立和完善东部地区对西部地区、发达地区对欠发达地区、城市对农村的文化援助机制，支援农村文化建设。

21. 积极引导社会力量捐助农村文化事业。重点捐助文化站(室)、图书室等农村文化基础设施建设以及农村公益性文化实体和文化活动。动员城市单位和居民以各种方式捐赠电视机、收音机、计算机和农民群众需要的图书杂志、音像电子出版物等，可由捐助者直接交付农村，也可由民政部门、人民团体和有关民间组织负责组织发送。鼓励权利人许可基层文化单位无偿使用其作品或录音录像制品。社会力量通过依法成立的非营利公益性组织或国家机关向农村文化事业的捐赠，纳入公益性捐赠范围，按税法的有关规定税前扣除。对贡献突出的单位和个人，给予表彰和奖励。

22. 积极组织开展农村文化服务活动。在“大学生志愿服务西部计划”和“高校毕业生到农村服务计划”中增加农村文化服务的内容，鼓励应届大学毕业生深入广大农村从事文化信息传播、活动组织、人员培训等活动。有关部门应根据实际情况及时研究解决因增加农村文化服务内容而需要扩大人员规模和经费等问题，确保农村文化服务活动的顺利开展。

七、加强对农村文化建设的组织领导(略)

……

各省(自治区、直辖市)、中央和国家机关有关部门要按照本意见的精神，结合实际，制定贯彻落实的具体措施。有关部门要加强对本意见贯彻执行情况的督促检查。

第十一章

社区教育与管理

社区教育是在一定的地域范围内，充分利用各类教育资源，旨在提高社区全体成员整体素质和生活质量，促进区域经济建设、社会发展和教育自身发展的教育活动。社区教育的内容多种多样，有法制教育、道德教育、生态环境保护教育、人口教育、家政教育、家长教育、妇女教育、卫生教育、艺术教育、闲暇教育、健康教育等。

在社区发展史上，社区教育的开展是一项意义重大的事件。它广泛地凝聚着社区居民，以丰富的内容、灵活多样的形式推动着终身教育体系的构建和教育改革的进行。社区教育的根本功能在于促进社区发展。近年来，我国政府高度重视社区教育问题。2004年12月1日，教育部发布了《关于推进社区教育工作的若干意见》(教职成〔2004〕16号)(全文附本章末)，这是我国政府推进社区教育工作的一个十分重要的纲领性文件。

第一节　社区教育概述

一、社区教育的含义

社区教育最早可以溯源至丹麦人柯隆威1844年创办的第一所“民众高等学校”。而现代意义上的社区教育则是在20世纪初从欧美一些国家出现，距今已有近百年的历史。我国的社区教育在20世纪80年代开始兴起，至今已经初具规模。在社区教育发展的过程中，不同的国家走过了不同的道路，体现了不同的特色、形成了对社区教育不同的理解。

第一种理解是把社区教育界定为民众教育，如北欧诸国，丹麦的柯隆威等于19世纪中叶创办“民众高等学校”，体现“为民众启蒙、为民众教育”的宗旨，以青年与成人为教育对象，实施以提高人文素质为主要目标的、灵活多样的教育活动。发展到今天，尽管北欧诸国已形成各自特色，内涵也已超越了初始的民众教育，形式更是丰富多样，但在北欧诸国却少见社区教育的提法，而民众教育则耳熟能详。

第二种理解是把社区教育界定为社会教育，如日本，社会教育几乎是社区教育的同义词。1949年，日本颁布的《社会教育法》明确地把社会教育定义为除《学校教育法》所规定的学校教育活动之外，面向全体社会成员所实施的有组织的教育活动。

第三种理解是把社区教育界定为向社区提供教育服务的非正规教育，如美国，社区教育就被认为是为社区不同种族、性别、年龄、职业、状况的所有成员提供非正规的社会教育服务。在社区学院内，教育内容非常宽泛，完全根据社区居民的实际需要来组织课程，教学形式与方法更是灵活多样，但一般不计学分、不发文凭，不授予学位。

对社区教育的含义之所以出现种种不同的理解，究其原因，一是因为现代社区教育的发展历史不长。二是因为现代意义上的社区教育体现的是一种全新的教育思想，是对传统教育观念的革命性发展，内涵具有前所未有的复杂性、包容性、边缘性和前瞻性，不是传统教育概念能够轻易概括得了的。三是因为社区教育的发展形势、快慢等直接决定于具体地区的社会状况，而不会遵循统一的历程与模式。

经过长期的实践开拓和切磋探讨，人们对社区教育的理解正在不断深化，并正在取得越来越多的共识。关于社区教育，人们已经取得了如下的共识：①社区教育是由社区举办的教育，是社区内所有教育机构、教育力量的协同教育活动，是学校教育与社会教育的结合。②社区教育是适应社会发展需要而产生的，它是为社区所有成员提供的教育服务。③社区教育的内容不仅仅是专业学科的教育，已经发展成为扫盲教育、法制教育、道德教育、生态环境保护教育、人口教育、家政教育、家长教育、妇女教育、卫生教育、艺术欣赏、闲暇教育、健康活动等多形式宽领域全方位的教育活动①。

从这三个基本点出发来认识社区教育，我们能够发现社区教育既包括学校教育，也包括校外教育和家庭教育；既包括普通教育，也包括职业技术教育和成人教育；既包括青少年教育，也包括学前教育和继续教育，乃至终身教育等。就社区教育的机构来说，既包括社会组织开办的文化或技术学校，又包括私立的各种学校；既包括社区办的学前班，又包括成人或老年人所需要的生活方式、健康锻炼方式的教育。就社区教育的内容来说，既包括科学技术知识的教授，又包括思想观念、伦理道德的培育。

根据这种情况，综合国内外对社区教育的定义，我们将社区教育界定为：在一定地域范围内，充分利用各类教育资源，旨在提高社区全体成员整体素质和生活质量，促进区域经济建设、社会发展和教育自身发展的教育活动。

二、社区教育对于社区的作用

(一)作为强化社区功能手段的社区教育

(1)知识补充教育。其包括对社区居民进行文化、社会、经济及公共事务等方面的专业和非专业的知识教育，弥补正规教育的不足和满足居民对新知识的需求。

(2)社会控制教育。其主要指社区行为规范教育，包括道德、纪律、政策法令及文明风尚教育，不断提高居民的文明水平，维护社区的正常生活。

(3)社区发展教育。其包括知识、行为、态度和价值观等与社区发展相关的基本素

---

① 傅忠道：《社区工作基础知识1000答》，中国青年出版社，2001年，第404页。

质教育，特别是人的全面发展教育。

(二)作为社区服务的一项内容的社区教育

(1)家庭生活教育。从衣食住行、生老病死、家庭关系、子女教育到邻里沟通等都是家庭生活教育的内容，其目的在于传播现代生活价值观念和技巧，提高社区居民家庭生活的质量。

(2)公民素质教育。为了充分发挥公民参与社会、经济、政治、文化等方面的积极性而进行的基本教育，如公民意识、法制意识、社会公德意识等。

(三)作为社区文化建设内容的社区教育

其主要是带有本社区特色的教育。由于每个社区的地理位置、自然条件、人民历史、经济发展水平，以及人员构成不尽相同，因而所要解决的社会问题也不尽相同。各社区的教育重点、内容、模式等均具有社区特色。例如，我国深圳市宝安区沙井镇，常住人口只有2.5万人，而外来人口则高达49万人。显然，该镇社区教育的重点，应放在外来人口教育上。为此，该镇开办了外来人口学校，对全镇外来工分期分批进行培训，学习内容有法律、环保、安全、婚育、行为习惯等；与此同时，该镇还为外来人口提供学历教育服务，从整体上提高他们的文化素质。

三、社区教育的形式

社区成员构成的复杂性决定了社区教育形式的多样性，社区教育的形式多种多样。

具体来说，有灵活机动的教育形式，如一年一度的“终身学习节”“朝夕教育公园”“双休日教育公园”“亲子学堂”等；有常年设立的讲课性质的教育形式，如“青年技能辅导站”“课外学校”等；有社区举办的专题讲座、竞赛、表演、展示、座谈、研讨、参观等各种形式的活动，也有志愿者提供的环境保护教育、人口意识教育等，还有社区成员互动式教育，如敬老家庭评比、文明标兵选举等；有社区学校提供的学科教育，如“周日学校”等；有社区企业提供的公益宣传；还有为青年人和老年人提供心理疏导的“谈心室”，专为特殊人群服务的教育，如为聋哑人学习交流提供服务的“周日无声沙龙”等。具体内容见表11-1、图11-1和图11-2。

表11-1　多种多样的社区活动形式

分类	活动类型	活动形式
活动时间	临时活动、长期活动	讲座、表演、竞赛、展示、座谈、研讨、培训、参观、郊游、谈心等各种形式
活动地点	室内活动、室外活动、社区主办、志愿者提供、社区成员互动、社区学校主办、社区企业主办	
活动主办者	社区主办、志愿者提供、社区成员互动、社区学校主办、社区企业主办	
活动参与者	幼儿、青年、老人、特殊人群	

图 11-1 社区常见的亲子活动

图 11-2 社区健康讲座

四、社区教育的职责划分

发展社区教育必须坚持以“三个服务”为目标，即为社区物质文明建设服务，为社区精神文明建设服务，为社区全体成员的自身发展服务。街道办事处和社区居民委员会承担着社区教育组织、管理的职责，其各自的职责划分如下所示。

(一)街道办事处的主要职责

街道办事处要建立和完善社区教育组织体系，成立以社区党组织负责的社区教育委员会，成员由社区内的中小学校，机关、企事业单位，派出所等有关部门人员组成。形成一个集学校教育、机关教育、职工教育、社会教育于一体的区域性的社会化教育网络，为社区教育提供良好的活动氛围。

教育部门要努力提高教师队伍的整体素质，进一步改善教学环境，深入开展成人教育和劳动者的继续教育，使中小学校积极配合社区居民委员会开办家长学校、开展市民教育和青少年教育活动。其文化部门要帮助社区建立图书室，成立书画班、棋社等趣味小组来丰富居民生活，陶冶思想情操。司法部门要在社区开展法制宣传和普法教育，使居民群众知法、懂法，自觉地遵守法律规范。精神文明办公室要在社区开展市民文明教育的活动，组织社区开展文明城市、文明社区创建活动。科技部门要指导社区开展科普教育活动，为社区提供科普教育的相关资料。妇联组织要在社区妇女中开展家庭美德教育、妇女普法教育、幼儿家庭教育，提倡妇女自尊、自信、自立、自强。对下岗女工进行择业观教育，组织下岗女工参加技能培训，帮助下岗女工再就业。

(二)社区居民委员会的主要职责

(1)开辟社区教育基地。因地制宜，利用社区文化室、图书室、学校教室、机关、企事业单位的会议室定期或不定期地开展社区教育活动，或者“厂区”联办、或者“校区”联办成立市民教育培训基地。利用广播、宣传栏、公共宣传板、固定宣传标牌等进行经常性的社区舆论宣传教育。

(2)建立一支社区教育志愿者队伍。由社区工作者、社区综合治理特派员、社区民警、社区居民中的教师、专业技术管理干部、机关干部等组成的志愿者队伍，主动积极地开展有社区特色的教育活动。

(3)注重社区教育与群众性创建活动相结合，家庭教育与社区教育相结合，以群众自我教育为主，以居民中的典型事例为题材，开展群众自评、互评的“五好家庭”“五好门栋”等活动，开展法律咨询服务和刑释解教人员的帮教安置工作。

(4)开办市民文明学校。围绕“市民文明规范准则”、“市民礼仪”及家庭教育等内容开展群众性的教育活动，提高社区居民素质。

五、社区教育的功能

社区教育的功能就在于促进社区发展，具体来说，主要体现在以下几个方面。

第一，促进社区内的经济与科学技术的发展，提高人的综合素质，使人们更多地了解各方面的文化知识，更好地从事各项工作。对于下岗和再就业的社区居民而言，社区教育可以帮助他们开拓新的就业方向，改变自身命运，从而促进生产力的发展。例如，山东省济南市济宁区举办的青工技能大赛，就推动了社区经济的发展，见图 11-3。

图 11-3 山东省济南市济宁区举办的青工技能大赛

第二，促进社区内文化教育事业的发展。社区教育的实质就是通过教育与社会相互沟通、双向服务，逐步使社区各方面力量都能对教育事业做出贡献，把教育的发展当成与社区的利益密切相关的事业来做，使社区教育成为社会主义文化教育事业发展的新形式。

第三，促进教育体制的改革。社会主义市场经济体制的建立和发展，要求教育体制与之相适应。在城市，一些地区在街道办事处建立了由经济、科技、教育、计划、劳动、人事等方面负责人参加的教育领导小组(或称教育委员会)，统筹教育与经济、科技、社会的发展。于是，街道办事处增加了教育职能，社区教育领导小组成为教育与社会一体化的桥梁和纽带。在农村，县、乡两级统筹各类教育，使经济、科技、教育相结合，更好地为当地经济建设和社会全面进步服务。社区教育的发展推动了教育体制的改革。

第四，促进学习型社会的创建。学习型社会是教育与学习贯穿任何时候、任何领域、任何过程中的社会，是人人学习、全时空学习、自主学习的社会。社区教育为社区成员提供创建学习型社会的教育体系，克服了传统教育对入学者资格的限制，克服了空间、时间、教学形式、学习内容、学习方式、考核评价等方面的限制和障碍。立足社区、重视社区教育，有助于创建学习型社会。

第五，促进社区内安定团结和政治思想建设。社区教育可以使大家的关系更为融洽和谐，有利于社区的安定团结。由于社区教育统筹社区内各方面的教育因素，充分挖掘社区内的教育资源，使学校对社区的文化辐射更为集中和有力，现代知识技术信息的传递更快，伦理道德价值观念的培养更为深入，舆论宣传对社区群众的熏陶更为直接，社区精神文明建设因此搞得更好。

六、建立和完善社区教育管理体制

社区教育管理就其本质而言是开发社区教育资源的一种沟通协调的组织行为。社区教育管理有经验管理、行政管理和科学管理三种行为模式。经验管理是传统管理方式，而行政管理是政府行为，只有科学管理才是最适应社区发展的管理模式。

科学管理是“政府统筹领导，教育部门牵头，有关部门配合，社会积极支持，社区自主活动，群众广泛参与”的社区教育管理模式。地方政府要把社区教育工作纳入区域经济建设和社会发展规划，纳入教育事业发展规划，调动、统筹、协调各方力量，支持和参与社区教育工作，创造有利于社区教育工作的舆论氛围和政策环境；社区内的各类学校，应结合自身实际情况，通过多种途径和形式，最大限度地将学校教育资源向社会开放，有条件的学校要通过现代信息技术和远程教育网络，为社区居民提供多种多样的教育服务。社区内各有关部门和单位可以为学生提供社会实践机会和场所，社区内的图书馆、文化馆等教育、文化、科研、体育公共设施，应面向社区成员有序开放，为社区群众提供教育活动场所，形成资源共享，社会与教育双向互动的社区教育运行机制。

科学管理要求建立社区教育评价体系，社区教育评价应当遵循导向性、科学性、合理性和综合性原则。聘请专业人员组成社区教育评价组织，在评价中采用定量和定性分析相结合的方法，评价地方政府在社区教育方面的成绩，引导社区的发展。

第二节　城市社区教育及其管理

一、我国城市社区教育的兴起

现代意义上的城市社区教育，兴起于 20 世纪二三十年代，而这一概念在国际上被广泛承认，则是第二次世界大战以后的事情；到 20 世纪 80 年代中期，它才在我国受到应有的重视。20 世纪 80 年代初期，随着经济体制改革的深入，教育领域内的一些深层次矛盾日渐暴露，人们要求教育改革的呼声日益高涨。1985 年 5 月，中共中央发布了《关于教育体制改革的决定》，以此为契机，全国掀起了教育改革的新高潮，基础教育、职业技术教育、高等教育、成人教育，都在深化改革，社区教育也在改革中应运而生。80 年代中期上海市首先出现了社区教育委员会。

1999 年年初，国务院批转教育部《面向 21 世纪教育振兴行动计划》明确提出：“开展社区教育试验工作，逐步建立和完善终身教育体系，努力提高全民素质。”2000 年 4 月，国家建立了首批 8 个社区教育实验区，2001 年年底发展到 28 个实验区，2003 年年底又扩大到 61 个实验区。各省市也相应创建了省市、地级实验区近 300 个，促成了我国社区教育区域推进的态势，见图 11-4。

二、当前我国城市社区教育的主要内容

(一)大力开展丰富多彩的社区教育活动

城市社区教育要针对社区居民的需求，广泛开展针对不同类型人群的各类教育培

图 11-4　安徽省蚌埠市社区教育实验区

资料来源：安徽省蚌埠市 2013 年社区教育省级实验区全民终身学习活动周启动．中国成人教育协会网站，http://www.caea.org.cn/caea_content.asp?id=1059

训。尤其是针对城市社区企业职工比较多的情况，大力开展企业职工思想教育培训、职业技术培训、再就业培训、转岗培训、外来人口培训等。

(二)广泛开展学习型社区和学习型组织的创建工作

创建学习型社区和学习型组织是社区教育的重要内容。学习型社区(图 11-5)是指以社区终身教育网络和学习型组织为基础，能保障和满足社区成员基本学习权利和终身学习需求，从而促进社区成员素质和生活质量提高，以及社区可持续发展的一种新型社区。它是以终身教育体系和学习型组织为基础的社区，学习型社区的特征有：①社区内基本形成全民学习、终身学习的共识和氛围。②各类教育资源实现整合、开放、共享，基本满足社区成员多样化学习需求。③各种学习型组织普遍建立，如学习型家庭、学习型楼组、学习型企业、学习型事业单位、学习型社会团体和学习型政府机构等。④居民对社区终身学习有较高的认同与满意度。

图 11-5　许多城市都在建设学习型社区

资料来源：松江文明网，http://wm.songjiang.gov.cn/detail.aspx?id=6892，2010-12-10

(三)整合优化社区教育资源，建立社区教育网络

城市社区可在统筹整合当地教育资源的基础上，建立融广播电视教育、现代远程教

育、自学考试、各类成人教育和职业培训为一体的社区教育中心。以社区教育中心为社区教育办学网络的龙头，发挥对本地区社区教育工作的组织、协调、指导、服务、辐射、带动作用。

三、城市社区教育管理模式

(一)以街道办事处为中心进行的连动型社区教育模式

此类模式是目前我国社区教育的主要形式。其内涵是街道办事处作为所辖行政区域的社区教育组织者、实施者、监督者、协调者，以社区服务及社区文化为着眼点进行各种休闲、文化、活动性的社区教育。其运作方式为：①街道办事处相关职能科室按行政方式布置、检查社区教育工作。②成立社区教育委员会，联合有关职能部门及驻区单位参加社区教育工作，即“街道牵头、社会参与、双向服务”模式。此模式带有较强的行政管理色彩，易于街道办事处发挥主导作用，并可在一定限度内调动社区各界资源，但也易于产生流于形式的弊端。

(二)以中小学校为主体进行的活动型社区教育模式

此模式是由教育系统内部发展起来的，并日渐完善的教育形式。其内涵为中小学作为区域性社区教育的组织者、协调者，利用自身办学资源优势进行校外活动。其运作方式为：①以学校为主体组织本校或社区内中小学生参加各种形式的课外教育活动。②由学校牵头组建社区教育协调委员会，定期研究校外教育工作，参与学校课外活动协调与管理，并向社区居民开放校内文体活动设施，即“协调课外活动，开放文体设施”模式。

此模式能够较充分地利用中小学校办学资源，教育行为较为规范。但是，学校在调动社区资源方面存在组织层面的先天不足，社区资源整合作用微乎其微。社区居民将以学校名义开展的社区教育活动往往定位在“保育”或青少年课外活动层面上，难以真正起到社区教育的作用。此种模式近年出现一种新的变化趋势，即成人教育，尤其是地区所属成人高等学校参与到区域性社区教育中来，并且日益突显出其不同于中小学的特有功能与价值。

(三)以社区学院为载体进行的综合型社区教育模式

此模式是近年来在北京、上海等地出现并日益引起关注，同时又引起较大争议的新型教育形式。其内涵为社区学院作为区域性社区教育的龙头单位，通过理事会和文明市民学校及学历教育、非学历教育手段进行文化性、职业性、专业性社区教育(图 11-6)。其具体运作方式为接受街道办事处、民政局或者区域内单位委托，通过专业开发、课程开发、项目开发等多种手段组织教育教学活动。

此模式易于同区域内政府职能部门和辖区单位进行业务沟通，易于系统内资源重组，发挥成人高校办学优势。但是，此模式也同样存在整合社区教育资源的不足之处。此外，在与现有高教管理体制的相容性、传统学校教育综合改造、社区教育的投入与产出、社会各界对社区学院认可度、理事会作用发挥等方面均存在众多难题，阻碍着它的正常发展。

图 11-6　广东佛山南海社区学校开展教学活动

资料来源：南海社区学院网站，http://www.ounh.org/shequ/Show.asp?id=5190

(四)以地域为边界进行的自治型社区教育模式

此类模式近期亦有较大发展。其内涵为由社会各界共同组成的社区教育协调委员会对本社区教育进行总体协调和具体策划。其运作方式为由辖区各行各业较有影响并且热心社区教育的单位，或由某一功能齐全单位牵头组成专门机构，利用各成员单位在各自行业的影响和资源，开展"社区是我家，建设靠大家"式的社区教育活动。

此模式中的辖区各界参与社区建设，社区教育意识较强，居民自治意识初见端倪，然而由于组织松散，难以形成持久而有效的核心和合力。此模式较适用于行业主体单一，且占据辖区主导地位的"单质社区"。

(五)以社区大众传媒为平台的媒介型社区教育模式

此模式构建的平台是媒介，因而传播速度快，传输量大，教育效率高。此外由于借助了网络等现代化媒介，教育者和学习者的互动性增强，教育的针对性和实效性得以提高。但此模式对硬件要求较高，财力和人力投入大，不是每个社区都具备此条件。另外，还要求社区成员有经常接触媒介的习惯，否则教育效果将大打折扣。

第三节　农村社区教育及其管理

一、我国农村社区教育的兴起

20 世纪 80 年代以前，农村已经有零星的培训性质的学校，如科技下乡活动等，但真正意义上的农村社区教育是在 80 年代以后才兴起的。随着改革开放的进行，农村经济快速发展，农民收入不断增加，转向追求与城市生活一样的高质量、高品位的生活。而第三产业的蓬勃兴起，也为城乡居民提供了更多的就业机会和门路；同时也要求人有更高的素质，农村的发展呼唤着社区教育。

20 世纪 80 年代以后，面向农民的技术培训学校，如农业机械修理、育种技术、果树栽培、特种养殖技术等培训班在各地陆续出现，这类培训班在经济发达地区较多，接受培训的人数也较多。许多农民经过培训后，掌握了现代技术，走上了富裕之路。在经济相对落后的地区，这种培训要少一些，农民技术信息与市场信息都比较贫乏，常常出现种了东西卖不出去的现象。面对这种状况，90 年代以后，政府加强了对农村教育的支持力度，鼓励大学生到农村工作，使用各种方式传播现代技术和信息，促进农村的发展。

2000 年以后，农村社区教育走向了实验阶段。2003 年，江西省选择了 100 个自然村落进行试点。试点中，将农村社区定位在自然村或以中心自然村带周边小村落的范围，以此为载体组建社区志愿者协会，奔赴农村，进行社区教育。近年来的实践证明，农村社区教育可以有更大的发展空间，因为广大农民群众非常渴望社区教育。

二、农村社区教育的对象和内容

农村社区教育的对象具有全员性，不分男女老幼、不分学历都可以参加。

农村社区教育的内容具有全面性和全程性。不同规模、条件的农村社区，不同时期有不同的侧重点。当前，农村社区教育要把服务于农民增收致富，抓好农村劳动力转移培训，提高农民素质作为工作重点。

(一)服务于农民增收致富

就我国广大农村来说，发展农村生产力，切实增加农民收入，提高农民生活水平(首先是物质生活水平)，是社区教育当前和今后一个时期的主要任务。现在许多农村社区教育实验单位，依托乡镇成人教育学校和各种教育培训机构，对农民进行技能培训(图 11-7)，使农民逐渐走上致富之路。例如，山东诸城市的“新型农民培训进社区”活动以农村党员干部、回乡青年、返乡农民工、退伍军人和农村创业人员等为培训对象，举办以花卉苗木、名优果品等种植和特种动物养殖为主要内容的培训班，把实用的农业技术送到田间地头、千家万户。仅 2008 年，就有 30 多万农民接受了不同形式的实用技术培训，2 600 余人接受了成人继续教育，推动了城乡经济社会的协调发展。浙江舟山虾峙镇开办了多种技能培训班，既有网箱捕鱼培训班，也有妇女缝纫学习班，适应了时代要求，促进了农民增收致富。

图 11-7 引导农民致富的各种技能培训纷纷涌现

(二)抓好农村劳动力转移培训

农民受教育水平不高是农村落后的一个重要原因。据统计，目前农村劳动力平均受教育年限为 7.33 年，仅相当于初中一年级文化程度；在农村劳动力中，受过专业技能培训的仅占 9.1%。而据劳动保障部最近对北京、天津、大连等 26 个城市使用农民工较多的企业进行的调查显示：越来越多的用工企业开始对农民工的学历、专业技能提出要求，64.9%的岗位需要具备初中文化，23.3%的岗位需要具备高中文化，近50%的岗位需要熟练工。目前我国农村劳动力素质状况已经严重落后于时代要求。因此，加大农村劳动力培训迫在眉睫。2003年，《国务院关于进一步加强农村教育工作的决定》指出，以农民培训为重点开展农村成人教育，促进农业增效、农民增收。普遍开展农村实用技术培训，每年培训农民超过1亿人次；积极实施农村劳动力转移培训(图11-8)，每年培训2 000万人次以上，使他们初步掌握在城镇和非农产业就业必需的技能，并获得相应的职业资格或培训证书。

图11-8　四川成都市三星成教校开展农村劳动力转移培训

资料来源：三星成教校开展农村劳动力转移培训．天府新区教育信息网，http://www.tfxqedu.com/index.php? m=content&c=index&a=show&catid=19&id=6384，2015-04-17

(三)重视从根本上提高农民素质，培养新型农民

由于历史的原因，农村地区人口的社会关系仍然多以血缘、亲缘为纽带，大多有着相同或相近的行为习惯、思维方式、心理特征和价值观念，加之，农村地区信息化程度低，农民家庭拥有电脑、会使用电脑的比例极低，人群的文化素质普遍低于城市；思想意识也比较保守，他们继承了祖辈延续下来的思想观念、生活方式、风俗习惯，对新思想、新文化接受程度有限。只有坚持不懈地抓好农民的教育和提高农民的综合素质，对农民进行包括文化科学知识、政治思想道德、职业技能的训练，才能真正促进农村的发展。一大批新型农民诞生之日，才是农村小康、农村现代化实现之时。

三、农村社区教育的管理模式

目前，我国农村社区教育已经形成的主要类型有政府统筹型、学校辐射型、厂矿单位中心型、“学校—家庭—社会”三结合型、“学校—学校”联合体的教育园区(小区)型、政府机构与社区合作办学型、以社会为主体的社区学校实体型等。其中，适合农村社区教育的主要是政府统筹型和学校辐射型。

政府统筹型是以地区为中心，通过政府协调、社会参与、双向服务的形式举办社区教育。在这种类型中，以政府为主体，由政府机构出面牵头，以行政力量为主导，其具体的组织形态是社区教育委员会，通过其下设的办事机构——社区教育办公室具体负责实施，既具有沟通协调指导的一面，又具有行政指挥的一面。这种模式具有权威性高、统筹性强、覆盖面广的特点，但要求地方乡镇政府对社区教育有充分认识并重视，还需要必要的投入支持，而且这种模式下学校的主体性不强，学校只能在行政的统筹下举办社区教育。

学校辐射型是以学校为中心，由学校辐射延伸到社区内的各个单位，联系各方面的社会力量举办社区教育的一种类型。这种模式以学校为主体，通过横向结合、协同参与，组成社区教育组织网络，属于开放式教育社会化中介服务组织。这种类型能较大地发挥学校的主动性，按照区域需求来开展社区教育，政府主要起指导、帮助作用，而一般不直接参与社区教育环节。这种类型更加适合农村社区教育起步阶段。

“农村社区学习中心”项目就是学校辐射型模式的一个范例。它是联合国教科文组织亚太地区教育局1998年提出并实施的项目，包括中国、印度、泰国等二十多个国家参与了项目的研究工作。旨在通过项目的实施，促进农村摆脱贫困、发展生产、改善环境、提高农村人口生活质量、实现农村经济社会可持续发展。与我国传统的农村成人文化技术学校不同，“农村社区学习中心”有着全新的理念。它面向农村社区的所有成员，为社区的每个成员提供学习的机会，并尊重学习者的学习选择；它是一所开放的学校，社区内的所有单位和设施都是社区学习中心可利用的资源；它相信每个人都有学习和提高自己生存质量的能力，自觉主动地参与到公共社会生活中去，并有尊严的生活。在联合国教科文组织的指导下，经过几年的努力，该项目实施取得了显著的成绩(图11-9)。

图11-9 全国农村社区学习中心能力建设项目

资料来源：全国农村社区学习中心能力建设新项目点授牌仪式木渎镇举行．苏州吴中区政府网，http://www.szwz.gov.cn/szwzweb/infodetail/?infoid=a58a449e-f76a-4ee9-a9be-13ae55680d75，2014-07-29

农村社区教育要与当地的经济、社会发展状况和教育发展水平相适应，灵活采用各种模式，因地制宜、循序渐进、逐步推广。有条件的城郊、沿海地区县镇、乡镇可以通过政府牵引型、学校组织型、社会联合型等灵活多样的运行机制，建立和完善组织体系和运作机制，制订科学的实施、发展计划和评价制度，不断深化、不断改进，努力提高综合效益。在发展初期，难免政府行为多一些，但从长远看不符合教育发展规律，政府只能宏观指导，不宜微观管理，但在实施初期在组织领导方面都离不开社区政府的支持。进入发展成熟期后，农村社区教育资源将越来越发挥基础性作用。因此，在实施过程中要充分发挥农村学校等社会教育培训部门的积极性和创造性。

➤复习思考题

1. 社区教育的含义是什么？
2. 社区教育的功能如何？
3. 当前城市社区教育的主要内容是什么？
4. 城市社区教育的管理模式有几种？
5. 当前农村社区教育的重点是什么？
6. 适合当前农村社区教育的管理模式是什么？
7. 教育部《关于推进社区教育工作的若干意见》(教职成〔2004〕16 号)的主要内容有哪些？

参考文献

陈乃林．2013. 中国社区教育的实验探索．北京：高等教育出版社．
陈伟光，蔡歆，史士本．2004. 社区教育的普遍特点和三种显著模式分析．中国成人教育，(1)：88-91.
黄尧，陈乃林，刘建同．2010. 学习型社会建设中的社区教育发展研究．北京：高等教育出版社．
李水山，梁小伊，刘红斌．2004. 我国农村社区教育运作机制探析．职教论坛，(13)：45-46.
马金东，白新睿．2011. 终身教育体系下社区教育实践研究．北京：高等教育出版社．
吴戏贤．2013. 农村成校社区教育的实践探索．宁波：宁波出版社．
叶忠海，朱涛．2009. 社区教育学．北京：高等教育出版社．
张燕农，张琪．2011. 社区教育发展模式的理论与实践研究．北京：首都师范大学出版社．

附　　录

教育部关于推进社区教育工作的若干意见①

(教职成〔2004〕16 号)

各省、自治区、直辖市教育厅(教委)，新疆生产建设兵团教育局，各计划单列市教育局：

为全面贯彻落实党的十六大精神，落实《中共中央国务院关于进一步加强人才工作的决定》和国务院批转教育部《2003—2007 年教育振兴行动计划》提出的积极推进社区教育，加快构建终身教育体系，促进学习型社会的形成的任务，进一步推进全国社区教育工作，现提出如下意见。

一、站在全面建设小康社会，构建终身教育体系和建设学习型社会的高度上，充分认识开展社区教育工作的重要意义，增强积极推进社区教育工作的责任感和紧迫感

近年来，我国社区教育实验工作范围不断扩大，内容不断拓展，工作取得了显著进

① http://www.law-lib.com/law/law_view1.asp?id=87681。

展。自1999年国务院批转的教育部《面向21世纪教育振兴行动计划》提出“开展社区教育实验工作，逐步建立和完善终身教育体系，努力提高全民素质”的要求以来，教育部积极推动社区教育实验工作。2001年11月，我部召开了全国社区教育实验工作经验交流会议，明确了我国社区教育实验工作的目标任务和政策措施，并确定了28个全国社区教育实验区。2003年，全国社区教育实验区进一步扩大到61个，基本覆盖了各省(自治区、直辖市)和计划单列市。许多省级、市级教育行政部门，也分别确定了一批省级和市级社区教育实验区。各地认真贯彻全国社区教育实验工作经验交流会议精神，采取积极措施推动社区教育实验工作。目前，各实验区初步建立了社区教育管理体制和运行机制；社区教育资源得到了有效整合，社区教育培训网络初步形成；创建了一大批学习型家庭、学习型企业等学习型组织；各类社区教育培训活动广泛深入开展，社区居民参与学习的比率有了很大的提高，较好地满足了社区居民不断增长的多样化的学习需求，为提高居民综合素质和社区建设水平做出了重要贡献。实践证明，社区教育的产生和发展，适应了我国发展先进生产力对提高社会全体成员整体素质的迫切要求，适应了我国发展先进文化，建设有中国特色的社会主义文化的迫切要求，适应了我国全面建设小康社会进程中人民群众对提高自身素质、提高生活质量的迫切要求，促进了社区的稳定与发展，拓宽了教育服务社会的渠道和内容，有力地推动了构建终身教育体系、建设学习型社会的进程。

党的十六大提出了构建终身教育体系，形成全民学习、终身学习的学习型社会的目标，《中共中央国务院关于进一步加强人才工作的决定》和国务院批转教育部《2003—2007年教育振兴行动计划》，对发展社区教育，促进人的全面发展，提出了更高的要求。目前，社区教育实验工作虽然有了很大发展，但距离建设学习型社会的要求还有相当大的差距。各地教育行政部门要把进一步推进社区教育工作，作为全面建设小康社会，形成全民学习、终身学习的学习型社会的重要举措，提高认识，增强搞好社区教育工作的责任感和紧迫感，加大工作力度，努力把全国社区教育工作推进到一个新的发展阶段。

二、进一步明确推进社区教育工作的指导思想、原则和目标

1. 社区教育工作的指导思想是：

进一步推进社区教育工作，要以党的十六大精神、“三个代表”重要思想和科学发展观为指导，立足社区、依靠社区、服务社区。要逐步建立起适应社区建设和居民学习需求的社区教育管理体制、运行机制和和教育培训模式，促进社区居民整体素质和生活质量的提高，促进区域经济和社会的发展；要把社区教育作为社区建设的重要内容和基础性工作，贯穿在社区建设的各项工作中；要通过社区教育，进一步构建和完善终身教育体系，形成终身学习的公共资源平台，使学习型社会建设工作落到实处。

2. 开展社区教育工作的原则是：

要紧密围绕社区建设的总体目标，与社区建设的各方面工作沟通和衔接，组织和实施社区教育培训活动，形成合力和有机整体；要加强社区各类教育文化资源的统筹，充分利用、拓展和开发社区现有教育资源，推动各类教育资源面向社区居民开展教育培训活动，加强社区学校和学习型组织的建设；要树立大教育、大培训观念，面向社区居民开展内容丰富、灵活多样的教育培训活动，提供全员、全程、全面的教育服务，努力满足社区建设和社区居民的需求；要实行分类指导，分阶段实施，积极而扎实地推进社区教育的广泛深入开展，并把发展社区教育作为创建学习型城区、学习型城市和学习型社会的重要途径和措施。

3. 推进我国社区教育工作的目标是：

进一步扩大社区教育实验范围。到 2007 年，全国社区教育实验区要扩展到各省(自治区、直辖市)，各省级、市级实验区的范围进一步扩大，并形成一批具有较高发展水平的省市级的社区教育实验区和普遍开展社区教育的城市；创建一批全国社区教育示范区，为学习型城市建设奠定扎实的基础；在经济教育较发达的东部地区，社区教育延伸到农村地区并取得初步经验。中部和西部地区在条件较好的农村地区开展社区教育实验。

到 2007 年，全国社区教育实验区要达到较高的发展水平，对全国社区教育工作发挥骨干和示范作用。在经济较发达的东部地区，全国社区教育实验区的教育资源基本上都要向社区居民开放，面向社区居民广泛开展各种形式的教育培训活动，使社区居民年培训率逐步达到 80%以上，基本形成具有地方特色的社区教育管理体制和运行机制，基本具备社区教育机构、人员和经费等保障条件；在中西部地区，全国社区教育实验区教育资源 60%以上都要向社区居民开放，有重点地开展教育培训活动，使社区居民年培训率逐步达到 50%以上，初步形成具有地方特色的社区教育管理体制和运行机制，具备一定的社区教育机构、人员和经费等保障条件。

各省(自治区、直辖市)都要制定社区教育发展规划，加强终身教育的规划和协调，优化整合各种教育培训资源，形成较为完备的推进社区教育工作的政策措施和对社区教育工作的督导评估制度，初步形成面向社区居民终身学习的资源平台。

三、推进社区教育工作的主要任务

1. 大力开展多层次、多内容、多形式的教育培训活动。

开展教育培训，是社区教育的基本工作。要始终重点抓好量大面广、受到社区居民普遍欢迎的各类短期培训活动，努力满足在职人员的岗位培训、下岗失业人员再就业培训、老年人群社会文化活动、弱势人群提高生存技能培训、外来人群适应城区社会生活培训等各类人群的学习需求，积极抓好社区内的婴幼儿教育、青少年学生的校外素质教育，加强未成年人的德育工作。要紧紧围绕社区建设的中心工作和社区居民的教育培训需求，确定相关的培训课程和教学内容，加强培训课程和教材的建设工作，拓展和丰富教育培训内容，增强培训的针对性和有效性，积极创新培训形式，逐步提高社区居民的教育培训率，力争每年提高五个百分点以上，逐步实现有学习能力和学习要求的社区居民“人人皆学”的目标。

2. 进一步开展创建“学习型组织”的活动。

要把创建“学习型组织”作为现阶段推进社区教育工作的重要内容来抓。要根据社区内不同类型组织的实际情况，制订相应的学习型组织基本要求和标准，积极创建学习型企业、学习型单位、学习型街道、学习型居委会、学习型楼组、学习型家庭等学习型组织，积极开展评估促进工作，使学习型组织占社区内各类组织的比例逐年提高，2007

年达到三分之一以上。

3. 充分利用、拓展和开发各类教育资源，形成社区教育培训网络。

要充分利用社区内现有各类教育资源，横向联合，纵向沟通，实现教育资源共享，使现有教育资源发挥更大的作用。各类学校、教育培训机构和各种文化体育设施都要有组织、有计划地向社区开放，积极开展多种形式的社区教育培训活动，特别是要依托社区内普通中小学和各类职业学校、成人学校面向居民开展教育培训服务，使其成为开展社区教育的重要力量；要在整合、利用现有教育资源基础上，形成以区(县)社区教育学院或社区教育中心为龙头，以街道(乡镇)社区教育学校为骨干，以居委会(村)社区教育教学点等为基础的社区教育网络，满足社区居民多样化的教育需求；要积极创造条件，充分运用播放教学光盘、收视卫星电视教育节目、计算机网络教学等现代远程教育手段，使有条件的街道(乡镇)都能够开展现代远程教育，构筑起社区居民全民学习、终身学习的平台。

四、采取切实可行措施，保障社区教育工作顺利进行

1. 加强对社区教育工作的领导，逐步完善社区教育管理体制和运行机制。

各地要把社区教育作为社区建设的重要内容纳入地方经济社会发展规划，建立有相关部门负责人参加的社区教育工作领导机构，明确各有关部门的职责和分工，形成“党政统筹领导，教育部门主管，有关部门配合，社会积极支持、社区自主活动、群众广泛参与”的管理体制和运行机制，并落实相应的管理机构、人员和经费，推动本地区社区教育健康持续发展。社区教育工作领导机构的办公室设在教育行政部门。各地教育行政部门要把开展社区教育作为推进社区建设、构建终身教育体系、形成学习型社会的重要内容和措施，纳入地方教育发展计划，纳入教育检查评估范畴，采取得力措施，不断推进社区教育工作。

2. 加强社区教育队伍建设。

各地教育行政部门要加强社区教育队伍的建设，建立一支以专职人员为骨干，兼职人员和志愿者为主体的适应社区教育需要的管理队伍和师资队伍。专职人员主要在现有的教育行政管理人员和教师队伍中统筹安排解决，街道要有专人分管社区教育工作。兼职人员要根据社区教育的实际需要确定。要充分发挥社区内教师、专家、各行各业的工作人员、在校大中专学生的积极性，建立表彰激励机制，使之成为开展社区教育活动的重要力量。

要努力解决社区教育师资的待遇问题，在职务、职称、工资和进修等方面应与其他教育工作者一视同仁。要制定社区教育工作者岗位规范，开发社区教育工作者的培训课程，依托有条件的高校，建立若干个社区教育工作者培训中心，把社区教育工作者的培训工作提高到一个新的水平。

3. 保障社区教育的经费投入。

要充分发挥政府扶持和市场机制的双重作用，采取“政府拨一点，社会筹一点，单位出一点，个人拿一点”的办法，建立以政府投入为主，多渠道投入的社区教育经费保障机制。各地要保障必要的社区教育经费，并列入到经常性财政开支。国家和省级社区教育实验区应努力按照社区常住人口人均不少于1元的标准，落实社区教育经费。经济发达地区，要在此基础上进一步增加社区教育的经费投入。社区内各类企业要认真落实关于职工工资总额1.5%—2.5%用于职工培训的规定，积极开展在职人员培训。对学习者个人回报率较高的培训可以按照国家的有关规定收费。

4. 开展对实验工作的检查、评估和咨询工作。

要有计划地开展对社区教育实验工作的检查评估工作。我部将组织管理人员和专家分批对全国社区教育实验区进行检查评估，对取得突出成效的单位给予肯定和表彰。省(自治区、直辖市)也要对地方社区教育工作进行评估，并形成定期检查、评估和表彰奖励制度。要广泛吸收社区教育的管理人员和专家学者，成立社区教育专家咨询委员会，参与实验区社区教育实验指导工作。

5. 加强社区教育的宣传和理论研究工作。

要充分利用各类新闻媒体，加强对社区教育工作的宣传，总结推广各地发展社区教育的经验和做法，营造有利于社区教育发展的良好环境。要加强社区教育的理论和实践研究，注意学习借鉴国外开展社区教育的有益经验和成功的做法，逐步形成有中国特色的社区教育理论。

二〇〇四年十二月一日

第十二章

社区治安管理

社区治安管理是社区管理的重要内容，它分为城市社区治安管理和农村社区治安管理。

本章分析了社区治安管理的概念、特点、范围、方法，并根据城市社区和农村社区的不同特点，分别讨论了城市和农村社区治安管理存在的问题、社区治安管理的职责分工，并分别探讨了完善城市和农村社区治安管理的具体措施。

第一节　社区治安管理概述

一、社区治安管理的概念

(一)治安管理

治安，从字义上讲，是治理或管理的意思；安是安全、安稳或安定的意思。治安管理，即治安行政管理，是指国家公安机关为了维护社会治安秩序，保障社会生活正常进行，而依法从事的治安行政管理活动。治安管理是一种国家管理，是国家设置的警察机关，依法代表国家，运用国家的权力，对国家或社会事务进行的治安管理。

(二)社区治安管理

社区治安管理也可以称为社区治安，它是指在一定地域内对社会治安问题进行治理，是社区治安管理主体依靠社区群众，协同公安机关、司法机关，对涉及社区的社会秩序和人民群众生命财产安全的问题依法进行治理，促进社区秩序安定有序的过程。社区治安管理是社区管理的一项极其重要的内容。社区治安管理的主体有广义与狭义之分，狭义的社区治安管理主体是指隶属上级公安机关的派出所、治安队、特警队、交通队、消防队、治安检查队等；广义的社区治安管理主体除上述机构外，还包括与治安管理工作密切相关的基层政府组织，如城市的街道办事处、群众自治组织、农村的村民委员会、社区内企事业单位的保卫部门及社区居民个人等。

社区治安管理的目的是保障国家的法律法规及党的路线、方针、政策在社区的实现，维护社区秩序，促进社会稳定，为社区居民生活和社会主义现代化建设提供保证。它具有区域性、全职性、群众性、社会性和长期性的特点。

(三)我国社会治安出现的新情况和特点

(1)违法犯罪和灾害事故数量不断上升。

(2)犯罪呈现结伙性、流窜性、智能性、低龄化等趋势。

(3)犯罪的暴力性、残忍性更加突出。

(4)案例类型以入室盗窃、盗窃转化为抢劫、盗窃机动车、诈骗等侵财案件比例大。

(5)作案成员中外来人员占的比重大，青少年作案成分多。

(6)团伙犯罪、区域性群体犯罪突出，连续犯罪增多，盗窃多用翻窗、翻阳台、撬门扭锁等方式进行。

(7)多以居民住宅、单位内部和公共场所的财物、车辆等为作案目标。

(8)作案时间，白日案件多发生在下午2～4点；居民区盗窃机动车案件多发生在晚上6～10点。

(9)案件多发生在防范设施缺乏、防范制度不严、防范措施不力、防范意识薄弱的住户、小区、单位和场所周边

(10)因矛盾纠纷转化而形成的恶性案件占有一定比例。

二、社区治安管理的范围

社区治安管理的范围包括社区秩序管理、特种行业管理、危险物品管理、群众性治安事件管理、户口和居民身份证管理、道路交通管理、消防管理、单位内部安全管理、境外人员居留问题管理等。

1. 社区秩序管理

社区秩序管理是指对社区公众活动秩序的维护及对危害社区秩序的刑事违法犯罪行为进行查处。社区公共秩序包括社区街道、里弄、居民住宅区、村落公共活动秩序，社区繁华路段、交通路口治安秩序，社区文化娱乐、体育场所、公园广场等公众活动秩序，社区内商业、服务业、集贸市场秩序等。这些场所是人们经常聚集和活动的地方，是社区居民生活不可缺少的地方。若没有良好的秩序，容易造成争吵、拥挤、混乱和伤亡，各种不法分子也易混杂其中进行违法犯罪活动。社区社会秩序的好坏很大程度上取决于公共秩序治理的好坏。社区公共秩序管理包括建立健全安全责任制，检查、消除各种隐患，防止治安灾害事故的发生，维护群众的正常活动；防范赌博、卖淫嫖娼、吸毒，以及走私、制作、贩卖、传播淫秽物品等毒化社会风气的行为；制止封建迷信活动；收容乞丐、无业游民、管理精神病患者等。

2. 特种行业管理

社区特种行业包括旅馆业、出租屋、发廊、美容中心，以及印铸刻字业、旧货业等行业。这些行业既为国计民生所必需，又容易被犯罪分子利用做藏身、落脚或进行伪造、销赃等违法犯罪活动。因此，特种行业管理是同违法犯罪分子做斗争的一项基础工作。主要管理内容包括开业审批与登记；督促特种行业建立、健全内部治安管理制度，

并经常检查其落实情况；发动和依靠特种行业广大职工，做好防范工作，并提高其安全防范意识和与违法犯罪活动做斗争的能力。

3. 危险物品管理

危险物品，一般指有杀伤、爆炸、剧毒、易燃易爆等性质的物品。社区危险物品的管理主要是对枪支、弹药的管理、列为管制的各种刀具的管理、爆炸物品管理、剧毒物品管理、放射性物品管理、易燃易爆危险品管理等。主要包括对生产、销售、运输、使用等环节的安全监督、登记、审批和发证等工作。

4. 群众性治安事件管理

群众性治安事件是指一定数量的人为了某种目的或利益集合在一起违反治安管理的行为，如聚众械斗、聚众哄抢、球迷闹事等。目前，群众性治安事件是影响社会安定的一个重要因素，它对社会造成的破坏和影响都很大。群众性治安事件管理一方面应加强普法宣传教育，另一方面要通过对辖区社会情况的调查，掌握社会动态，及时采取有效措施，将事态控制在最小限度内。在事件发生后，应有效预防群众性治安事件的再次发生。

5. 户口和居民身份证管理

户口和居民身份证管理是社区治安管理的基础。其包括户口登记、户口迁移、户口调查；流动人口管理；重点人口管理，包括对各种犯罪可疑人、危害社会治安可疑人、行凶闹事可疑人、依法管制人员、假释人员、监外执行人员、取保候审人员，以及刑满释放人员、劳教解除人员的管理；户口档案、户口统计、人员卡片管理；居民身份证申领管理等。

6. 道路交通管理

道路交通管理是同治安灾害事故做斗争的一个专项工作。其包括对社区道路设施进行维护管理，对进出社区的机动车辆进行行车安全管理，对进出社区的机动车辆进行登记、停放、看护管理，对社区居民进行交通安全宣传教育等。

7. 消防管理

消防管理工作的主要任务包括火灾预防、火灾扑救和火灾事故的调查与处理，具体包括加强对社区消防队伍的建设与管理，加强社区消防设施建设与管理，加强社区居民消防安全知识教育的管理，加强对社区内发生火灾后灭火救护工作的管理等。消防工作是保卫社会主义现代化建设，保护公共财产和公民生命财产安全的一项重要工作。“以防为主，以消为辅”是社区消防管理工作应具有的指导思想。

8. 单位内部安全管理

单位内部安全管理，包括对社区单位内部职工等进行法制和治安教育，发动群众做好安全防范工作，协助有关部门做好社会帮教、监督改造工作。

9. 境外人员居留问题管理

社区境外居留人员，是指根据我国的法律规定居住或停留在社区内的境外人员。社区境外人员居留问题管理的主要内容包括境外人员证件和签证管理、旅行管理、居留管理、临时住宿登记等。社区治安管理要在熟知社区内境外人员底数的基础上，保障境外居留人员在社区的人身财产安全，发现、限制和打击境外居留人员的违法犯罪活动。

三、社区治安管理的基本方法

(一)依法加强社区治安管理

治安管理法规是由国家制定，体现国家意志和利益，由国家强制力保证实施的社会行为准则，是社区治安管理工作的根本依据。在社区治安管理中坚持依法管理，就是要保护合法，取缔非法，打击违法。在处理具体问题时，要查明事实，分清性质，严格依法处理。以事实为依据，以法律为准绳，对合法行为进行保护和支持，对非法活动则坚决取缔，对违法行为依法惩处。

(二)依靠社区各方力量，搞好社区治安管理

第一，要强化宣传发动，增强社区的凝聚力。通过向居民印发宣传资料、组织社区文体活动、举办文明市民学校、开展志愿者服务等多种方式，不断增强社区的凝聚力，调动社区居民参与社区治安管理的积极性。

第二，充分发挥治安积极分子的榜样示范作用，采取滚雪球的方法，不断发展、壮大社区治安管理队伍，营造群防群治的良好氛围。

第三，要挖掘现有社区人力资源。充分利用现有的社区力量，将社区治安防范工作寓于卫生、物管、计生、文化、保障等工作中，使计生宣传员、卫生监督员、治安防范员都能成为社区防范力量，承担起保卫社区平安的责任。

第四，要整合社区治安资源。按属地管理原则，加强协调管理力度，调动社区各共建单位和社会各方面力量参与社区治安综合治理工作的积极性，使各单位和居民不断增强归属感和认同感，从而在人力、物力、财力上对社区治安综合治理给予支持和帮助。

第五，加强对社区工作者的教育培训，不断提高业务能力。对社区工作者进行培训，提高社区工作人员的法律、治安防范业务水平，增强基层组织开展群众治安防范的能力。

第六，要将社区各项工作有机结合，提高综合效能。充分运用“社区党建”“社区双挂”等形式，把更多的党员干部组织起来，壮大社区治安志愿者队伍，借助于双挂单位的人力、物力，不断提升社区治安防范的能力，使社区各项工作齐头并进、共同发展。

(三)加强社区治安管理基层组织建设

社区治安管理基层组织，是指具体执行社区治安管理业务的第一线组织(图 12-1)，包括公安派出所、公安巡逻队、物业管理企业保安队，以及社区居民委员会治保会、农村治保会。他们处在社区治安管理工作的第一线，是社区治安情况和治安动态的最广泛、最直接的信息源，是宣传群众、组织群众的基本阵地，是各项治安管理法规的具体实施者，是处理违反社区治安管理行为的执行者。加强社区治安管理基层组织建设，要根据社区治安管理的需要，建立相应的治安基层

图 12-1 专业的社区管理队伍

组织，加强社区民警、物业管理保安人员、居民委员会(村民委员会)治保人员的培训，提高政治素质和业务素质。建立岗位责任制，考核奖惩制度，调动各方面治安管理者的积极性和创造性。

(四)加强社区治安管理基础工作建设

社区治安管理基础工作包括各种调查研究、情报信息、群众工作、档案资料、秘密力量、物质装备、人口信息等方面的建设性工作。社区治安管理各基层组织的主管部门，要做好社区治安管理基础工作的业务指导。通过建立健全各项治安管理规章制度；制订基层治安管理工作计划，明确指标要求；印发治安管理宣传资料；学习参观社区治安管理先进单位，总结推广基层治安管理典型经验等，使社区治安管理基层组织更好地开展工作。

第二节　城市社区治安管理

城市安全关系到城市各项事业的顺利开展。良好的城市社区治安是市民安居乐业和社会主义现代化建设顺利开展的重要保证，是城市社区发展的前提条件。本节分析城市社区治安的主要特点与问题、城市社区治安管理中的职责分工，探讨如何健全社区治安防范体系，同时对城市社区治安管理的实践与探索进行叙述。

一、城市社区治安的主要特点与问题

(一)城市社区治安的主要特点

1. 城市社区安全受到社区成员异质化的制约

城市居民在职业上、文化上、身份上、信仰上、背景上、地位上呈现出明显的异质性。同时，由于社区资源不足，它难以为大多数社区成员寻找各种支持和发展的机会，使得社区成员必须从社区外部寻找各种支持和发展，因此，必然导致社区居民缺乏社区参与意识、归属感和责任意识，缺乏对邻里、对社区整体安全利益的关注和参与。社区安全也明显受制于社区成员异质化的扩大。

2. 城市社区安全受到社会大环境的制约

社会大环境与社区安全有着直接的关系。社区不是独立于社会之外的孤岛，社区是社会的一部分，社区安全问题与整个社会治安问题，与社会转型、经济转型及国家制度和政策安排密切相关。当前，经济增长和社会发展的差距不断扩大，贫富悬殊和社会不公成为社会安全的最大问题。在一部分人的消费和发展空间无限扩张的同时，另一部分人的生存和发展权利却不断受到挤压。如果社会中一部分人的基本生存需要得不到保障，其渴望发展的要求得不到实现，必然从总体上影响到社会安定，产生更多的社会治安问题。

(二)当今城市社区治安面临的主要问题

1. 社区违法犯罪

社区违法犯罪是影响社区治安的重点问题。在各种犯罪中，盗窃和抢劫是目前危害

社区安全的最主要犯罪。社区犯罪有些是社区外部因素引发的，如盗窃、抢劫掠夺，包括入室抢劫、拦路抢劫、盗窃机动车自行车等，有些是社区和家庭内部矛盾引发的犯罪，如重婚罪、虐待罪、遗弃罪等。

在社区内发生的违法行为多属治安案件。治安案件虽然不如刑事犯罪对社会的危害程度大，但在发生数量上往往超过刑事案件发案数，而且往往是引发刑事犯罪的一个重要因素或基础。在社会转型中，群众性治安事件也呈现出上升趋势。

2. 社区矛盾

传统社区矛盾主要表现为婚姻家庭矛盾、邻里之间的矛盾等。近年来的社区矛盾越来越表现出群体化的趋势，如业主与物业管理部门的矛盾冲突、居民与政府职能部门之间的矛盾冲突等。社区矛盾就其绝大多数而言，属于人民内部矛盾，但由于各种原因，社会矛盾的性质易发生变异。例如，发生在社区内的婚姻家庭矛盾，如果不及时调解，就有可能激化，导致伤害、杀人等犯罪在家庭内部发生，给社会带来许多不稳定因素。

3. 灾害事故与安全事故

社区内所发生的各种灾害及安全事故，直接影响到区域内家庭、居民的人身财产安全。社区灾害事故和安全事故主要包括以下几个方面：一是由居民生活有关的煤、电、气引发的灾害事故；二是公共娱乐场所因管理不善而造成的火灾等责任事故；三是由自然灾害引发的事故，如冰雹、洪灾、地震等不可抗拒的自然灾害引发的人员伤亡和财产事故等；四是交通安全事故，在城市化扩张中，由于人的素质不高、交通管理和交通基础设施建设滞后，城市交通安全事故越来越频繁。

二、城市社区治安管理中的职责分工

城市社区治安管理的基本力量有政府组织、群众组织和公民个人等。

(一)政府在城市社区治安管理中的职责

政府的行政推动力对社区治安管理起着主导作用。社区治安管理的许多工作要靠政府去组织实施，政府对社区安全管理与治理负有领导和组织责任。街道办事处是区政府的派出机关，对辖区的城市管理负总责，它对城市社区安全建设负有直接领导和组织责任。为落实社区治安综合治理和加强社区安全建设，街道一级必须成立街道社区治安综合治理委员会。其工作范围是组织实施社区治安综合治理，开展居民调解、治安保卫、群防群治和“两劳”释放人员的帮教安置工作，管理外来人口，维护社区居民的合法权益等。

同时，基层有关行政职能部门，如宣传、文化、广电、教育、民政、建设、工商管理等都负有对社区治安管理的直接或间接的责任。例如，宣传部门应发挥在社区法制宣传教育中的指导作用；文化部门要加强对文化市场的管理；教育部门要组织中小学校加强对青少年学生的法制宣传教育；建设部门要将必要的安全防范设施纳入社区住宅设计标准，加强市政设施建设，把城市建设监察管理和城市治安管理结合起来；工商行政管理部门要加强对社区集贸市场的监督管理，配合公安部门维护好社区集贸市场的治安秩序等。

(二)政法机关在城市社区治安管理中的职责

公安机关作为政府专门机关，在社区治安管理中起着主力军的作用。其中，派出所是公安机关的派出机构，处于社区治安管理的第一线，对本辖区的社区治安秩序负有直接责任。此外，公安消防和交警部门则主要对社区消防和社区交通安全工作负有监督、指导、管理等责任。

司法机关主要是通过在其职权范围内，依法处理各种案件，包括刑事案件、民事案件、行政案件、经济案件等，解决法律纠纷，惩罚违法犯罪，保障公民和社会组织的合法权益，维护社会治安稳定。此外，人民法院和人民检察院还要加强对社区人民调解委员会的指导，加强对社区法制宣传和教育活动的指导；接受和处理群众来信来访，疏导社会矛盾；发挥其检察活动和审判活动的法制宣传和教育作用。

(三)街道办事处在城市社区治安管理中的职责

街道办事处在城市社区治安管理中的职责有以下几方面：一要把维护社区治安作为社区服务的一项重要工作，有条件的要成立综合治理办事机构，或设专人负责；二要开展多种形式的治安防范工作，防止居民住宅被盗；三要搞好民间调解，及时化解各种矛盾纠纷；四要通过多种形式和途径做好刑满释放、解除劳教和少管人员的安置工作和帮教工作，做好对各类监外执行人员的监督改造工作和对有轻微违法犯罪行为的青少年的帮教工作，减少违法犯罪；五要经常检查、清理社区不安全的隐患，防止治安灾害事故的发生。

(四)社区居民委员会在城市社区治安管理中的职责

社区居民委员会是我国宪法规定建立的群众性自治组织，宪法赋予社区居民委员会“调解民间纠纷，协助维护社会治安”的职能。社区居民委员会在城市社区治安管理中的职责有以下几点。

(1)积极开展社区治安服务工作。根据社区实际需要，设立人民调解、治安保卫、公共卫生等委员会，或者确定社区居民委员会的成员分工，指定专人负责有关社区治安工作。可以分设若干居民小组，完成居民委员会交给的社区治安任务。

(2)协助有关机关预防和打击各种形式的违法犯罪活动；协助公安机关搞好治安联防，维护社区秩序；协助社区各部门对有违规和轻微犯罪行为的居民进行帮助教育，做好不良青少年的挽救工作；协助公安机关打击、制止违反社会治安管理法规的行为；协助公安机关依法对被管制、剥夺政治权利或被假释、缓刑、保外就医及被监视居住的人进行监督、考察、教育等；维护案发现场，及时报案，协助公安机关调查线索，查破案件。

(3)宣传宪法、法律、法规和国家政策，维护居民的合法权益。教育全社区居民认真学习法律知识，提高法律意识，同社区里的违法犯罪行为开展坚决的斗争；鼓励、支持对民事侵权和民事违约行为提起诉讼；鼓励社区居民揭发、检举刑事犯罪分子，及时发现、报告各种刑事犯罪活动。

(4)沟通社区居民与相应管理机关的关系，反映社情民意，调节居民间的纠纷。妥善处理好家庭之间、邻里之间、居民与政府管理部门之间、管区与管区之间的矛盾，防止矛盾激化。

（五）居民个人在城市社区治安管理中的义务和责任

城市社区安全是社区群众自己的事业，维护城市社区治安秩序是每个社区居民的义务。在社区管理中，社区居民应该积极参与社区安全建设，提高自身安全防范意识，搞好家庭安全防范，参加各种形式的群防群治队伍，搞好邻里关系，协助人民调解委员会调解民间纠纷，对周围的人和事，以及各项社会管理和社会活动提出建议，以减少管理上的漏洞和诱发犯罪的因素。

三、健全社区治安防范体系

美国“地区自力更生学会”的创建人戴维·莫里斯在其文章《有本地特色的经济》中指出：“预防疾病比医治疾病容易并且花费较少。同样，预防犯罪也比处理犯罪容易和较少花费。”①因此，加强社区治安管理必须走“打防结合，预防为主”之路。在处理社区违法犯罪问题要以预防为主，这样才能从根本上维护社区安全，健全社区治安防范体系可以从以下几方面着手。

(1)理顺公安派出所和街道办事处、驻区民警和社区居民委员会的关系。为了贯彻社会治安综合治理的方针和警民合作的原则，可以由各公安派出所的负责人兼任街道办事处、镇的政法工作，社区民警担任社区居民委员会领导职务；建立起由社区居民委员会、派出所、驻区单位、群众代表组成的社区治安综合治理委员会，使其作为责任主体，全权负责社区治安工作。

(2)加强社区警务工作，在社区建立警务室，健全“一区一警”制和实行社区民警轮班制，根据新的社区情况，重新调整责任区民警的管辖范围，使民警的责任区与社区相对应，密切民警与社区的相互协作关系。加强各大中城市的“110 报警服务台电话”系统与社区警务工作的联系，使之成为居民可依赖的综合性紧急救助系统。

(3)以建立和完善基层司法所为依托，在街道办事处建立“两劳”释放人员安置帮教工作站，对刑满释放人员建立档案，实行结对帮教。建立社区矛盾调解中心和社区法律援助等机构，给予经济困难或特殊案件的当事人减、免收费待遇，为社区的弱势群体提供法律帮助。

(4)健全社区各类治保、民调组织，组建社区治安联防队、治保会、巡防队、看门望户队、群防群治队伍，选任协警员、巡逻员和治安员等。发挥市场经济条件下物业管理参与社区安全管理的作用，大力发展保安服务事业。开展创建“安全小区”活动，制定安全文明社会公约和实施方案。

(5)因地制宜，根据社区治安的实际情况和需要将人防、物防和技防三者相结合，建立由自由电话对讲系统、电子监视系统和治安警卫系统等构成的社区(小区)保安系统，保证小区道路和住宅楼道明亮化，做到人防到位有力、物防扎实有效、技防严密可靠。

---

① 戴维·奥斯本、特德·盖布勒：《改革政府》，周敦仁，等译，上海译文出版社，1994 年，第 205-206 页。

四、城市社区治安管理的实践与探索

城市社区治安管理是一项实践性的工作。近几年来，各地通过实践和探索，积累了许多成功做法、措施和经验，并在全国铺开。

(一)依托社区平台，建立科技创新体制

科技创安，也称科技防范，就是用科技手段预防刑事案件和治安案件发生，当违法犯罪行为发生时能够通过科技手段和设施报案、接案、处置案件，并利用科技防范设施收集证据帮助破案。随着科技发展和进步，科技成果越来越多地应用于社区安全管理和防范。从20世纪90年代初开始，楼寓对讲电控防盗门开始应用，近几年在居民住宅小区中已基本普及。从20世纪90年代中期开始，用技术防范系统作为主要防范手段的住宅小区已开始出现，适用于城市居民小区的小区智能化防范系统不断开发出来(图12-2)。目前，周界报警系统、电视监控系统、出入口控制系统和楼寓对讲监控系统、电子巡更系统、家庭报警系统、小区控制中心等智能化防范系统开始在一些小区和街道层面的社区安全防范中得到应用，促进了立体化、多层面的社区安全防范网络的建立。

图12-2 福州社区派出所采用的视频门禁监控系统

资料来源：福州社区警务采用视频门禁系统保居民安全．http://success.yktchina.com/2011-06/21ec178e6d974e4ba04fd5f99f30dea9.html，2011-06-30

技术防范在安全防范中的影响和作用正逐渐增大，但也还存在以下问题需要解决。

第一，社区科技防范的网络化。开展技术防范、区域防范比单个防范更有效。因此，社区安全技术防范设施装置要纳入一定的系统范围内，与区域性的报警信息服务中心联网，实行统一的管理。联网后就可以与其他社区治安部门协调配合。

第二，解决科技防范的资金问题。从国家方面而言，应随着经济和社会的发展，将更多的资金投入到科技预防犯罪上；从有关企业方面而言，则应在降低成本上做努力，制作物美价廉的防范设备；从使用单位而言，也应高度重视科技防范的重要性，为社区的稳定和谐服务。

第三，制定社区科技防范的标准。对城市房屋、道路、灯光、交通等的建设提出具体、明确的建设标准和技防要求；对商场、银行、学校、工厂、部队、居民住宅等，都应针对不同类型的特点制定技防标准和内容；对企业所生产的技防产品设备和设施也应

当有具体的国家质量标准和要求。为确保安全防范标准的推广，必须实施技防产品的生产和销售的许可制度。

(二)加强警务建设，确保社区安全

1. 实施社区警务战略

社区警务战略开始于1997年。1997年4月公安部召开“苏州会议”之后，我国部分地区即开始进行社区警务改革试点。从2006年开始，公安部党委做出在全国实施社区和农村警务战略的决策，尤其在城市，以社区为代表，划分警务区，配置社区民警，在农村以一个或者多个行政村划分为一个警务区，配置驻村民警。例如，北京市现有社区2 135个，除22个社区属于大面积拆迁改造地区，没有条件建立社区警务工作站以外，其他2 113个社区中已全部建成警务工作站(图12-3)。到2012年，全国已经建有17万多个警务室，在城市社区和农村，有社区民警22万多人。社区警务简单地说，就是把警务室设在社区、建到村屯，广大民警融入人民群众中去，零距离防范犯罪，零距离地服务群众，第一时间化解各种社会矛盾[①]。

图12-3 社区警务工作站

资料来源：“北京理工大学社区”警务工作站正式投入使用．http://www.bit.edu.cn/xxgk/gljg/jgdw/bwb/63939.htm，2010-01-04

社区警务是城市社区改革产生的新事物，向我们昭示了全新的警务理念。社区民警取代片警，立足于社区，成为居民真正意义上的“管家”。社区警务是一种立足于预防犯罪的新型警务模式。传统警务模式具有“被动型、打击型、管理型”的特点，而社区警务则具有“主动型、防范型、服务型”的特点。派出民警进驻社区，实现警务前移，警民携手，共同预防、遏制犯罪。社区警务战略体现了“重在防范、重在治本”的预防控制犯罪和警民合作维护治安的思想，已经成为当今世界各国警务改革的基本方向。

2. 建立社区治安巡逻体制

社区治安巡逻是治安部门为了维护社区治安秩序，维护广大人民群众的合法权益，限制、查处违法行为，防范和打击犯罪活动而组织和实施的一种巡查警戒活动(图12-4)。治安巡逻主要以公安民警为主，组织治安联防队、社区保安队实施。它

---

① 何万龙、汪凡：《2012部委网上访谈：派出所和城乡社区警务工作》，http://www.kankanews.com/a/2012-06-07/0011200837_6.shtml，2012-06-07。

是城市社区治安管理工作的一项重要内容，也是城市社区治安管理工作的有效手段。

图 12-4 适合社区巡逻的电动巡逻车

治安巡逻具有以下作用：①治安巡逻是预防违法犯罪活动的有效措施。一方面治安巡逻作为控制时空的一种重要措施，通过“全天候全方位”的巡逻活动，压缩违法犯罪分子活动的时间和空间，有效预防违法犯罪活动；另一方面，通过强化治安巡逻，加强巡逻密度，客观上造成警察无所不在的印象，给违法犯罪分子一种“法网恢恢，疏而不漏”的感觉，对其产生威慑作用，从而减少违法犯罪活动的发生。②治安巡逻是及时打击现行违法犯罪活动的重要措施。治安巡逻通过对社会面的有效控制，可以及时发现、控制、打击各种违法犯罪活动，查获违法犯罪分子，减小其危害后果。同时，还能在无形中增强公众的安全感，使公民生活安宁、心理健康，有助于社会稳定和发展。

(三)注重群防群治，维护社区安全

群防群治是群众性自防自治活动的简称。具体说来，是指在各级党委、政府领导和专门机关指导下，群众自己组织起来，预防和治理违法犯罪，维护所在地区或单位治安的一种活动(图 12-5)。群防群治活动有以下 4 个特点：一是有比较固定的组织形式。各种各样群防群治都有固定的名称、负责人、组成人员及隶属关系。二是有明确的活动范围。无论哪一种群防群治组织都是应治理某一类特定治安问题的需要而产生的，其活动范围自始至终是十分明确的。例如，治安联防队，活动的地域范围是本地区或本单位，职能范围仅限于协助公安、保卫部门搞好社会面控制，处理简单的治安问题。三是有比较严格的行为规范。群众自治的主要组织形式，如居民委员会、治安保卫委员会、人民调解委员会等都有专门的法律、法规对其主要的行为方式做出明确的规定。例如，治安联防队、护厂队、护校队等群防群治组织也都有一套可供遵循的规章制度。四是有比较健全的监督制约机制。群防群治组织都毫无例外地被置于党委和政府的领导之下，接受专门机关的业务指导和监督。

图 12-5 警方指导之下的群防群治

群防群治工作的主要内容有以下几点：一是防护人民的生命和财产免受不法侵害；二是协助专门机关打击违法犯罪活动，净化治安环境；三是协助有关部门管理治安事务，维护社会治安秩序；四是调解民间纠纷，疏导各种矛盾，消除不安定因素；五是开展法制宣传教育；六是帮教有轻微违法犯罪行为的青少年，协助有关部门开展对刑满释放人员、解除劳教人员的安置教育工作及对监外执行罪犯的监督教育工作。

群防群治工作在协助打击犯罪、落实预防犯罪的措施方面发挥了重要的作用，但传统的群防群治工作也存在着一些问题。例如，群防群治工作主要通过行政手段来调节，忽视了经济手段的作用；特别是它缺乏经费保障，严重地制约其在市场经济条件下的发展。在这种形式下，一种新的群防群治工作队伍——保安组织应运而生。

(四)实行保安制度，巩固社区安全

社区保安是在新的社会背景下，随着社区物业管理的发展而产生的非官方的保卫力量，在现代城市社区特别是居民小区中常见社区保安的身影。社区保安与传统的群防群治组织的最大区别在于保安开展的是专业化的有偿服务。1984 年 12 月，深圳市蛇口保安服务公司的成立标志着中国保安服务业的诞生。2011 年，全国共有保安服务企业2 966家，保安从业人员 421 万人。保安服务已从单一的人防服务，发展为集人防、技防、犬防、押运、安全风险评估等为一体的全方位保安服务体系(图 12-6)。仅 2010 年，全国各地保安员共为公安机关提供破案线索 16.06 万余条，协助公安机关抓获违法犯罪嫌疑人 14.21 万名，预防灾害事故 6.19 万起，为国家、集体和个人挽回经济损失57.73 亿元①。

图 12-6 社区保安进行消防训练

资料来源：名都社区开展保安消防安全演练培训．湖北宜都网，http://www.yidu.gov.cn/art/2015/3/13/art_129_706685.html，2015-03-13

各地在社区保安工作上进行了不同的尝试，取得了一定的效果，主要有以下几种方法。

(1)联合物业管理机构推行“邻里守望”。现代的单元楼房建筑，使家庭和个人有了独立的空间，但同时也隔断了邻里的联系，使居民之间相互隔膜，形同路人。他们因此无法区分本区域的合法使用者和陌生人，以至于陌生人或犯罪分子随意出入而无人过问。事实上，如果一个社区严重解体，居民间相互不团结，该社区就容易成为犯罪侵害的对象。推行“邻里守望”，就是要打破居民之间的隔膜，增强邻里之间的联系，达到互相照看的目的。例如，美国的社区，在大楼每层增设了公共洗衣房，家庭妇女在这里可

① 中国保安协会：《我国保安服务业 27 年来铸就的辉煌和发展前景综述》，http://www.zgba.org/_d271844856.htm，2011-07-14。

以接触和交流，增进了解，融洽关系，这是减轻“现代都市冷漠病”的一种方法，同时对预防犯罪大有好处。

(2) 财物标刻法。堵塞销赃渠道是减少财产犯罪的重要方法，如公安机关对废旧收购业等特种行业的管理和地下交易的打击就是这一方法的具体实施。在实践中一些交易物品往往难以判明是否非法；公安机关查获的一些赃物常常找不到失主，有时查找失主比查获罪犯更为困难，各公安局、派出所堆放的自行车就是明证。标刻法能很好地解决以上问题，这种方法几乎不花钱。物主可以自行标刻，也可由公安机关协助标刻。在英国的警察局都备有标刻用的刻刀，公民可以随时借用。标刻法的具体做法是在贵重物上标刻上物主姓名、地址、邮编。对珠宝、金银、首饰、古董等用彩色摄影存证法，即把存证物品放在一个单一背景前，进行彩色摄影存证(金银首饰旁应放上一把尺子，以显示首饰的大小尺寸)。这种方法的好处是显而易见的：①对犯罪者有心理震慑，可削减作案动机；②不利于其销赃；③有利于警方侦破案件和及时找到失主。公安机关应规定废旧收购等有关部门，对卖主身份与物品标刻不相符的、标刻涂改过的拒绝收购或要求其说明物品来源，并向公安机关报告。

(3)设安全常识班，发放多种宣传手册。一些案件和意外的发生是由于被害人的疏忽或缺乏常识。社区保安可以借助保安公司积累的大量案例，组织有经验有理论的保安讲授一些防范知识。例如，教授妇女自卫术课程，组织保安和专家编写《如何防止被劫》《怎样减少被盗》《单身女性如何保护自己》等图文并茂的小册子发放给居民，内容力求简洁、具体、有可操作性。

(4)在社区中定期或不定期开展典型案例分析。发生在身边的案件更容易引人注意，对社区中案件的分析可以帮助居民了解所在社区的安全状况，从案件中吸取经验教训，提高防范意识和防卫能力。例如，某社区，接连发生多起入室盗窃案，犯罪者是利用下层(如一二楼)的突出墙体爬上高层(如三四楼)的。社区保安利用该系列案件对居民进行宣传说服，全面改造不合要求的防盗窗，解决了长期悬而未决的问题，也切实增强了居民家庭的防盗能力。

(5)设立紧急求助电话。公安机关虽然设有“110”报警服务电话，但有的案件千钧一发，与公安机关相比，社区保安就在社区内，能够做到更快反应、更早到达。

社区保安组织作为专业化的、有偿的服务形式参与社会治安防范工作，将市场经济机制引入社会治安防范领域，它通过创造经济效益克服了传统的群众治安防范组织缺乏经济保障的弊端，又在极大程度上满足了社会各界不同层次的安全需要，在城市社区治安管理中扮演着重要角色。

第三节　农村社区治安管理

农村社区治安管理在维护农村稳定、巩固新农村建设的各项成果中有十分重要的作用。本节在分析现阶段农村社区的特点及由此引起的治安问题和农村社区治安管理中的职责分工的基础上，对加强农村社区治安管理的主要措施进行探讨，并介绍几种关于农村社区治安管理的新方法。

一、现阶段农村社区的特点及由此引起的治安问题

(一)现阶段农村劳动力大量流动引起的问题

农村地广人稀，居住分散，经济欠发达，生产带有明显的季节性。随着社会从计划经济体制向市场经济体制的转变，建立在原有计划经济之上的群防群治各项措施在价值观和市场运行机制的冲击下，失去了原有的作用。打工经济的产生和小城镇建设步伐的加快，使许多农村出现了人员稀少的现象，且大多还是老人和儿童。这样一来，就给农村的社会治安带来难以防范的影响，一旦发生各类案件，更是难以侦破。同时，各类案件发生更呈上升趋势，并有愈演愈烈之势。

此外，农村劳动力的向外转移，如在大部分农村，有三分之一的，甚至二分之一的青壮年外出务工，这就造成了长时间的夫妻分离，导致夫妻感情的淡薄，从而出现为数不少的婚外情、婚外恋，离婚率大幅度攀升，随之而来的是家庭暴力、财产分割、老人孩子的赡养等一系列社会矛盾纠纷和治安问题，存在着较大的治安隐患。

农村劳动力的流动，如大批青壮年夫妻或成人外出务工，留在农村的，大部分为老人和孩子，由于知识、阅历的不同，辈分间隔的情感差异，老小相处间的许多不和谐因素产生，长辈埋怨孙辈不懂事理，孙辈怨恨长辈管教太严，代沟越积越深，给社会治安的管理与防范带来了不小的难度和盲点。

(二)农村宗族势力的影响

农村宗族尽管在组织形式和规模上与旧宗族相比有一定区别，但已经成为一股影响农村改革、发展、稳定的不可忽视的破坏性力量。主要表现是：①有的与基层政权组织明争暗斗、讨价还价，唯恐天下不乱，严重危及基层稳定；②有的维护私人、宗族之间及小团体的不正当利益，阻挠和破坏党和政府方针政策的落实；③有的插手民间纠纷，煽风点火，故意扩大事态，使其恶性化、暴力化，严重影响社会治安秩序。

(三)部分农民的法制意识淡薄

其主要表现在以下几个方面：①许多人不知法、不懂法，不能运用法律武器保护自己的合法权益；②由于文化素质低下，缺乏辨别是非的能力，容易受人挑唆和蛊惑，从事非法活动；③为政法部门的执法活动设置障碍，增添阻力，刁难政法公安人员，对抗执法活动；④黄赌毒等迅速蔓延。在读书无用论和一切向钱看等不正确思想的误导下，贫乏的农村社会文化生活，充裕的农闲时间，为黄赌毒提供了便利条件，文盲法盲不断，淫秽物品泛滥。最为突出的是赌博风气日盛，参赌范围越来越广，赌资越来越大，赌博上瘾，很难自拔，赌债高筑，诱发盗窃、抢劫、杀人等犯罪行为，引起社会动荡，影响社会治安(图 12-7)。

(四)邪教组织屡禁不绝，成为影响农村社区稳定的潜在因素

近年来，虽经多方治理，邪教组织得到了很好的遏制。但是，在一些经济文化比较落后、基层政权组织相对薄弱的农村地区，邪教组织，如“门徒会”极易死灰复燃，卷土重来。因而，一刻也不能放松对邪教组织的警惕。同时，一些邪教组织打着祛病强身，积德行善的幌子，经常深入边远山区的农户家中，对老弱病残者进行大肆宣讲，行踪不

图 12-7 被警方查禁的某农村聚赌窝点

定，难以查处。

(五)农村人口贫富分化成为农村社区治安问题的根源

改革开放以来，农村经济得到了迅速发展，生产方式的转变刺激了农民的积极性，农村的工业也得到了迅猛发展。但是，经济体制的转变不可避免地带来了社会分化。从社会分层上看，根据著名社会学家陆学艺先生的理论，我国农村阶层被划分为八个层次，在这些阶层中，农民工阶层和雇工阶层处于社会最底层，他们缺乏社会保障和劳动安全保证，社会地位最低，收入最微薄，甚至经常被克扣工资。这些矛盾和纠纷引发了大量的社会治安问题，也给农村社区带来了很大的不稳定因素。

二、农村社区治安管理中的职责分工

(一)乡镇党委、政府在农村社区治安管理中的职责

(1)乡镇党委、政府要有专门机构或专人负责社区治安综合治理工作。

(2)加强基层党政组织和治保组织，搞好群众性治安联防和护场、护青工作。

(3)加强集镇和农贸市场的治安管理。

(4)认真及时地疏导由宅基地及承包土地、山林、水利等引起的民事纠纷，防止矛盾激化酿成案件。

(5)大力开展社会主义法制教育和农村基层文化活动，移风易俗，取缔封建迷信、赌博等社会丑恶现象。

(二)村民委员会在农村社区治安管理中的职责

村民委员会是依法建立的基层群众性自治组织，在农村社区治安管理中，村民委员会的主要任务有以下几方面。

(1)对村民进行法制教育。通过宣传法律、法规和国家的政策，教育和引导村民行使法律赋予的权利和履行法律规定的义务，维护村民的合法权益。

(2)协助有关部门教育依法被判处剥夺政治权利或缓刑、假释的犯罪分子；帮助教育有轻微违法犯罪行为的人员；安置和教育刑满释放、解除劳教的人员，防止其重新违法犯罪。

(3)充分发挥治安保卫委员会的作用，动员和组织群众维护本地区社会治安，认真

落实治安承包责任制，经常进行防火、防盗安全检查。

(4)及时调解民间纠纷，疏导矛盾，促进村民之间、村与村之间的团结和互助；开展多种形式的精神文明建设活动，最大限度地消除不安定因素。

(5)按照群众“自我管理、自我教育、自我服务”的原则，制定乡规民约，实行依法治村、民主管理。

(三)农村治保会在农村社区治安管理中的职责

农村治安保卫委员会，简称农村治保会，是我国宪法确定设置在基层单位的群众自治性的治安保卫组织。农村治保会是公安机关贯彻群众路线的主要形式和重要途径，依靠和组织群众维护社会治安的桥梁和纽带，开展群防群治的骨干和助手。农村治保会在农村社区治安管理中的职责有以下几方面。

(1)宣传、教育群众，增强法制观念和安全防范意识，组织群众开展治安巡逻、安全检查等群防群治工作，落实防盗、防火、防破坏和防其他治安灾害事故的安全防范措施。

(2)及时向政府及公安机关反映敌情动态和有可能危害社区治安的民间纠纷和闹事苗头，并协助政府和有关部门做好教育疏导工作。

(3)对有违法犯罪行为的人进行帮助、教育、监督、考察。

(4)协助公安机关保护作案现场，积极提供破案线索，对现行违法犯罪分子进行控制或扭送公安机关。

(5)协助公安机关管理人口、租赁房屋，协助公安派出所申报出生、死亡、迁出、迁入登记和人口统计、居民身份证管理。向政府及公安机关反映群众对社区治安管理工作的意见、建议和要求。

(三)农村治安联防队在农村社区治安管理中的职责

农村治安联防队(简称联防队)是在村民委员会领导下成立的群防群治组织，是维护农村社区治安的重要力量，在农村治保会和公安派出所指导下开展安全防范工作(图12-8)。联防队的主要职责有以下几方面。

图12-8　安徽省淮北市杜集区石台镇石台村治安巡逻队

资料来源：http://www.0479.ccoo.cn/news/local/358323.html，2008-10-28

(1)向村民及外来暂住人口进行法制宣传和遵守公共秩序的教育。

(2)协助公安人员堵截通缉、通报的各类违法犯罪嫌疑人，协助公安人员清理收容流浪露宿、乞讨要饭、精神病、智障人员，协助公安机关及有关部门对被政法机关裁决的缓刑、假释、监外执行、保外就医、管制等违法犯罪人员，进行定期考察、谈话教育工作。

(3)对有扰乱治安管理行为，情节轻微者，进行劝阻教育，对不服教育或情节严重需要处理的，送交公安机关处理。

(4)积极参加抢险救灾等维护社会、群众安全的工作，帮助群众排忧解难。

(5)协助村外来人口管理站做好外来人口管理工作；协助治保会对“两劳”释解人员进行帮教工作。

三、加强农村社区治安管理的主要措施

(一)防范

加强治安防范和管理，消除影响农村治安的不安定因素。

(1)加强剩余劳动力的管理，促进人口的合理有序流动。要为外出务工、经商的农民提供方便，促进有序流动。同时要掌握外出人员的流向及活动情况，加强对外出人员的法制宣传教育。流入地和流出地的公安机关要取得联系，加强配合，打击流动人口中的违法犯罪分子。

(2)加强枪支和爆炸物品的管理，坚决收缴散失在民间的枪支和爆炸物品。加大力度经常对矿山、煤窑等常用爆炸物品的地方进行清理和整顿，建立严格的管理制度。对爆炸物品的生产、运输、销售、使用各个环节实行严格管理与监督，从源头上预防和控制涉枪涉爆案件和重特大恶性事故的发生。

(3)加强对刑满释放、解除劳教人员和违法青少年的帮教工作。派出所要会同治保人员和治安积极分子切实把刑满释放、解除劳教人员的帮教工作落到实处。在做好帮教工作的同时，尽可能帮助他们解决就业、上学、生活上的困难，防止他们重新犯罪。

(4)积极预防因人民内部矛盾引发的群体性事件的发生。公安机关坚持在党委、政府的领导下，配合有关部门多做化解矛盾的工作，坚持“可善不可聚，可解不可结，可顺不可激”的原则和“区分性质、讲究策略、把握时机、严格执法、冷静稳妥”的要求积极预防和妥善处置。

(二)打击

严厉打击侵害农民利益的犯罪，大力整治农村社会治安秩序。

(1)严厉打击邪教、非法宗教活动，遏制其在农村发展蔓延的势头。坚持“保护合法，制止非法，打击犯罪，抵制渗透”的原则，在邪教、非法宗教活动猖獗的地区，适时组织力量开展专项斗争，实行露头就打，同时还要教育人民群众自觉抵制邪教和非法宗教活动，决不让邪教、非法宗教有藏身的场所。

(2)严厉打击、及时铲除危害一方的农村恶势力犯罪。在一些农村地区，由流氓、恶棍、“两劳”释放人员为主组成的犯罪团伙，依仗人多势众，强取豪夺，敲诈勒索，无

恶不作，称霸一方，群众既恨又怕，成为治安混乱的祸根。政法部门要及时予以坚决打击。

(3)严厉打击严重危害农民生命、财产安全和侵害农民利益的犯罪，保障农民的合法权益。坚持依法从重从快的方针，严厉打击盗窃、抢劫、杀人、强奸、伤害、车匪路霸等刑事犯罪活动。定期不定期排查治安混乱的集镇、路段，组织力量集中整治。对于制贩假农药、假化肥、假种子，坑农害农、破坏生产、严重侵害农民利益的案件，坚决予以严厉打击。

(4)打击和扫除卖淫嫖娼、赌博等社会丑恶现象。密切注视吸毒贩毒、卖淫嫖娼、赌博现象向农村渗透、蔓延的动向，加大对城乡结合部、公路沿线、路边店、城镇的宾馆旅店、发廊、舞厅等公共复杂场所的清查、整治力度，及时、不停顿地打击、查禁卖淫嫖娼、吸毒贩毒、赌博等活动。

(三)建设

(1)加强农村基层政权组织建设、民主建设和法制建设。加强和巩固农村基层组织建设，配齐配强村治保干部，提高干部素质，改善干群关系，增强基层组织的凝聚力、号召力。建立健全农村治保会工作制度，加强对治保干部的管理和教育，使其真正发挥化解矛盾维护稳定的作用。按照“谁主管、谁负责”的原则，进一步在农村推进社会治安综合治理工作。只有这样，农村治安稳定工作才有组织保证。

(2)大力加强农村派出所建设。按照精简、规范、效能的原则，加强农村派出所的规范化建设，合理配置警力，加强领导，加大投入，在人力、物力、财力上予以支持。做大做强派出所，保障派出所正常工作所需经费、办公用房和必要的交通、通信工具，最大限度地投入维护农村稳定工作之中，见图 12-9。

图 12-9　衢州市湖南镇乌溪江派出所流动服务车

资料来源：民工兄弟回家了，民警也来“赶热闹”. 衢州新闻网，http://news.qz828.com/system/2012/02/06/010436005.shtml

四、农村社区治安管理的新探索

随着社会主义新农村建设深入开展，农村社区治安管理工作得到更大的重视，近几年来，各地农村通过实践和探索，积累了许多成功做法、措施和经验，为确保农村社区的繁荣稳定做出了贡献。

(一)建立管区警务模式[①]

所谓管区警务，就是以派出所为依托，以农村行政管理区为支点，将派出所除所长、指导员、户籍民警以外的所有警力全部摆到农村社会面上，让派出所长“腿”，在派出所以下设立多个警务区，各警务区的民警分片包干村庄治安工作，在各村设警务联系点，聘请党员、退休干部等担任治安信息员、联防队员，协助警务区民警做好治安工作，从而实现农村社会治安的“全面覆盖”。

山东省枣庄市实行该模式以来，下到管区的民警和治安协管员深入每个村庄，全面掌握各个村庄、各个家庭的人员情况，详细绘制每个村庄、每户农户的具体位置图，建立详细的电子档案，做到警民联系卡、法律法规知识、安全防范常识送到户，治安责任状签到户，房屋出租、爆炸危险物品查到户，重点人物帮教管到户。这一治安模式有效缩短了出警半径，大大提高了对犯罪分子的打击效能。

(二)设立治安中心户[②]

随着农村地区的改革开放，影响农村稳定的不和谐因素大量增多，农村治安情况变得复杂。在这种情况下，必须思考如何建立一套新型的农村治安防控体系。以湖北省恩施市为例，恩施市在这一问题上进行了新的探索，即建立了治安中心户。

建立治安中心户是一项系统性的工作，基本内容是建立以社区治安综合治理办公室和派出所为龙头，治保会为桥梁，治安中心户为载体的三级治安防控体系，主要做法有以下五个方面。

(1)以地缘管理为基础，设立治安片区。按照群众地理居住环境，把相对毗邻的农户划分为同一个治安片区，因地制宜，少的5～10户，多的30～50户，每一个治安片区推选一个治安中心户。这种按地缘来划分治安片区的做法，使相对聚居在一起的农户成为一个小的治安单元，有利于各项管理措施的落实，也便于户长开展工作。

(2)以群众意愿为基础，推选中心户长。中心户长的产生，主要是由片区群众推选和组织推荐相结合。由于户长的产生充分尊重了群众意愿，选出来的户长都是那些在农村有组织能力、家庭条件好、个人声望高和有办事能力的人员，因而得到当地群众的拥护和支持。

(3)以村民自治为基础，明确户长职责。户长这个角色十分特殊，他们来源于农村，生活在农村，处理农民身边的事务，实质上是发动和引导农民自己处理自己的事务，属于村民自治的范畴。从这一角色定位出发，治安中心户长应有两大主责：一是反映社情民意；二是化解矛盾纠纷。治安中心户还有六大辅责，即警民联系、法制宣传、治安防范、交通协管、帮教转化、权益维护。

(4)以三级防控为基础，规范运作模式。为了确保治安中心户的工作井然有序，建立以社区治安综合治理办公室和派出所为龙头，治保会为桥梁，治安中心户为载体的三

① 岳增群、张磊、闫吉文：《管区警务构筑平安乡村——山亭探索出农村治安管理新路子》，《大众日报》，2006年7月25日，县域新闻版。

② 谭志国：《湖北恩施市新探索：发展“治安中心户”确保农村和谐稳定》，http://www.cass.net.cn/file/2005101747224.html，2005-09-06。

级治安防控体系。治安中心户的工作在乡社区治安综合治理办公室的协调下，由派出所责任区民警和村治保会进行管理指导，户长掌握的情况向治保会或派出所报告，一般纠纷由户长处理，较大纠纷由治保会与户长共同处理，案件交派出所处理。

(5)以非物质性待遇为基础，建立激励机制。户长的工作是义务的，为使户长有人干、有人争着干，只有通过精神奖励措施，有效地在农村营造一种户长高尚、户长光荣的社会氛围。

(三)实行治安防范有偿责任承包制[①]

市场经济条件下的社会治安形势，对农村社区的治安防范工作提出了更高的要求，传统的联户联防工作模式已经严重滞后于当前农村治安形势的需要，农户在参与社会治安防范工作时的积极性和自觉性受到了一定的影响和干扰，联户联防在农村的大部分地方其实已经徒具虚名。在现实和传统模式面前，各地积极探索新的农村治安方法。

以甘肃省敦煌市为例。敦煌市在对全市农村治安情况进行全面调查研究的基础上，把农村社会治安防范和市场经济规律大胆结合在一起，提出按照市场经济规律实行治安防范有偿责任承包制的工作思路，将村庄治安有偿承包给村民。开创了“一片承包区域(以自然形成的居民点为基础划分为若干个承包区域)、两项主要任务(维护农户安全、搜集治安信息)、三条管理办法(一月一次例会、一季度一次工作考核、一年兑现一次承包费)”为主要内容的群防群治新模式。这一模式在敦煌市吕家堡庄村经过3个月的试点后，该村治安案件同比下降21%，刑事案件实现了“零发案”。农村社会治安防范有偿责任承包工作取得了初步成效。

➤复习思考题

1. 社区治安管理的含义及其特征是什么?
2. 简述社区治安管理的范围和方法。
3. 现代城市社区治安存在的问题有哪些?
4. 简述城市社区治安管理中的职责分工。
5. 讨论应如何加强城市社区治安管理。
6. 现阶段农村社区的特点及由此引起的治安问题有哪些?
7. 结合实例，讨论加强农村社区治安管理的主要措施。

参考文献

陈肖旺.2011. 社区中的国家：中国城市社区治安体系研究.上海：复旦大学出版社.

李骥，王刚.2009. 农村社会治安综合治理.兰州：甘肃文化出版社.

刘海亮.2014. 新社区警务.北京：法律出版社.

王均平，唐国清.2010. 社区治安体系理论选择及模式研判.北京：中国人民公安大学出版社.

袁振龙.2009. 社会资本与社区治安.北京：中国社会出版社.

Peak K J，Glensor R W. 2011. 社区警务战略与实践.第五版.刘宏斌译.北京：中国人民公安大学出版社.

① 吴萍萍、刘怡：《敦煌市农村治安有新招》，《甘肃法制报》，2006年1月4日，政治动态版。

第十三章

社区管理方法

本章阐述社区管理方法的内在含义、基本特征与价值功用，并着重探讨当前社区管理方法体系的基本构成。

第一节 社区管理方法概述

社区管理是一项日趋重要而复杂的现代社会活动，其具体管理事务、管理模式与管理情境等因素也越来越具有高度多元性、关联性和变动性的内涵，本节主要阐述社区管理方法的含义、特征与作用等基础性要素，以助于对该方法体系的整体把握。

一、社区管理方法的含义

社区管理方法，是指社区管理主体为了正确贯彻社区管理理念，依法履行社区管理职能，顺利实现社区管理目标和有效提高社区管理功用，在一定的客观规律、原则的指导下所采用的一系列管理与服务方式、手段、程序和步骤的总称。

社区管理方法的产生、运用及其发展，都取决于现实社区管理活动的客观需求，受到社区管理活动规律的制约及社区管理原则的规范。因此，社区管理方法的使用必须适应于特定管理事务、管理对象和主客观条件的性质、特点及其发展演变。

社区管理方法具有管理和服务双重属性，一方面，社区管理主体面对着各类社区性的公共事务和公益事业，必须对其采取高效能的有序管理；另一方面，社区管理主体面对着大量社区居民、企事业组织等社区成员，必须为其提供高品质的满意服务。因此，在日常的社区管理过程中，刚性的管理方式与柔性的服务技巧的综合运用，是构建和保有规范而和谐的现代社区的内在要求和基本途径。

在具体类型上，社区管理方法正在形成一个多元而系统的应用工具体系，本章受篇幅所限，主要介绍较为普遍适用且实效显著的行政指令方法、经济诱导方法、法律规制方法和心理行为方法等定性的社区管理行政方法，以及建立工作关系、社区资料收集与分析、制订社区发展计划、采取社区行动和社区项目评估等社区管理专业方法。此外，包含社区政务信息化、社区管理信息化、社区服务信息化和小区与家庭信息化等具体内容的社区信息化管理方法也已引起越来越多的社区管理主体的重视，并得到广大社区成员的认同。在可预见的未来，这一方兴未艾的智能化管理方法的普及运用对于显著提升社区管理活动的效能和形象均具有重大助推力，本章也将对其有关内涵和类型做具体介绍，其基本框架如图 13-1 所示。

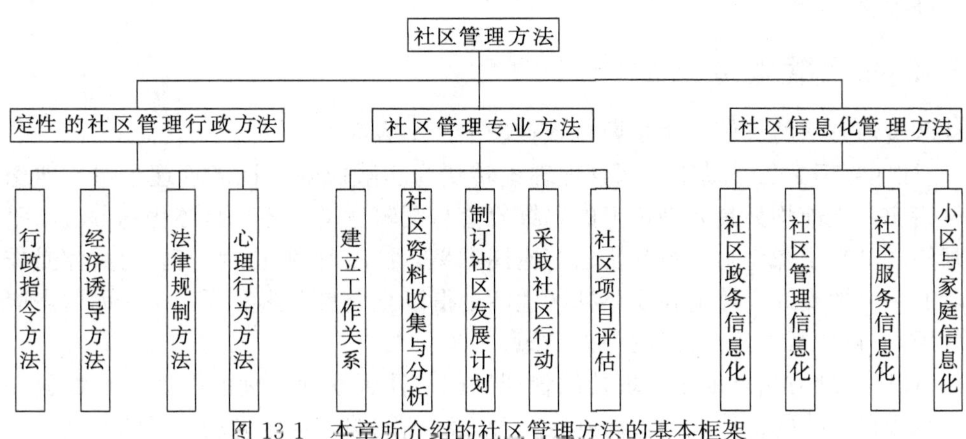

图 13-1　本章所介绍的社区管理方法的基本框架

二、社区管理方法的特征

(一)综合性

社区管理方法是一个广泛吸纳哲学、经济学、社会学、人类学、管理学、法学、心理学和行政学等多学科的理论素养及其实践方法整合而成的多视角、多层次的综合性方法体系。特别是在一定程度上而言，我国社区管理理论的勃兴和系统化与公共管理和社会工作等学科的理论发展密切相关，其实践的推广与功效的提升也得益于公共管理方法和社会工作方法(尤其是社区工作方法)的探索演练，因而在方法体系上大量融入了公共管理和社会工作领域中行之有效的方法与手段。

(二)区域性

社区通常具有独特的区域性环境因素，如经济型、文化型、旅游型和居住型等各类社区均存在较为显著的区域特色，对社区管理活动产生直接或间接的影响，使得特定社区的各类管理主体面对具体社区事务，必须结合相关的区域性环境因素，运用与之相契合的操作方法与手段，开展具有高度区域针对性的自我管理和自我服务。

(三)中介性

社区管理方法是连接社区管理理论与实践的桥梁和纽带，其价值就在于将抽象的社区管理价值理念和理论观点转化为具体的社区管理实践活动，并产出良好的管理效能和服务品质，这就形成了社区管理方法的中介性特征。科学、合理的社区管理方法的弹性运用有助于确立和保障社区管理理论的实践导向，使之免于陷入主观僵化的境地，从而提高其实际操作的可行性和价值。

(四)发展性

从国内外范围来看，社区管理理论与实践正处于快速变革、发展的成长阶段，其具体操作方法与手段也在不断地丰富、更新，其方法体系将进一步突破社区管理学科领域，更为广泛、深入地吸取人文科学、社会科学、自然科学、电子信息科学等领域的最新方法理念与技巧，进而创立、引入各种更具操作效能的现代社区管理方法，充实其方法体系。社区管理方法日趋科学化、专业化和技术化，必将大力推动社区管理活动的现代化、高效化。

三、社区管理方法的作用

社区管理方法的价值功用主要体现在以下四个方面。

(1)社区管理方法有助于社区管理理论转变为实践成效。社区管理思想、理念和原则在付诸实践之前均只具有理论上的思维价值与逻辑意义，各种具体化的方法与手段的运用则使之具有了操作上的行动价值与应用意义。社区管理理论唯有获得具体操作方法与手段的中介性支撑，才能在现实社区生活中得以全面贯彻落实开去，从而取得应有的实际效用，避免“纸上谈兵”式的理论空想。

(2)社区管理方法有助于实现社区管理目标。社区管理目标能够为社区管理方法的有效运用提供正确的价值导向，而社区管理方法则能够为社区管理目标的顺利实现提供科学的工具保障。社区管理方法的科学、合理适用与否，通常是决定社区管理目标能否实现及其实现程度高低的关键所在。

(3)社区管理方法有助于提高社区管理效能。社区管理效能的产出与提升不可避免地受到相应管理体制、管理模式、组织机构、人力资源、法制规范和财务保障等因素的影响。在相对稳定、明确的上述影响因素条件下，社区管理方法的具体运用通常成为实质性地制约着社区管理各环节、各阶段的现实效能得以产出与提升的最终关键因素。就此而言，社区管理方法的核心作用就在于通过尽可能小的社区管理成本投入来实现尽可能大的社区管理效能产出。

(4)社区管理方法有助于加速现代社区的构建进程。社区管理方法的发展性特征意味着其方法体系将日趋科学化、专业化和技术化，这一客观趋势必然能够有益促进社区管理活动更为准确、灵敏地适应社区管理内外部环境的现代变迁及其需求，更为科学、合理地遵循社区发展、变革的客观规律和准则，强化现代社区构建的工具性保障和支撑，切实加速社区生活现代化的发展进程。

第二节　社区管理行政方法

在我国社区管理活动中，街道办事处、居民委员会和村民委员会等社区基层政权组织、被授权或被委托组织发挥着相当重要的主导性作用，其所运用的管理方法一般具有不同程度的政府性或准政府性色彩，因而统称之为社区管理行政方法。

一、社区管理行政方法的含义

社区管理行政方法，是指社区管理主体，通常是获得有关行政授权或委托权的社区行政管理主体，为履行社区行政管理职能，实现社区管理目标，遵循一定的规律、原则及法规、政策而采用的各种政府性或准政府性的操作方式、手段、措施和技巧的总称。

由上可见，社区管理行政方法涉及特定的行政授权或委托权的行使，以实现既定的社区行政管理职能目标为宗旨，往往会对社区公共生活、公共资源和公共利益产生直接或间接的影响。社区管理行政方法是否运用得当，将在相当大程度上影响着社区事务的整体管理成效及社区基层政权组织及其上级主管部门的形象与声誉。

二、社区管理行政方法的具体类型

社区管理行政方法按其性质分类，大体上可以划分为两类，即定性的社区管理行政方法和定量的社区管理行政方法。前者具体包括行政指令方法、经济诱导方法、法律规制方法和心理行为方法等；后者则具体包括数学规划、随机理论、决策分析理论、预测研究理论、系统理论、网络规划和戴明循环等①。由于篇幅所限，下面仅介绍定性的社区管理行政方法。

(一)行政指令方法

作为一种最为重要的、传统公共行政管理方法，行政指令方法同样适用于现代社区管理活动。就该领域而言，行政指令方法是指社区行政管理主体凭借行政权威，依靠自上而下的行政组织系统，运用指令、计划、政策、决议、条例和规章制度等方式，领导、组织、管理社区公共事务的管理方法。行政指令方法具有控制、规范和协调社区重大事务与利益关系，保证基层社区政令统一、和谐有序、健康发展的重要功能。

行政指令方法具有权威性、强制性、垂直性、简便性、无偿性和稳定性等特点，因此，运用行政指令方法开展社区管理活动通常能够产生令行禁止、集中统一、简便快捷、成本低廉、高效稳定的实践效果。尤其是在处理全局性、根本性和突发性的社区公共事务时，行政指令方法更是不可替代的主导手段。

但是，行政指令方法也相应地存在缺乏平等、协商的民主精神，不利于调动居民委员会等下级组织和社区居民的自主性、积极性和创造性，信息传递迟滞、横向沟通协作困难等内在局限性。因此，必须结合社区管理活动的客观规律及其公益性、服务性等内涵，严格限制行政指令方法的适用范围，合法、合理地加以运用，防止滥用职权、强迫命令、主观专断等错误做法，构建公正规范、和谐稳定的现代社区。

(二)经济诱导方法

当前，我国社会主义市场经济体制改革正处于渐进、稳步发展过程之中，社区经济作为其中一种具有重要意义的基层经济形态，正在不断地凸显社区管理内容及其方法的市场化变革趋向，因此，经济诱导方法在社区管理领域中的地位和作用也持续得到显著地提升与强化。

在社区管理活动中，经济诱导方法是指社区行政管理主体依据市场经济规律和物质利益诱导原则，利用价格、信贷、利率、税收、工资、奖惩及经济合同、经济责任制等各种经济杠杆或其组合，依法管理社区经济主体及其经营活动，合理调节各种社区利益

---

① 娄成武、孙萍：《社区管理》，高等教育出版社，2003年，第230-232页。

关系，以实现较高的经济效益和社会效益的管理方法。经济诱导方法在本质上是通过物质利益诱导措施，力求均衡地处理经济利益与经济责任的关系问题，遵循等价交换原则，利用各社区经济主体及其经营活动的经济利害关系来间接规范各种社区经济事务，从而合理调控社区经济运行，并推动其健康、持续发展。

结合现阶段我国市场经济体制改革目标，经济诱导方法的有效运用有助于激发社区经济主体的主观能动性，也有助于切实推进政企分开、政事分开和政社分开改革，转变、优化社区行政主体的经济管理职能，使之更好地为推动社区经济发展服务。

(三)法律规制方法

在社区管理实践中，法律规制方法是指社区行政管理主体依据相关法律、法规等实体性和程序性规范文件，调整自身、社区组织与公众之间的各种法律关系而实施的具有刚性法律效力和普遍约束力的管理方法。法律规制方法适用于非常广泛的社区事务管理范围，尤其是社区治安、商贸、交通、食品、卫生和环保等领域的社区管理活动，通常被视为其他社区管理方法得以有效运用的保障手段，实际上也应被视为其他社区管理方法得以规范、合理运用的约束手段。

(四)心理行为方法

就社区管理而言，心理行为方法是指社区管理主体依据现代人本主义管理理念，通过对被管理者的心理诱导和行为激励等方式来实现特定社区管理目标的管理方法。其基本特点在于通过管理主体的谆谆教导和循循善诱，促使被管理者积极主动、和谐创新地开展适应社区管理目标的行为活动。在此主要介绍思想教育方法和行为激励方法。

思想教育方法是指通过对社区被管理者进行确定的、有目的的、系统的感化与劝导，使之在身心上养成管理者所希望的思想和品质，引导其自觉地为实现既定社区管理目标而努力的管理方法。具体的思想教育工作通常可以采用以下几种途径：①情理结合法，即对被管理者动之以情，晓之以理，循循善诱地进行真诚细致的说服教育。②自我教育法，即鼓励被管理者自觉学习、自我完善，努力提升自身的思想水平、道德品质、法制观念和工作能力等内在素养。③典型示范教育法，即树立社区生活和工作中的典型事迹，灵活地开展示范性宣传教育，发挥其模范辐射作用。④综合配套法，即为思想教育工作提供明确有力的法制、纪律保障，适时适所地结合其他社区管理方法加以权变运用，以取得系统配套、刚柔相济的综合成效。

行为激励方法是指为配合预设社区管理目标的实施，运用行为科学理论、方法和技巧，通过有计划地设置一定的条件和刺激，合理激发被管理者的行为动机，并使之产生特定的积极行为反应的管理方法，其实质是在合理满足被管理者个体需要的同时顺利达成组织整体目标。相对于侧重影响人的内在品质的思想教育方法而言，行为激励方法侧重于影响人的外在行为。具体的行为激励方法主要存在以下几种方式：①目标激励法，即根据被管理者的正当需求，设置一定的目标作为诱因，激发被管理者的行为动力去努力追求之。②奖惩激励法，即通过鼓励性的奖励手段或抑制性的惩罚手段来引发被管理者的行为动机，促成发扬成绩或纠正错误的行为，以达到奖功罚过、褒勤贬懒、扬善弃恶的目的。③竞争激励法，即依据优胜劣汰原则，在社区管理过程中形成某种集体强化的自觉机制，引导被管理者开展公平、公开、合理的竞争活动，以提高社区管理成效。

第三节　社区管理专业方法

社区管理活动的顺利开展有赖于专门性社区组织、职业化人员的介入及专业性方法的采用，前述社区管理行政方法的有效运用也同样离不开各种专业性方法的支持和辅助，在此将此类专业性方法统称为社区管理专业方法，以便于区别和理解。本节主要结合专门性社区组织介入后的社区管理活动的阶段性展开惯例，渐进性地依次介绍各项具体的社区管理专业方法。

一、社区管理专业方法的含义

社区管理专业方法，是指特定社区管理主体(通常包括各种福利性、服务性、慈善性和中介性的专业社区组织)为实现专门性的社区管理目标，依据一定的社区问题介入与解决准则、模式和流程，在具体管理过程中所运用的各种专业性方式、手段、措施和技巧的总称。

各种福利性、服务性、慈善性和中介性的社区管理主体通过有计划地介入社区公共事务，组织社区活动，满足社区需求；并在此过程中，帮助社区居民建立社区归属感、责任感和凝聚力，培养其参与社区事务决策与执行的意识及能力，从而促进社区自我管理、和谐发展。就此而言，相关社区管理在活动领域、宗旨等方面与社区工作具有相当的一致性，并可借助后者业已高度系统化、规范化的具体操作方法来显著地提高社区管理活动的专业水准与成效。

二、社区管理专业方法的具体类型

社区管理作为一项具有较高的专业性色彩的系统工作，可以划分为若干个阶段，而每一阶段工作的具体开展实际上均可视为一种特定的专业方法的应用过程。借鉴最为普遍的社区工作五阶段划分理论①，下面将从建立工作关系、社区资料收集与分析、制订社区发展计划、采取社区行动和社区项目评估五个方面来探讨各种具体的社区管理专业方法。

(一)建立工作关系

建立工作关系是社区管理活动的起点，一般是指社区管理主体寻求融入特定的社区氛围和事务，积极与社区居民、团体，以及各团体的领导人物、各界代表人物和知名人士进行有效沟通，增进相互了解，并针对社区中存在的客观问题与服务需求达成一定的共识，建立互信、协作的良性业务关系。

借鉴我国台湾学者的观点②，在社区管理活动中建立工作关系的基本流程见图 13-2。

---

① 朱眉华、文军：《社会工作实务手册》，社会科学文献出版社，2006 年，第 117 页。

② 徐震、林万亿：《当代社会工作》，五南图书出版公司，1999 年，第 268 页。

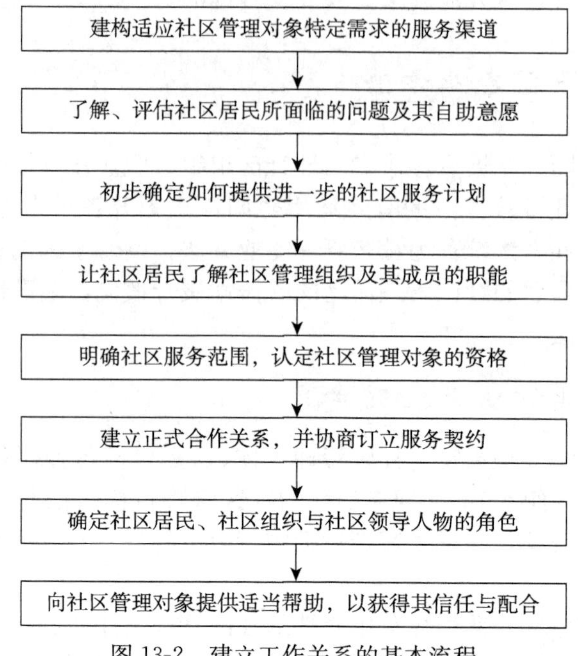

图 13-2　建立工作关系的基本流程

建立工作关系通常由拜访具有较大区域影响力的社区团体和重要人物入手，以便较为全面地了解社区信息，掌握社区管理线索，获取较高层次的支持与配合，奠定开展后续管理工作的良好基础。此外，社区管理者还有必要面向社区居民举办各种宣传活动，合理展示社区管理工作的理念宗旨、服务目标及其功能意义，从而在社区居民中广泛吸引该项社区管理活动的支持者和参与者。

(二)社区资料收集与分析

在建立社区管理工作关系阶段中，社区管理主体已初步地了解了基本的社区情况，社区资料收集与分析便是在此基础上，进一步运用文献调查和实证调查等手段，全面、深入地收集专门性的社区资料，并加以系统的科学分析，全方位、多视角、深度拓展地探索和把握社区问题及居民需求，为正确、有效地开展社区管理活动，尤其是相关决策工作提供客观、翔实的信息支持。

社区资料收集的主要内容通常包括以下四个方面的信息：①社区基本资料，包含社区自然条件、地缘环境、人口结构、经济状况、文化水平、生活方式和人际关系等因素。②社区资源，包含社区范围内的文化教育、医疗卫生、休闲娱乐、福利救济等方面的基础设施及其利用情况。③社区问题，包含社区居民面临的困难和社区机构、居民大体一致认为社区生活中存在的弊端与不足。④社区评估，即针对社区需求与资源所做的分析和判断。收集上述社区资料一般可以采用社会调查研究活动中常用的各种方法，如文献法、问卷法、访谈法、咨询法和观察法等，或其方法组合。

明确、务实把握社区问题与需求对于推进社区管理活动具有相当重要的导向作用，这就必须运用专业方法与技巧对此前所收集的各类社区资料进行科学梳理、分析，并借此客观、精确地描述、界定社区问题与需求，深刻探讨解决相关问题和满足特定需求的关键所在，从而为下一阶段开展制订社区发展计划和采取社区行动等后续工作提供坚实可靠的信息支撑。在社区资料分析过程中，社区管理者应当力求全面细致、客观务实，避免先入为主、以偏概全、以点代面等思维和操作失误，始终保持科学、理性的工作方向。

(三)制订社区发展计划

社区发展计划是有效推进社区管理活动的理性规划愿景和行动策略系统，通常是指社区管理主体联同有关社区团体与人员协商制定的关于社区建设与发展的目标指引和实施方案体系。其基本功能在于依据社区资料收集与分析成果，通过科学、可行的社区发展目标设置与方案策划，为有计划、有步骤地合理解决社区问题和引导社区发展提供系统的目标导向与操作指南。

社区发展计划一般可分为以下两种类型：①社区发展战略计划，即针对社区角色定位、功能选择、产业规划、发展模式等宏观性、全局性和长期性的重大管理事务做出具有战略统御意义的整体规划。②社区发展策略计划，即在遵循既定社区发展战略计划的前提下，针对社区管理工作中亟待解决的特定现实问题制订明确、具体的项目方案。就两者的内在关联而言，社区发展战略计划对于社区发展策略计划具有方向、宗旨和原则上的指引与规制意义；社区发展策略计划则是社区发展战略计划的事务性分解和具体化落实。

考虑到制订社区发展策略计划在社区管理实践中更为普遍且易操作，下面以此为例，借鉴我国香港学者的观点①，系统地介绍制订社区发展计划的大体步骤，如图 13-3 所示。应当注意的是，在社区发展计划的实施过程中，还有必要根据社区内外实际情况适时对其做出灵活调适，以提高其操作可行性与实效性。

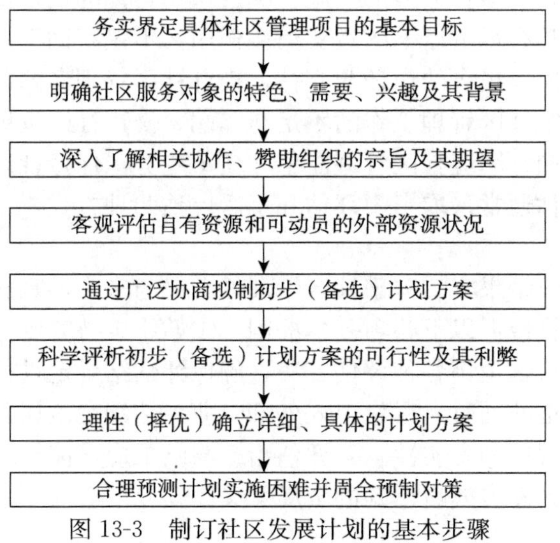

图 13-3　制订社区发展计划的基本步骤

① 朱昌熙：《程序计划及设计》，见：甘炳光：《社区工作技巧》，香港中文大学出版社，1997 年。转引自徐永祥、孙莹：《社区工作》，高等教育出版社，2004 年，第 180 页。

(四)采取社区行动

采取社区行动，即贯彻落实既定的社区发展计划，是指社区管理主体依据有关计划方案，有效激发社区居民、团体的变革意愿和参与意识，合理组织、运用社区力量和各方资源，依照一定程序采取具体措施，解决特定社区问题，促进社区建设与发展的活动过程。采取正确、配套的社区行动，有助于协调社区内部及内外各方的利益关系和行动步骤，保障乃至增进社区公共权益，因而被视为产出、提升社区管理成效的关键环节，并因其各种操作方法的综合应用而自成一个较为完整的方法体系。

作为一个最具有实践色彩和操作意义的社区管理阶段，开展社区行动往往意味着以下一系列具体操作方法得以系统而灵活地应用：①召开社区会议，即由社区管理主体邀集相关社区团体、居民代表进行直接协商，就特定社区问题达成共识以推动社区合作。②社区宣传与教育，即运用传媒、公告、展览和家访等多种方式，广泛宣传社区管理工作的内容、意义及要求等事宜，引导社区居民理解、支持和参与社区事务，保障既定社区发展计划的顺利实施。③人力资源开发，即秉承社区管理在地化的理念，有计划、多层次地培养社区领导者和志愿者，就地为社区的可持续健康发展提供稳定、充沛的人力资源保障。④社区资源整合，即针对社区资源分布不均的现实状况，通过行政、法律和经济等途径，尽可能均衡地配置社区资源，彰显资源共享的社区发展真谛，提升社区管理的凝聚力。⑤社区关系协调，即以和谐沟通、真诚协作的“人本主义”管理理念与技巧来理性处理社区管理主体、社区团体及社区居民之间的多元关系互动，消弭社区冲突，切实提高社区管理成效。

(五)社区项目评估

社区项目评估主要是针对具体事务性的社区发展策略计划实施成效的检验与评价，即客观考察特定社区管理项目方案的实施状况及预期目标的实现情况。社区项目评估在整个社区管理过程中具有承上启下的重要衔接作用，不仅有助于总结、展示社区管理成效，争取社区居民、团体更大的信任与支持，提升社区管理者的职业成就感；而且有助于及时发现、正视特定社区管理工作的不足与弊端，修正社区发展目标和计划方案；此外，还有助于科学预测、因应社区管理需求和变革趋势，保持社区发展的长期合理性与稳定性。社区项目评估通常采取事中评估和事后评估两种方式，比较而言，事后评估的应用率更高。

社区项目评估及其结果密切关乎社区管理的全局与未来，意义相当重大，因此在实际操作过程中必须严格遵循以下各项基本准则：①始终秉持客观全面、严谨透明和忠于公益的价值理念。②科学运用各种评估方法，确保评估结果定性得当、定量精确。③在规范开展内部自我评估的同时，尽量引入外部专业评估和社区居民、团体评估，保证评估结果的科学性、客观性和真实性。④评估指标与结果应当能够综合反映社区发展策略计划的项目意义和社区发展战略计划的全局意义。

第四节 社区信息化管理方法

自 20 世纪 90 年代中期以来，现代信息技术在发达国家社区管理活动中的广泛应用大力催生了社区信息化热潮。我国在 20 世纪 90 年代末开始了相应的理论研究和实践推广，业已在部分城市地区构建了较为成熟的社区信息化网络平台，并取得一定的应用成效。2006 年 3 月，国务院办公厅印发的《2006—2020 年国家信息化发展战略》明确提出务必加快推进我国社区信息化，服务和促进社区建设与发展①。本节所探讨的社区信息化管理方法即发端于此。

一、社区信息化管理方法的含义

社区信息化管理方法，是指在社区管理活动中普遍运用现代信息通信技术，特别是电子计算机和互联网技术，有机联系现实社区系统，科学构建社区政务信息化、社区管理信息化、社区服务信息化、小区与家庭信息化等方面的信息技术应用平台和信息沟通服务渠道，充分高效地开发、共享和利用社区信息资源，以促进社区协调发展，提高社区生活质量。

社区信息化管理方法的应用离不开社区网站的创建与运作。1998 年年底，我国第一家街道社区服务计算机网络系统——上海静安区石门二路街道“社区服务电脑网络中心”正式挂牌投入使用，有效满足了社区居民在劳动就业、社会救济、医疗保障、科技教育和参与社区民主管理等多层面的需求，这一创新社区管理平台和手段为该街道的社区现代化发展注入了巨大的活力和能量。目前，上海、北京、青岛、南京、广州等城市的社区信息化管理工作已走在全国大中城市社区信息化管理的前列。以广州天河区为例，该区下辖的五山街(该街道社区信息网首页见图 13-4)等 21 个街道办事处均已初步创建了功能完善、结构系统、信息快捷的社区网站，为广大社区居民的日常工作、生活、学习和交流等多元化活动提供了有力的支持和高度的便利。可见，社区信息化管理方法并不局限于社区网站的简单创建，其核心要义在于相关社区信息资源的充分开发、交互共享和高度利用，即通过实现当今时代的核心资源——信息的效用最大化来进而实现社区经济、教育、交通和生活等各领域事务的整体发展与效能最优化。

图 13-4　广州天河区五山街社区信息网首页

资料来源：http://wushan.thnet.gov.cn/

① 国务院办公厅：《2006—2020 年国家信息化发展战略》，新华网，http://news.xinhuanet.com/newscenter/2006-05/08/content_4522878_7.htm，2006-05-08。

二、社区信息化管理方法的具体类型

社区信息化管理方法的具体类型在一定意义上而言是指社区信息化建设过程中所构建的信息化内容平台类型及其所采用的具体构建手段类型的综合，可由此参照社区信息化系统中的各项信息化子系统构成情况，将社区信息化管理方法大体上划分为社区政务信息化、社区管理信息化、社区服务信息化和小区与家庭信息化四种类型。一般而言，社区政务信息化和社区管理信息化具有较为明显的政府性色彩而有赖于行政指令手段来推行；小区与家庭信息化具有相当的市场性色彩而有赖于经济诱导手段来推行；社区服务信息化则具有双重色彩而有赖于两种手段来配套推行。

(一)社区政务信息化

社区政务信息化，是指在街道办事处内部建立各职能部门(即科室)之间的电子办公网络平台，并通过专用计算机网络与上级政府有关职能部门实行互联，建立健全社区政务联系机制和专业数据库，利用高度智能化的网络信息技术实现办公自动化、管理信息化和决策科学化，实现办事处组织结构和工作流程的重组优化，突破时间、空间和层级、部门分隔的制约，系统构建精简、高效、廉洁的现代社区政务运作模式。

在实际操作中，社区政务信息化系统一般包括主要以街道办事处内部公务人员为服务对象的社区政务内网(通常也面向上级政府及相关职能部门)和主要以社区居民、企事业组织为服务对象的社区政务外网两个子系统，同时还可依据其实践联系对象和机制进一步划分为以下三个有机构成部分，如图 13-5 所示。

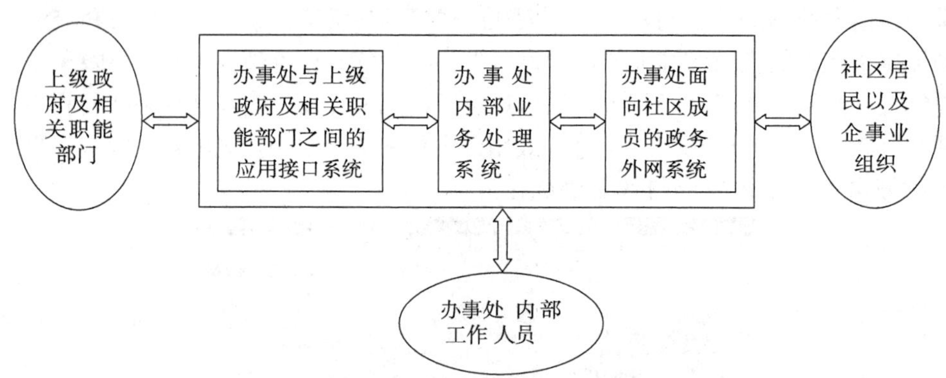

图 13-5 社区政务信息化系统结构图

资料来源：刘杰，彭宗政．社区信息化：理论与实务．北京：清华大学出版社，2005：47

(1)街道办事处内部业务处理系统。具体包括办事处内部的公文流转、审核与处理系统，办事处内部的公文管理、会议管理及财务管理等专项业务管理系统，面向街道办事处各级管理层的统计、分析系统，关于办事处各职能部门的各类数据管理系统。

(2)街道办事处与上级政府及相关职能部门之间的应用接口系统。具体包括两者间的公文传递、审核系统，两者间的数据交换、共享等政务信息应用平台，此外还包括同级办事处间的公文传递、信息交换等应用平台。

(3)街道办事处面向社区居民和企事业组织的政务外网系统。具体包括相关管理法规、文件、决策和施政等方面的对外信息发布与查询系统面向社区成员的各类信访、建议及数据收集与统计系统，面向社区成员的各类事务申报、申请及处理反馈系统。

在市政及社区管理现代化的推动下，获得政府大力政策支持和财政保障的城市社区政务信息化逐步取得了突出的成效。例如，北京市社区公共服务信息网依托首都公用信息平台(Capital Public Information Platform，CPIP)开展社区公共服务，该平台由网络系统、网站系统、热线呼叫系统(特服号96156)组成，在市、区、街、居设有170个网站，形成了全市社区公共服务网站群；上海市实现了市、区、街"三级联通"和社区服务信息网、热线电话网、实体服务网"三网联动"；重庆市初步构建起区、街、社区三级服务网络；福建省的福州市、厦门市、泉州市等地正逐步建立健全市、区、街、社区四级信息化服务网络。2011年，广州市的电子政务系统接入了80%的街镇和1 182个社区，社区联网覆盖面约50%①。

(二)社区管理信息化

社区管理信息化，是指街道办事处依据特定社区管理职能，对外提供社区网络信息平台和互动渠道，实现办事处各职能部门与社区居民和企事业组织之间的社区管理信息共享与沟通，以提高社区管理效能，加强外部民主监督，落实社区政务公开。

城市街道社区管理信息化的主要服务对象是街道办事处内设管理部门和社区居民、居民委员会、企事业组织等社区成员；其主要目标是通过网上申请、审批等功能的实施，借助信息化网络在各职能部门与社区成员之间进行双向信息交流，有效实现各职能部门与社区成员之间的交互式办公，提高各职能部门的业务处理效率，并整体性地提升办事处的管理水准。城市街道社区管理信息化的实质在于促进社区基层行政组织职能由"管理型"模式向"管理服务型"模式转变，以信息技术手段显著强化街道办事处在现代城市管理"两级政府、三级管理与四级网络"体系中的第三级管理层次的基本功能，并有力提高其实际效能。

社区管理信息化通常以各项具体的社区管理事务为中心，并对其进行科学合理的分类、梳理和优化，实行事务处理应用系统的模块化设计，构建一个向上连接市、区级政府及其相关职能部门而向下则连接社区事务受理中心、居民委员会及社区成员的信息化网络平台，通过"一站式"的网上业务处理系统(社区管理信息化应用系统及其运作流程大体上如图13-6所示)，满足街道信息化管理的多元、复杂需求。实践表明，具体应用于微观社区事务的信息化管理方法完全可以产出显著的成效。2004年年底，广州市白云区出租屋和流动人口管理信息系统建成启用，该系统基于区政府电子政务平台和社区信息化平台而构建，高效实现了区政府出租屋管理办公室、各街道出租屋管理中心和各相关职能部门之间的实时信息交换与处理，截至2006年年初便已完成了对超过20万间出租屋及100万流动人口的信息录入和日常更新管理，取得了传统非信息化管理手段无法企及的巨大功效②。

① 广州市科技和信息化局：《广州：创新驱动 智慧引领 着力打造便民服务新社区》，中国政务信息化网，http://www.chinaeg.gov.cn/html/detial/magazine/201111/20111121154652235 3.html，2011-11-21。

② 《广州市白云区出租屋信息化管理实践经验介绍》，http://www.visionsoft.com.cn/e-government/6038.html，2006-10-08。

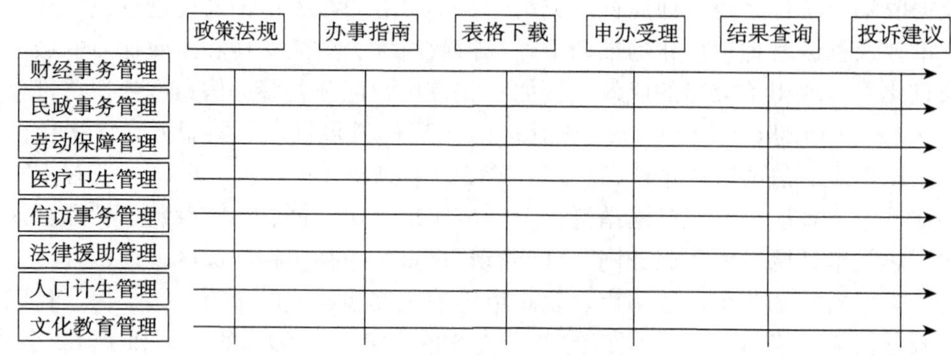

图 13-6 社区管理信息化应用系统及其运作流程

(三)社区服务信息化

在社区信息化管理方法的各具体类型中，社区服务信息化是最早得到广泛运用的，社区政务信息化与社区管理信息化等均是在社区服务信息化的基础上发展延伸的产物。社区服务信息化，通常是指运用电话、传真和计算机网络等各种现代化通信手段，有机连接街道办事处的社区服务中心(即社区事务受理中心)、社区成员及社区服务供应商，快捷、准确地传递社区服务供需信息，并高效处理相关业务，通过“一站式”的社区服务智能化系统，向社区成员提供各方面的社区生活便利与实惠(图 13-7)。

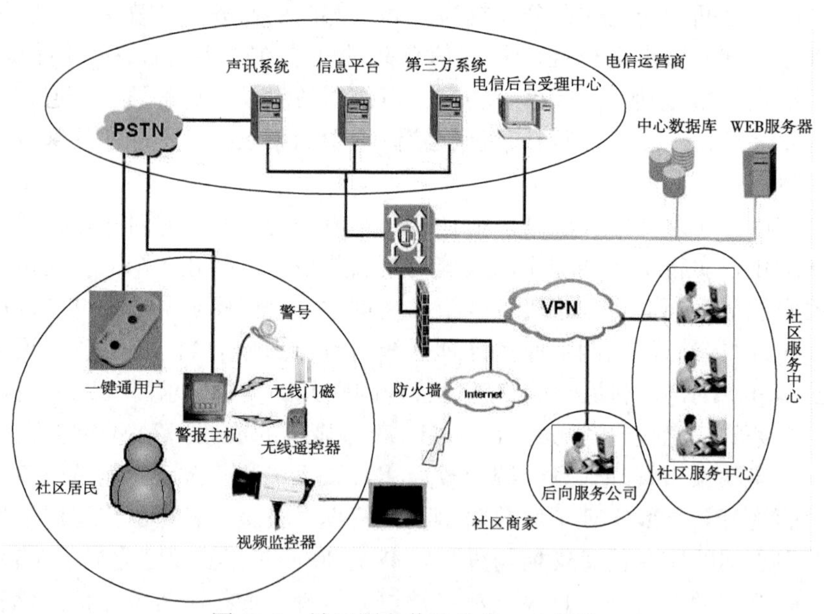

图 13-7 社区服务信息化的一个架构

社区服务信息化的实质是将交通、饮食、就业、医疗、家政、文娱、征婚、购物等社区生活服务项目拓展至信息化互动平台，系统整合各种社区服务资源，及时沟通社区服务信息，实现社区服务计算机网络、电话热线网络与实体服务网络的“三网联动”，以及信息服务与实体服务的“虚实结合”，这不仅显著丰富了社区服务的内容和形式，而且大大提高了社区服务的便利性与实效性。社区服务信息化系统的应用，有助于推动传统的地域式、单一性的社区服务模式转型为现代的网络式、综合性的社区服务模式，对现阶段我国逐步构建和共享包含着更为广阔内涵与深度的“大社区服务”体系具有相当重大的促进意义。

（四）小区与家庭信息化

住宅小区和家庭是街道社区的基本构成要素，计算机网络技术应用的普及与发展为小区与家庭信息化提供了高性能、低成本的基础设施和技术平台。当前，小区与家庭信息化正日益与社区政务信息化、管理信息化和服务信息化融会贯通，共同构成社区信息化管理方法的整体应用系统。

小区信息化，一般是指在住宅小区范围内，融合现代建筑技术与计算机技术、信息网络技术和自动化控制技术，统一规划、建设小区信息基础设施，运用统筹方法将多个具有相同或不同功能的建筑物、区域等在功能上进行智能化、网络化和数字化连接，以使小区管理机构、家庭等用户能够以计算机、电话、传真和电视等多种媒体及图文、声音和视频图像等多种形式实现信息获取和交换，进而提升小区在安全保卫、卫生防疫、物业管理及休闲娱乐等方面的信息化管理效率和水平。简而言之，小区信息化的目的在于建设以信息网络为基础的、以信息资源开发共享为手段的、以信息化服务为宗旨的居民社区，从而在创建安全、舒适、便捷、环保和可持续发展的生活环境的同时，实现小区各类资源的统一管理和交互共享（图 13-8）。

图 13-8　实现了信息化控制的智能家庭

家庭信息化是现代信息技术进入家庭并优化家庭生活的客观形式，主要是指在居民家庭中有机集成计算机、互联网、智能家电、数字电话、移动通信和广播电视等相关设备、技术，通过家庭内部网络系统无缝连接各种与信息有关的住宅设备，并保持设备与住宅的协调融合，从而构建以家庭为单位的安全、舒适、节能的信息化居住空间，以适应居民在快节奏、开放性和变动性的信息社会中的多元生活需求。

复习思考题

1. 如何理解社区管理方法的基本特征及其主要作用?
2. 社区管理的行政指令方法在实践中应当注意哪些事项?
3. 请联系实际深入思考社区管理的法律规制方法的重要意义。
4. 请结合相关案例系统地理解社区管理专业方法的具体运用。
5. 请联系相关实际操作深入理解社区项目评估活动的基本原则。
6. 社区信息化管理方法的应用对于推动社区管理现代化有何意义?
7. 如何理解社区政务信息化与社区管理信息化的内在关联与区别?
8. 当前我国城市小区与家庭信息化的规划整体性与应用实效性仍有待提高，这对于社区信息化管理活动的成功开展有何影响?应当如何改进?

参考文献

陈钟林.2005. 社区工作方法与技巧. 北京：机械工业出版社.
德鲁克 P. 2006. 未来的社区. 魏青江译. 北京：中国人民大学出版社.
雷洪.2009. 社区工作. 武汉：华中科技大学出版社.
李林.2005. 数字社区信息化系统工程. 北京：电子工业出版社.
刘杰，彭宗政.2005. 社区信息化：理论与实务. 北京：清华大学出版社.
王建军，夏志强，王建容.2008. 社区管理的理论与方法. 成都：四川大学出版社.
温平川.2011. 社区管理信息化应用技术规范研究. 北京：人民邮电出版社.
吴建南.2006. 公共管理研究方法导论. 北京：科学出版社.
张兴杰.2004. 行政管理学. 北京：中国农业大学出版社.
朱眉华，文军.2006. 社会工作实务手册. 北京：社会科学文献出版社.